名师名校新形态
通识教育系列教材

大学生
心理健康教育

微课版

主编／陈红　邵景进

副主编／李西营　杨小洋

人民邮电出版社

北 京

图书在版编目（CIP）数据

大学生心理健康教育 ：微课版 / 陈红，邵景进主编
. -- 北京 ：人民邮电出版社，2021.8
名师名校新形态通识教育系列教材
ISBN 978-7-115-56497-9

Ⅰ. ①大… Ⅱ. ①陈… ②邵… Ⅲ. ①大学生－心理
健康－健康教育－高等学校－教材 Ⅳ. ①G444

中国版本图书馆CIP数据核字（2021）第080302号

内 容 提 要

本书严格按照教育部发布的《普通高等学校学生心理健康教育课程教学基本要求》编写，针对当代大学生在生活、学习、交往、成长和成才等方面可能遇到的主要心理问题和困惑，精选出心理健康概述、生命教育、自我意识、人格发展、职业生涯规划、学习心理、人际关系、恋爱与性心理、网络心理、情绪管理、压力与挫折应对、心理危机应对共 12 章内容。内容设计注重理论联系实际，贴近大学生的生活与学习，语言深入浅出，形式活泼多样，集知识传授、心理体验和策略训练于一体，突出科学性、策略性和可操作性，以满足大学生自助助人的心理健康需求。

本书可以作为高等学校大学生心理健康教育的通识教材，也可以作为大学生学习心理健康知识、培养心理调适能力、提高心理素质的自助成长读物，还可以作为高校思想政治工作者、学生工作者和辅导员了解大学生成长与发展的参考用书。

◆ 主　编　陈　红　邵景进
　　副 主 编　李西营　杨小洋
　　责任编辑　刘海溧
　　责任印制　王　郁　马振武

◆ 人民邮电出版社出版发行　　北京市丰台区成寿寺路 11 号
　　邮编　100164　电子邮件　315@ptpress.com.cn
　　网址　https://www.ptpress.com.cn
　　三河市君旺印务有限公司印刷

◆ 开本：787×1092　1/16
　　印张：14.25　　　　　　　2021 年 8 月第 1 版
　　字数：361 千字　　　　　2025 年 7 月河北第15次印刷

定价：49.80 元

读者服务热线：(010)81055256　印装质量热线：(010)81055316
反盗版热线：(010)81055315

推荐序

在实现中华民族伟大复兴的奋斗征程中,大学生心理健康教育的重要性和迫切性日益突显。因为大学生心理健康的状况如何,不仅关系着大学生个人的成长和发展,而且关系着整个民族心理素质的提高,关系着国家的前途和命运。因此全社会都应当关注大学生的心理健康。维护和增进大学生的心理健康应当成为高校教育的重要内容,也应当成为每位大学生努力的方向。

心理健康(mental health)是一个动态变化的连续体,如果连续体的一端是最差的心理健康状态(心理疾病与障碍),另一端是最优的心理健康状态(健全人格);处于最差和最优心理健康状态之间的则是心理健康和亚健康状态。基于此,心理健康教育也有三种模式:治疗性服务(治疗性咨询,therapeutic counseling)、预防性教育(preventive counseling)和发展性教育(developmental counseling)。西南大学自成立心理学研究所开始,一直十分重视心理健康教育工作。20世纪80年代,我们主编了《大学生心理学》(上海人民出版社1988年版)和《人生心理咨询手册》(河北教育出版社1991年版),此后从未间断对大学生心理健康教育的教学和研究,其中有两本心理健康研究方面的图书,有必要在此提一下:黄希庭、张进辅、李红等著的《当代中国青年价值观与教育》(四川教育出版社1994年版),于1998年获教育部普通高等学校第二届人文社会科学研究成果一等奖;黄希庭、郑涌著的《大学生心理健康与咨询》(高等教育出版社2000年版),于2002年获全国普通高等学校优秀教材一等奖。我们还组织撰写过十多种大中小学生的心理健康教材和读本,有的至今还在出版,据说颇受欢迎。这些工作使我们深切感受到:心理健康是个人生存的重要内容,它对个人的发展和幸福具有决定性的作用。心理健康教育始终是西南大学心理学部师生的关注点,也是心理学部优先发展的一个领域。

在我看来,陈红教授主编的《大学生心理健康教育(微课版)》不仅继承并发扬了西南大学心理学部重视心理健康教育课程建设的优良传统,而且还显露出中国特色大学生心理健康教育模式的端倪。具体地说,它具有下列特点。

第一,这本教材坚持了教育方向的正确性。在大学生心理健康教育中,对学生的人生观、幸福观、价值观进行引导还是保持价值中立,这是需要严肃对待的问题。西方的心理咨询中有一条原则是所谓的"价值中立",即在心理咨询中不判断、不指导、不主动。然而,我国的大学生心理健康教育是有价值导向的。大学生心理健康教育提倡学生的潜能应根据自身的兴趣爱好自由发展,但是这种自由发展是有方向性的,即是在社会主义核心价值观前提下的自由发展,而绝不允许反社会倾向的自由泛滥。由陈红教授主编的这本《大学生心理健康教育(微课版)》,认真地落实了《普通高等学校学生心理健康教育课程教学基本要求》《普通高等学校教材管理办法》的要求,有助于充分发挥课堂教学在大学生心理健康教育工作中的主渠道作用,也有助于立德树人。修身、"做人"(learning to be a person),这些也体现了我国传统优秀文化的教育理念。

第二,这本教材以发展性教育作为重点。教育部、卫健委、共青团中央《关于进一步加强和改进大学生心理健康教育的意见》明确指出："坚持心理健康教育与思想教育相结合。既要帮助大学生优化心理素质，又要帮助大学生培养积极进取的人生态度。"把心理健康教育与思想教育结合起来，目的是促进大学生德智体美劳全面发展，成为幸福的进取者，而不是仅仅将心理健康教育作为消极地消除大学生心理问题的工具。

士当弘毅，任重道远。大学生在社会中属于精英群体，他们的心理问题绝大多数是轻微的、偶发的、容易疏导的，只有极少数是严重的心理障碍。除了极少数心理疾病（心理障碍）需要治疗外，对于广大青年大学生的心理问题宜采用预防性及发展性教育。应当注意，对大学生心理健康教育，我们要提出更高的要求，不仅使学生懂得预防和化解心理问题的方法，更要促进大学生树立正确的价值观、积极的自我观，养成追求理想的优秀品格，使他们成为自爱、自立、自信、自省、自强的幸福进取者。

第三，这本教材提倡教育途径的多样性。心理健康教育的落实不仅可以在课堂进行系统的教学，还可以在日常心理咨询活动、团体训练、定期的心理健康宣传周（月）、一对一的个别辅导和一对二三个人的小组辅导中进行；既可以通过专家指导、教师辅导、学生自助相结合的方式开展教育，也可以通过提供心理健康阅读书籍、建立心理健康网站、播放心理健康录像、实施行为训练等开展教育。此外，还可以在大学的军训、社会实践、社团活动中开展心理健康教育活动。

要创设条件把心理健康教育与思想政治教育结合起来、与专业知识的传授相结合起来，把学生的知行教育结合起来，以形式多样的方式开展心理健康教育，使心理健康教育的内容深入大学生的心灵。同时我们还要积极引导学生去实践、去做，不断完善自己，提高自己。

第四，这本教材具有前瞻性。陈红教授主编的《大学生心理健康教育（微课版）》的阅读对象当然是大学生，但是随着大学生心理健康教育的不断深入，教职员工的心理健康也必然会提到议事日程，他们也可能承担心理健康教育工作。例如，现在很多学校组织有一支由思想政治教育教学部门、学生工作部、教师工作部、团委、专业院系教师、医务人员等组成的校级心理健康教育队伍，承担全校性的心理健康教育工作，怎样使他们熟练地掌握心理健康教育的知识和技能呢？如果能脱产学习是最好的，但是他们不可能脱产去学习。那怎么办呢？为了便于读者自学，这本教材通过线下线上（以二维码形式提供微课视频）结合、心理自测、活动体验、反思践行等方式，并辅以心灵引领、知识链接、经典研究等特色栏目，促进自学时的知识掌握。为了便于读者自学，我向大家介绍"三步走"的思考方法。第一步，分析思考有关的概念，如挫折容忍力。什么是挫折容忍力？造成挫折的原因是什么？挫折与挑战是什么关系？这有助于读者正确认识挫折容忍力。第二步，进行创造性思考，要努力去发现大学生活的压力源有哪些，并设计出应对大学生活压力的策略。第三步，要学会在日常生活中用挫折容忍力的概念去应对大学生活的挑战和机遇。用这三步来思考问题，将会有助于读者熟练地掌握心理健康教育的知识和技能，做好心理健康教育工作，而且能促进读者自己的心理保健。身心健康才能享受工作和生活中的乐趣。

总之，我觉得这是一本优秀的大学生心理健康教材，希望广大读者喜欢这本书。是为序。

黄希庭谨识

2021 年 8 月于西南大学心理学部

前 言

当前，我国正处于社会转型时期，经济社会发展飞速、科学技术日新月异、知识更迭速度加快、社会竞争加剧、生活方式改变、价值观日益多元……作为社会上最活跃、最敏感的群体，大学生可以敏锐地感知到时代和社会的变迁，这给他们的心灵带来强烈的冲击。同时，大学生群体正处于人生发展的关键时期——成熟与不成熟之间，身心变化迅速，心理矛盾交织，加之社会阅历有限、自我调适能力较弱，大学阶段就成为一生中最容易出现各种心理困扰和问题的时期。因此，加强大学生心理健康教育，不仅可以帮助大学生应对可能面临的各种心理困扰，还有助于促进大学生的心灵成长和全面发展，更为他们追求成功成才和幸福人生奠定良好的心理基础。

为充分发挥课堂教学在大学生心理健康教育工作中的主渠道作用，教育部陆续颁布了《普通高等学校学生心理健康教育工作基本建设标准》《普通高等学校学生心理健康教育课程教学基本要求》《高等学校学生心理健康教育指导纲要》《教育部等八部门关于加快构建高校思想政治工作体系的意见》，将心理健康教育课程（包括挫折教育内容）纳入高校整体教学计划，并对大学生心理健康教育的课程性质、教学目标、主要教学内容和教学模式及方法提出了规范性要求。最近，国家卫健委也发文明确要求各高中及高等院校将抑郁症筛查纳入学生健康体检的内容，设置心理辅导（咨询）室和心理健康教育课程。党的二十大报告更是明确要求，重视心理健康和精神卫生，推进健康中国建设。大学生心理健康教育得到国家前所未有的重视。

当前，各高等学校已经普遍面向全体学生开设了心理健康教育课程，大学生心理健康教育的相关教材也不断涌现，在很大程度上推动了高校心理健康教育工作的蓬勃开展。然而，心理健康教育是一项理论性、专业性和实践性极强的教育活动，如何面向当代大学生的现实生活和实际需求，理论联系实际地开展心理健康教育工作，增强心理健康教育的科学性、针对性、实效性和时代性，切实促进大学生心理素质健全和健康发展，是当前广大心理健康教育工作者急需解决的问题。本书正是对新时代高校学生心理健康教育工作的新变化和新需求所做出的回应，在编写中力求体现以下原则和特点。

第一，认真践行立德树人的根本任务。本书认真践行立德树人的育人理念，充分挖掘课程中蕴含的思政教育元素，结合当代积极心理学思想，融于知识讲解之中，旨在激发大学生固有的、潜在的、具有建设性的力量和优秀品质，点燃大学生心灵的真善美。

第二，构建新颖实用的内容体系。本书内容体系遵照教育部大学生心理健康教育课程教学基本要求，紧密结合当代大学生在生活、学习、交往、成长和成才等方面可能遇到的主要心理问题和困惑，重点阐述了心理健康、生命教育、自我意识、人格发展、职业生涯规划、学习心理、人际关系、恋爱与性心理、网络心理、情绪管理、压力与挫折应对、心理危机应对共12个主题。此外，本书还融入了抗疫心理疏导等有关内容，以体现大学生心理健康教育的时代感和针对性。同时，本书在内容安排上相对淡化了心理学专业理论知识的阐述和分析，更加强调实践性和实用性，注重大学生心理健康教育的策略、技巧和方法，突出活动性和可操作性的特点。

第三，注重心理健康教育的实效性。本书力图突破传统心理健康教育教材重问题应对轻素质养成、重理论知识轻实践操作的不足，将大学生心理健康问题的解决与心理素质培养有机结合，集知识传授、心理体验和策略训练于一体。为增强心理健康教育的实效性，各章内容以"心灵引领""学习导航""案例导入""心理课堂""反思践行""视野拓展"等板块呈现，结构体例遵循"知识学习－判断鉴别－策略训练－反思践行"等心理健康教育活动的基本环节。其中，"知识学习"针对某一主题，通过概述呈现包括核心概念的相关心理健康知识，帮助大学生树立心理健康意识；"判断鉴别"通过呈现大学生群体在该主题的发展特点、可能要预防的心理问题，结合心理自测量表和成长案例，指导大学生对自身的心理状况进行分析；"策略训练"针对"判断鉴别"环节所发现的问题，对大学生进行有针对性的策略训练；"反思践行"引导学生领悟所学的知识和策略，将其转化为心理能力，并在解决类似心理问题时灵活应用。

第四，配置丰富的教学资源，支持线上教学。本书配有精心设计的电子教案、教学大纲和PPT等丰富的教学资源，便于教师组织教学和学生自学。同时，编者还在每章选择重点、难点或经典案例单独录制了微课，学生扫描书中相应位置的二维码即可观看。这些微课既能有效提高学生的自学效果，又能帮助教师实现翻转课堂的教学模式，提高大学生学习的参与度和自主性，切实提高课堂教学效果。

本书由陈红、邵景进担任主编，李西营、杨小洋担任副主编。参编人员均多年从事大学生心理健康教育方面的科研与实践工作。具体分工如下：第一章、第四章和第十一章由西南大学陈红编写；第二章、第三章、第九章、第十章和第十二章由西南大学邵景进编写；第五章和第八章由陕西师范大学李西营编写；第六章和第七章由四川师范大学杨小洋编写。

本书在编写过程中，编者借鉴和引用了前辈学者的相关文献，在此表示最诚挚的感谢！编者水平有限，在此恳请阅读本书的专家学者、一线教师和广大读者对内容不当之处批评指正，以使内容日臻完善。

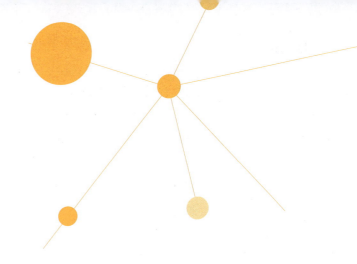

目　录

第一章　大学生活从"心"开始
　　　　——大学生心理健康概述······ 1

第一节　心理健康概述 ·············· 2
　一、健康的含义 ·············· 2
　二、心理健康的含义 ·········· 3
　三、心理健康的特征 ·········· 3
第二节　大学生心理健康的标准
　　　　及判断依据 ············ 4
　一、大学生心理健康的标准 ······· 4
　二、大学生心理健康的判断依据 ··· 5
第三节　常见的大学生心理健康问题
　　　　与影响因素 ············ 6
　一、常见的大学生心理健康问题 ··· 7
　二、大学生心理健康的影响因素 ··· 11
　三、大学生心理健康的自我评估 ··· 13
第四节　大学生心理健康提升的基本
　　　　方法 ················ 17
　一、树立心理健康意识 ·········· 18
　二、培养健康的生活方式 ········ 18
　三、学会自我心理调节 ·········· 18
　四、投身社会实践活动 ·········· 19
　五、求助专业心理咨询 ·········· 19

第二章　追寻生命的意义
　　　　——大学生生命教育 ········ 22

第一节　生命概述 ·············· 23
　一、生命的含义 ·············· 24

二、生命的基本特征 ·········· 24
三、生命的意义与来源 ·········· 25
第二节　大学生生命观的现状
　　　　与偏差 ·············· 27
　一、大学生生命观的现状 ········ 27
　二、大学生常见的生命观偏差 ····· 28
　三、大学生生命观的自我评估 ····· 30
第三节　大学生生命观塑造的策略
　　　　训练 ················ 32
　一、挖掘生命的内在渴望 ········ 32
　二、发现生活之美 ············ 33
　三、传递感恩与奉献 ·········· 33
　四、宽容待人待己 ············ 35
　五、正视苦难与死亡 ·········· 36

第三章　做最好的自己
　　　　——大学生自我意识 ········· 39

第一节　自我意识概述 ············ 40
　一、自我意识的含义 ·········· 40
　二、自我意识的内容与结构 ······ 41
　三、自我意识的发展 ·········· 43
第二节　大学生自我意识发展的
　　　　特点与偏差 ············ 44
　一、大学生自我意识发展的特点 ··· 44
　二、常见的大学生自我意识发展
　　　偏差 ················· 46
　三、大学生自我意识的自我评估 ··· 48

目　录

第三节　大学生自我意识完善的训练
　　　　策略 ·················· 50
　　一、正确认识自我 ············ 50
　　二、积极接纳自我 ············ 52
　　三、有效控制自我 ············ 54
　　四、不断超越自我 ············ 55

第四章　颜色不一样的烟火
　　　　——大学生人格发展········· 58
第一节　人格概述 ·············· 59
　　一、人格的含义 ············· 59
　　二、人格的基本特征 ·········· 60
　　三、人格的结构 ············· 61
　　四、人格的影响因素 ·········· 62
第二节　大学生的人格特征与人格
　　　　障碍 ·················· 63
　　一、大学生的人格特征 ········ 63
　　二、常见的大学生人格障碍 ····· 64
　　三、大学生人格的自我评估 ····· 68
第三节　大学生健康人格塑造的策略
　　　　训练 ·················· 70
　　一、发挥个体性格优势 ········ 70
　　二、培养积极情绪 ············ 71
　　三、增强挫折承受能力 ········ 72
　　四、构建良好的人际关系 ······· 73
　　五、积极参加社会实践 ········ 75

第五章　规划人生赢未来
　　　　——大学生职业生涯规划··· 78
第一节　职业生涯规划概述 ······· 79
　　一、生涯与职业生涯的含义 ····· 80
　　二、职业生涯规划的含义 ······· 80
第二节　大学生职业生涯规划的特点
　　　　与问题 ················ 81
　　一、大学生职业生涯规划的特点 ··· 81
　　二、常见的大学生职业生涯规划
　　　　问题 ·················· 82

　　三、大学生职业生涯规划的自我
　　　　评估 ·················· 85
第三节　大学生职业生涯规划的策略
　　　　训练 ·················· 86
　　一、探索职业兴趣 ············ 86
　　二、明确职业价值 ············ 88
　　三、评估职业生涯机会 ········ 89
　　四、确定目标与路径 ·········· 91

第六章　我的学习我做主
　　　　——大学生学习心理········· 95
第一节　学习心理概述 ··········· 96
　　一、学习的含义 ············· 96
　　二、学习的主要类型 ·········· 97
第二节　大学生学习的特征与问题 ··· 97
　　一、大学生学习的基本特征 ····· 98
　　二、大学生常见的学习问题 ····· 99
　　三、大学生学习心理的自我
　　　　评估 ················· 101
第三节　大学生学习能力提升的策略
　　　　训练 ················· 102
　　一、激发学习兴趣 ··········· 103
　　二、加强时间管理 ··········· 104
　　三、设置合理目标 ··········· 105
　　四、掌握学习策略 ··········· 106

第七章　解读人际交往的密码
　　　　——大学生人际关系········· 111
第一节　人际交往概述 ·········· 112
　　一、人际交往的含义 ········· 112
　　二、人际交往的功能 ········· 113
　　三、人际交往的原则 ········· 114
　　四、人际交往中的心理效应 ···· 115
第二节　大学生人际交往的特点
　　　　与困扰 ··············· 117
　　一、大学生人际交往的特点 ···· 117

二、大学生常见的人际交往
困扰 …………………… 118

三、大学生人际交往能力的自我
评估 …………………… 120

第三节 大学生人际交往能力提升的
策略训练 …………………… 122

一、矫正认知偏差 …………………… 122

二、克服心理障碍 …………………… 123

三、提升人际交往效能感 …………………… 124

四、掌握人际交往的技巧 …………………… 125

五、保持适当距离 …………………… 126

第八章 问世间情为何物
——大学生恋爱与性心理…… 129

第一节 爱情心理概述 …………………… 130

一、爱情的含义 …………………… 130

二、爱情的要素 …………………… 131

三、爱情的类型 …………………… 131

四、健康爱情的特征 …………………… 132

五、性心理 …………………… 134

第二节 大学生恋爱心理的特点
与问题 …………………… 136

一、大学生恋爱的发展阶段 …………………… 136

二、大学生恋爱心理的特点 …………………… 137

三、大学生常见的恋爱心理
问题 …………………… 139

四、大学生恋爱类型的自我
评估 …………………… 140

第三节 大学生恋爱能力提升的策略
训练 …………………… 142

一、学会鉴别爱 …………………… 142

二、果断拒绝爱 …………………… 143

三、学会发展爱 …………………… 144

四、从失恋中成长 …………………… 147

第九章 明晰网络世界的界限
——大学生网络心理…… 150

第一节 网络心理概述 …………………… 151

一、网络的含义 …………………… 151

二、网络的特点 …………………… 152

三、网络与个体心理需求 …………………… 152

第二节 大学生网络心理的特征
与问题 …………………… 154

一、大学生网络使用的特征 …………………… 154

二、常见的大学生网络偏差
行为 …………………… 155

三、大学生网络使用的自我
评估 …………………… 158

第三节 大学生合理使用网络的策略
训练 …………………… 159

一、正确认识网络 …………………… 159

二、区分现实世界与虚拟世界 … 160

三、提升对网络的控制感 …………………… 161

四、积极投身社会现实活动 …………………… 162

五、主动克服网络依赖 …………………… 162

第十章 做情绪的主人
——大学生情绪管理………166

第一节 情绪概述 …………………… 167

一、情绪的含义 …………………… 167

二、情绪的构成 …………………… 168

三、情绪的功能 …………………… 170

第二节 大学生情绪的特点与困扰 … 171

一、大学生情绪的特点 …………………… 172

二、常见的大学生情绪困扰 …………………… 173

三、大学生情绪的自我评估 …………………… 176

第三节 大学生情绪管理的策略
训练 …………………… 177

一、学会认知调节 …………………… 177

二、适当转移注意力 ⋯⋯⋯⋯178

三、进行合理宣泄 ⋯⋯⋯⋯⋯179

四、学会自我放松 ⋯⋯⋯⋯⋯180

第十一章 直面生活的挑战
——大学生压力与挫折应对
⋯⋯⋯⋯⋯⋯⋯⋯ **183**

第一节 压力与挫折概述 ⋯⋯⋯184

一、压力的含义 ⋯⋯⋯⋯⋯⋯184

二、挫折的含义 ⋯⋯⋯⋯⋯⋯186

三、压力和挫折的影响 ⋯⋯⋯187

第二节 大学生的主要压力与挫折 ⋯188

一、大学生压力与挫折的特征 ⋯188

二、常见的大学生压力与挫折 ⋯189

三、大学生压力与挫折应对的

自我评估 ⋯⋯⋯⋯⋯⋯⋯191

第三节 大学生压力与挫折应对的

策略训练 ⋯⋯⋯⋯⋯⋯⋯193

一、正确认识压力与挫折 ⋯⋯⋯193

二、保持乐观自信 ⋯⋯⋯⋯⋯194

三、学会合理归因 ⋯⋯⋯⋯⋯195

四、掌握积极的应对技巧 ⋯⋯⋯195

五、寻求社会支持 ⋯⋯⋯⋯⋯196

第十二章 让心灵走出废墟
——大学生心理危机应对
⋯⋯⋯⋯⋯⋯⋯⋯ **199**

第一节 心理危机概述 ⋯⋯⋯⋯200

一、心理危机的含义 ⋯⋯⋯⋯201

二、心理危机的产生机制与影响

因素 ⋯⋯⋯⋯⋯⋯⋯⋯202

三、心理危机的发展阶段 ⋯⋯⋯203

四、心理危机的表现 ⋯⋯⋯⋯204

第二节 大学生心理危机的特征

与常见问题 ⋯⋯⋯⋯⋯205

一、大学生心理危机的特征 ⋯⋯205

二、常见的大学生心理危机

问题 ⋯⋯⋯⋯⋯⋯⋯⋯206

三、大学生心理危机脆弱性自我

评估 ⋯⋯⋯⋯⋯⋯⋯⋯209

第三节 大学生心理危机应对的策略

训练 ⋯⋯⋯⋯⋯⋯⋯⋯209

一、建立积极的应对策略 ⋯⋯⋯209

二、构建社会支持系统 ⋯⋯⋯212

三、进行积极认知调整 ⋯⋯⋯213

四、积极协助他人走出危机 ⋯⋯214

参考文献 ⋯⋯⋯⋯⋯⋯⋯⋯ **217**

第一章

大学生活从"心"开始
——大学生心理健康概述

● **心灵引领**

世界上最宽阔的东西是海洋,比海洋更宽阔的是天空,比天空更宽阔的是人的心灵。

——雨果

人之幸福,全在于心之幸福。

——歌德

这世界除了心理上的失败,实际上并不存在什么失败,只要不是一败涂地,你一定会取得胜利的。

——亨·奥斯汀

● **学习导航**

健康是个体幸福生活的源泉和事业成功的保障。随着现代文明的不断发展以及自身认识的不断深化,人们对于健康内涵的理解也越来越多元化。现代健康的概念已不再仅仅限于身体健康,而是身体健康、心理健康和社会适应的统一体,即一个人的生理、心理和社会适应都处于完满状态才是真正的健康。大学生是社会上最活跃、最敏感的群体,他们敏锐地感知到时代变迁和社会变革所带来的冲击和压力,但由于大学生处于人生发展的关键时期——成熟与不成熟之间,身心变化迅速,加之他们社会阅历有限、心理健康意识缺乏、自我调适能力较弱,容易遇到各种心理困扰和问题。因此,了解和学习心理健康知识就显得尤为重要。

读者通过本章的学习可以达到以下目标:

- 了解心理健康的概念、特征、标准及其判断依据,增强心理健康意识;
- 认识常见的大学生心理健康问题和影响因素,并可以对心理健康进行自我评估;
- 掌握大学生心理健康教育的基本方法,呵护自身心理健康。

案例导入

静怡的烦恼

　　某高校新生静怡，独生女，家庭条件优越，一直都是在父母的细心照料下长大。静怡在中小学期间从未住过校，也没有离开父母独自生活的经历。刚进入大学才三个星期，她就出现了很多不适应。初入大学的新奇和兴奋过后，静怡不知道在成功考入大学之后，自己还应该为什么而学习，感觉一下子失去了学习的目标；静怡对自己所学的专业不怎么了解，对老师课堂讲授的内容也提不起兴趣。她感到特别着急，想努力改变但又不知道该从什么地方入手。此外，静怡的宿舍舍友来自不同的省份，每个人的性格特征、生活习惯和作息时间等都有所差异，难免会产生一些摩擦和纠纷。最近静怡心里感到非常焦虑，无法集中精力学习，总是怀疑自己是不是得了心理疾病。

● 心理课堂

　　如果你是案例中的静怡，你会怎么解决自己所遭遇的问题呢？一些大学生会因为社会转型加速、社会竞争加剧、学业成绩不理想、人际关系糟糕、情感问题、就业与规划问题以及经济问题等各种影响因素而出现一些心理不健康的症状，严重影响着大学生们的健康成长和发展。那么，什么是心理健康？心理健康的标准、判断依据和影响因素有哪些？常见的大学生心理健康问题又有哪些？可通过何种途径提升自身心理健康水平呢？本章将带领大家畅游心理健康知识的海洋，了解如何更好地关注自己的心理健康，保持积极乐观的心态，激发身心潜力，创造幸福人生。

2

第一节

// 心理健康概述 //

　　随着生活节奏的加快、社会竞争的加剧以及人们对于幸福生活需求的不断提高，心理健康问题日益成为人们关注的热点话题。那么，什么是心理健康？心理健康具有哪些特征？本节将详细介绍健康的含义以及心理健康的特征，以增进对心理健康的认识与了解。

一、健康的含义

　　长期以来，"无病即健康"的传统观念一直为许多人所持有，通常包括两个方面：一是主要脏器无疾病，身体形态发育良好，体型均匀，人体各系统具有良好的生理功能，有较强的身体活动能力和劳动能力，这是对健康最基本的要求；二是对疾病的抵抗能力较强，能够适应环境变化，抵抗各种生理刺激和致病因素对身体的影响。随着科学技术的不断进步，人类对自身健康与疾病认识的不断深化，促使人类的健康观念也不断拓展。1948年世界卫生组织（WHO）成立时，将健康定义为一种生理、心理和社会适应都完满的状况，而不仅仅是没有疾病和虚弱状态。1989年，世界卫生组织进一步深化了健康的概念，认为健康包括身体健康、心理健康、社会适应良好和道德健康。由此可见，现代健康观不再局限于没有疾病，而是身体健康、心理健康和社会适应的和谐统一。

二、心理健康的含义

心理健康是现代健康观的重要组成部分，但对于究竟什么是心理健康，国内外学术界尚无统一的界定。1946 年，第三届国际心理卫生大会指出："心理健康是指在身体、智能以及情感上与他人的心理健康不相矛盾的范围内，将个人心境发展成最佳状态。"还进一步具体指出了心理健康的标志：①身体、智力、情绪十分调和；②适应环境，人际关系中能彼此谦让；③有幸福感；④在工作和职业中，能充分发挥自己的能力，过有效率的生活。2001 年世界卫生组织又将心理健康定义为：心理健康是一种健康或幸福状态，在这种情况下，个体得以实现自我，能够正常地应对生活的压力，工作富有成效和成果，以及有能力对所在社会作出贡献。

扫一扫

什么是幸福？

国内外不少学者对心理健康提出过诸多论述，鉴于心理健康现象的复杂性以及研究者研究侧重点的不同，对心理健康的界定说法各异，但也达成一定的共识，即心理健康涉及知、情、意、行等心理活动的各个方面。据此，我们可以将心理健康界定为一种良好而持续的心理适应和发展状态，具体表现为智力正常、人格健全、人际关系和谐，能积极适应生活、学习、交往和环境，能主动寻求、探索自我发展途径，能有效地发挥个人的身心潜力和积极的社会作用。主要包括两层含义：一是相对而言，其心理功能是正常的，无心理疾病；二是能积极调节自己的心理状态、顺应环境，有效发展和完善个人生活。

三、心理健康的特征

心理健康的基本要求是心理各个方面的均衡发展，是个体与社会的协调发展，最终形成完整统一的人格品质。积极塑造个体的心理健康发展水平，必须明确个体心理健康状态所应具备的基本特征。

1. 相对性

心理健康具有相对性，与个体所处的时代、环境、年龄、文化背景等方面的因素有关。偶尔出现的一些不健康的心理行为，并不能简单地认为是心理不健康的表现，更不能等同于已经患上了心理疾病。也就是说，不能从一时一事或者一种偶然的行为就主观地臆断自己或他人心理不健康。

2. 连续性

个体心理健康水平可以被划分为不同的等级水平。心理健康与心理不健康之间并不存在一条绝对的分界线，二者也不是泾渭分明的对立面。人们一般认为，心理健康与心理不健康之间呈现一种连续或者交叉的状态。可以说，从健康的心理状态到较为严重的心理疾病之间有一条广阔的过渡带。因此，心理健康与心理不健康之间只是程度和水平的差异，而不是绝对的非此即彼。

3. 可逆性

可逆性是指个体目前处于心理健康状态，但如果不注意心理保健，就可能会出现诸如紧张、焦虑、抑郁等不良的心理状态，这样个体心理健康水平就会下降，严重时还会出现心理异常甚至心理疾病。反之，个体虽然已经处于心理不健康的状态，或者已经出现心理困扰或心理危机，但如果能够及时地自我调整，并寻求专业心理咨询的帮助，那么个体就会很快恢复健康的心理状态。

4. 动态性

世界万物都是运动的，没有绝对静止的事物。人们的心理健康状态也不是静止不变的，而

3

是处于一个动态发展的过程。心理健康水平会随着个体的成长、经验的积累、环境的改变以及自我保健意识的发展而发生变化。

第 二 节
// 大学生心理健康的标准及判断依据 //

心理健康与心理不健康通常被视为一个连续体的两端，并没有截然划分的界限。那么，大学生心理健康的标准是什么呢？心理健康专业人员又是怎样判断个体的心理健康与否的呢？通过本节知识的学习，读者就可以在日常生活中对自己或他人的心理健康做一个基本的了解和判断。

一、大学生心理健康的标准

关于心理健康的标准，国内外不少专家学者都有研究和论述，其中美国心理学家马斯洛和米特尔曼提出的心理健康的 10 条标准被公认为是最为经典的标准：①充分的安全感；②充分了解自己，并对自己的能力作适当的估价；③生活的目标切合实际；④与现实的环境保持接触；⑤能保持人格的完整与和谐；⑥具有从经验中学习的能力；⑦能保持良好的人际关系；⑧适度的情绪表达与控制；⑨在不违背社会规范的条件下，对个人的基本需要作恰当的满足；⑩在集体要求的前提下，较好地发挥自己的个性。

根据大学生这一特殊群体的年龄特征、心理特征和社会角色特征，一般认为我国当代大学生心理健康的基本标准如下。

1. 了解自我，悦纳自我

正确地进行自我评价是大学生心理健康的重要条件之一。大学生是在现实环境和他人的相互关系中、在自己的实践活动中进行自我观察、自我认定、自我判断和自我评价，做到对自己的能力、兴趣、爱好和性格做出恰当的、客观的评价，摆正自己的位置，既不以自己在某些方面高于别人而自傲自负，也不以某些方面低于别人而自惭形秽，能够自我悦纳，了解自己，接受自己，喜欢自己，尊重自己，正视现实，积极进取。

2. 心境良好，善于调控情绪

大学生心理健康的重要指标之一就是情绪健康稳定和身心愉快。这是因为情绪在身心健康中起着核心作用，所以情绪异常往往是心理疾病的一个重要表现。大学生的情绪健康表现在：情绪稳定和身心愉快；实际生活中表现为个体的愉快情绪多于负性情绪，积极上进，乐观开朗，富有朝气，对生活充满希望；善于控制与调节自己的情绪，既能克制又能合理宣泄；情绪反应与周围现实环境相适应等。

3. 意志健全

意志健全是大学生心理健康的重要标志之一。意志是个体在完成一种有目的的活动时，所进行的选择、决定与执行的心理过程。大学生的健全意志主要体现在行动的自觉性、果断性、顽强性和自制力等方面。意志健全者在各种活动中都有自觉的目的性，善于自觉行动，能适时地作出决定，并运用切实有效的方式解决所遇到的问题。遇到困难和挫折时，能够采取合理的反应方式，在行动中控制情绪和言行，而不是行动盲目、言行冲动，抑或畏惧困难、唯唯诺诺。

4. 接受他人，善于与人相处

和谐的人际关系是大学生心理健康的重要条件，同时也是促进大学生心理健康的重要途径。

大学生和谐人际关系主要表现为能够接受他人，善于与人交往，既有广泛而和谐的人际关系，又同时能够被他人所理解和接受；在交往中有自知之明，不卑不亢；能够保持交往中独立而完整的人格；能够客观地评价自己和他人，善于取长补短，及时发现自己的不足和长处；能够宽以待人、乐于助人；还表现出积极的交往态度；交往动机端正，能够与周围人和谐相处。

5. 接受现实，积极适应社会

个体与客观现实环境应该保持良好的平衡。个体能够通过观察取得对环境客观的、正确的认识，并以行之有效的方法应对环境中的各种困境。具体而言，大学生要能够积极协调自己和环境的关系，改变自我以适应环境变化，或者改变环境以适应自我需要。从社会环境角度来看，心理健康的大学生应能与社会环境的发展变化相适应，即对社会环境有较为清晰、准确的认知，从而能够及时调整自己的思想和行动，使其紧跟时代的发展变化，符合社会的要求。特别是在发现自我需要和愿望与社会环境不相适应时，能够迅速地、及时地进行自我调节，敢于面对现实、接受现实，并主动地适应现实、改造现实，而不是逃避现实、怨天尤人，甚至以幻想替代现实，更不是妄自尊大、一意孤行，与社会需要背道而驰。

6. 人格完善，行动协调一致

人格在心理学上指个体比较稳定的心理特征的总和。人格完善就是指有健全统一的人格，即个人的所想、所说、所做都是协调一致的，人格作为整体的精神面貌，能够完整、协调、和谐地表现出来。大学生人格和谐完整的主要标志有：人格结构的各要素完整统一；具有正确的自我意识，不产生自我同一性混乱；以积极进取的人生观作为人格的核心，将自己的需要、目标和行动统一起来。

7. 心理行为符合年龄特征

大学生心理健康还体现为心理行为与年龄特征的协调一致。不同年龄阶段具有其相对应的心理行为与年龄特征，从而形成不同年龄阶段独特的心理行为模式。大学生是处于特定年龄阶段的特殊群体，应表现出具有与年龄和角色相对应的心理行为特征。心理健康的大学生应该精力充沛、意气风发、思维敏捷、勤奋学习、善于思考、勇于探索；情感体验更加丰富而强烈；自我意识逐渐增强等。若心理行为和发展偏离这些特征，则可能意味着心理异常。例如，过于幼稚、过于依赖，或者老气横秋、萎靡不振、情绪不稳定等，都可能是心理不健康的表现。

二、大学生心理健康的判断依据

1. 统计学标准

统计学标准是依据心理特质偏离统计常模的程度作为判断心理健康或不健康的依据。通常假设个体的各项心理特质的测量值在人群中接近正态分布，当个体的心理特质的测量值接近总体平均值时，就认为他是一个相对健康的个体；当个体的心理特质的测量值偏离总体平均值时，就可以说明他的心理相对不健康。然而，统计学标准也有其局限性，例如一些生活中极其快乐的人，虽然他们的测量值也偏离总体平均值，但并不能认为他们是"心理不健康"的人。

2. 社会规范标准

根据社会规范标准，个体的心理与行为如果符合社会规范、得到多数人的认可，其心理与行为就是健康的、正常的；而那些偏离社会规范的心理与行为就会被判断为异常的、不健康的。但是，按照社会规范来衡量个体心理健康与否也存在一定的局限性，因为不同的国家其社会规范是不一样的，不能以其他国家的社会规范来衡量某一个国家的人群的心理健康状态；即使处于同一个社会中，社会规范也可能会随着时间的推移而发生变化。

3．主观经验标准

持该标准的学者主张按照个体主观体验到的是满意感、幸福感，还是痛苦与不适，来判断一个人的心理健康状况。个体如果自觉痛苦、焦虑、抑郁等，则被认为心理不健康。但由于人的主观感受是千差万别的，所以主观规范标准判断个体心理健康与否时会有其主观性和片面性。例如，有些只有轻度心理障碍的人（如抑郁症）常常伴有强烈的不适感，并且伴有失眠、食欲减退等躯体症状；而有些严重的精神病人（如躁狂发作病人）却显得精力充沛、情绪高涨、自我感觉良好，并没有感觉到痛苦。

4．社会适应标准

这一判断标准认为，能够很好地适应生活的个体就是健康的，而难以适应生活，甚至干扰别人或整个社会安全的个体，其心理被认为是不健康的。但是该判定标准也存在一定的片面性，因为对于那些安于现状、不思进取，"逢人说人话，见鬼说鬼话"，既贪图个人安逸，也无碍于社会安宁的个体，并不能简单地认为他们的心理是健康的。

需要注意的是，上述判断标准都仅仅是从某一角度来判断个体的心理是否健康的。心理健康是一种复杂的心理状态，应该从多角度、多层面综合去判断。因此，有学者提出按照以下的几个步骤来进行判断：首先，从个体的成长角度来讲，适应与发展是判断个体心理健康与否的主要依据；其次，从人的社会化角度来看，统计常模与社会常模是判断个体心理是否健康的主要依据；最后，从个性发展的角度而言，心理结构的完整以及功能的匹配是判断个体心理是否健康的主要依据。综上，在判断个体心理是否健康的时候，应该从实际情况出发，具体问题具体分析。

6

经典研究

斯坦福监狱实验

1971 年，斯坦福大学心理学教授菲利普·津巴多和同事在学校地下室搭建了一个模拟的监狱，并且征集了 24 名心智正常身体健康的志愿者，每人每天可以得到 15 美元报酬，但是必须完成 14 天的实验。这些志愿者被随机分成两部分，12 个人充当警察的角色，另外 12 个充当囚犯的角色，实验时每组只有 9 人，3 人作为后备。

实验模拟真实监狱环境，囚犯分别被"警车"押送到监狱，然后被搜身，扒光衣服，清洗消毒，穿囚服，右脚戴脚镣。和真实监狱类似，充当囚犯的志愿者被关在监狱后就不能自由行动，3 个人住一个小隔间，只能在走廊放风，每个人没有名字只有一个编号。充当看守的志愿者，没有进行如何做狱警的培训，只是被告知可以做任何维持监狱秩序和法律的事情。看守 3 个人一组，每组工作 8 小时，3 组轮换。实验开始不久之后，"狱警"就变得有暴力倾向，开始虐待"囚犯"了。而扮演"囚犯"的人则预谋造反。该实验不久就因对"囚犯"造成伤害而被叫停。这个实验中的所有人都陷入了自己所扮演的角色无法自拔，不管是虐待者还是受虐者，甚至于主持实验的教授也卷入其中，努力维持他那个维持监狱秩序的"法官"形象。该实验证实了情境对个体心理与行为的巨大影响作用。

第三节

常见的大学生心理健康问题与影响因素

大学生是处于社会和学校交界处的一个特殊群体，正处于人生中充满矛盾纠结、身心发生较大变化但又尚未完全成熟的一个过渡期。同时他们还面临着来自社会、学业和生活等方面的多重压力，每位大学生在其成长过程中都可能会遇到各种问题和挫折，从而出现这样那样的矛盾、冲突、困惑和不适。这些"成长的烦恼"虽然是个体发展过程中难以避免的，甚至是成长所需要的，但也有少数大学生由于经历较大挫折以及应对方式不当而陷入困境中。本节将带领读者了解大学生群体常见的各种心理健康问题及其可能的影响因素，以增强大学生心理健康意识。

一、常见的大学生心理健康问题

正处于青年期的大学生具有强烈的独立意识、竞争的意识以及参与社会的意识，但大学生的心理发展又处于成熟和不成熟之间，这些心理特点决定了大学生在自身的成长发展过程中会不可避免地遇到各种心理矛盾与困惑，从而出现一定的心理问题。常见的大学生心理健康问题主要包括以下 6 个方面。

1. 适应问题

适应问题常见于刚入学的大一新生。从高中跨入大学，几乎每位新生都会面临环境改变、学习方式改变、人际交往等方面的重新调整等问题。在适应这些改变和调整的过程中，大部分新生都会感到一定程度的不适应，并可能伴随着失落感和茫然感，不同个体的问题程度和持续时间可能有所差异。对绝大多数新生而言，迈入大学校门意味着要离开熟悉的生活环境，在陌生的环境中开始独立地学习和生活，意味着远离父母和亲朋好友，独立处理人际交往、学习适应并解决问题等，这些会给每位新生带来不同程度的环境应激。面对这些环境应激，大多数新生能够积极、主动地适应。但也有少部分新生会因不能及时适应而感到力不从心和无助，当应激超过他们所能承受的限度时，他们就会表现出不同程度的适应问题，比如失眠、食欲不振、注意力涣散，严重时甚至会出现焦虑、抑郁、头痛和神经衰弱等。

成长案例

放纵的新生

某大学大一新生可嘉，今年 19 岁。其性格内向孤僻，在班级中显得格格不入，不爱参与班级活动，经常独来独往，很少与同班同学进行交流沟通。该生在校期间也经常不修边幅，不注意个人的卫生。开学两个多月，因为可嘉违反学校规章制度，学校对其下发了两次严重警告处分。第一次是因为晚上跟几个老乡在酒吧玩耍，违反了学校的就寝制度；第二次是因为白天在宿舍睡觉，觉得舍友吵到他，与舍友发生矛盾，先动手将舍友打伤。同时，由于可嘉旷课次数过多，已经超过学校的规定，将面临第三个处分——可能是开除学籍的处罚。

2. 学习问题

与中学学习相比，大学学习在学习目标、学习方法和学习内容等方面有着明显的不同，更多地要求自主学习、自我管理，自觉探索更多未知的知识。一些大学生忽视了学习方法的调整，刻板地沿用中学阶段的学习方法来应对大学学习，以致难以适应，感到不知所措，甚至失去学习的兴趣和动力。还有一些大学生进入大学后，学习目的不明确、学习动机缺乏、学习态度不端正，或者所学专业与自己的学习兴趣相抵触等，导致学习受挫、困惑迷茫甚至挂科等一系列问题。若长此以往，大学生可能出现情绪紧张、焦虑，严重的甚至会自卑和厌学。此外，除课堂学习外，大学生一般会适当地参与一些社会实践活动，一些大学生因无法很好地平衡学业和社会实践活动之间的关系而倍感压力。

迷茫的大学学习

东浩，大一新生，高中学业成绩非常优秀，一直生活在老师的宠爱和同学们的仰慕之中。然而，这种"优越感"在进入大学后就消失殆尽了，因为班内好几个同学的高考分数都比自己高出一大截。更令东浩难以接受的是，第一次期中考试竟然是班内倒数第五名，昔日"辉煌"和"风光"已不再。东浩对大学所学专业提不起兴趣，感到心中迷茫，学习也没有多少动力。想到年迈的父母，东浩恨自己不争气，可实在是找不到学习的目标，对未来也没有规划，学习上得过且过，上课实在打不起精神就会玩手机游戏。东浩认为自己并不是因为游戏而荒废了学业，而是实在想不到还能做些什么有意义的事情才去上网打游戏。

3. 人际关系问题

大学时期是个体人际关系社会化转变的一个重要时期，人际关系问题往往列于各种大学生心理问题的首位。从中学到大学，大学生面临着全新的人际关系，需要面对同学之间、师生之间、恋人之间，以及个人与集体之间的关系等各方面的人际关系，大学阶段的人际关系更为广泛、复杂，更具独立性和社会性。处于青年期的大学生，精力充沛、思想活跃、兴趣广泛，人际交往的需求较为强烈，希望能够通过人际交往去认识世界，广交朋友，获得友谊，以此来满足自己内在的各种需求。但是，良好人际关系的建立需要一定的社交经验和社交技巧，而大学生对人际关系的追求往往带有较多的理想化色彩，因此并非每个大学生都能妥善处理好自己的人际关系。比如，有些大学生因不知如何处理复杂的人际关系而郁郁寡欢，一旦在人际交往中受挫，就容易进行自我否定，陷入痛苦之中，或因企图对抗而陷入困境，由此产生失落感和孤独感等心理问题。另外，网络信息技术的兴起也打破了传统人际交往的时空限制，但网络是一把"双刃剑"，它也可能给部分大学生的人际交往带来不利的影响。比如，有些大学生喜欢在网上寻找友情，沉迷于网络交往，却忽略了与身边朋友、同学和老师的面对面交流。

"我讨厌他们"

语嫣，女，20岁，性格内向，敏感任性，喜欢独来独往，不愿理会他人，对人缺乏热情，不合群。进入大学后，她发现自己难以融入班集体中，因为她不知道如何处理同学之间、宿舍舍友之间的人际关系，这令她伤透了脑筋。语嫣和班上的同学基本不交流，集体活动也很少参加；同舍友的关系比较紧张，发生过几次不小的冲突，有时为一件小事争得面红耳赤。语嫣说得最多的一句话就是"我讨厌他们"。这种日益恶劣的人际关系让她感到孤独苦闷，经常出现失眠和头痛，精神疲惫不堪，学习成绩也急剧下降。她觉得大学生活非常灰暗，感受不到任何快乐。

4. 爱情与性问题

对处于青年期的大学生而言，其生理和心理发展逐渐趋于成熟，情感需求变得愈加强烈，尤其对爱情有所憧憬和向往，但也很敏感。大学生的爱情观和恋爱观还处于不断完善的阶段，对爱情问题的考虑容易简单化、片面化。比如，有些大学生对于爱情的理解还比较浅显，难以区分爱与喜欢，对于如何寻求爱、表达爱或拒绝爱，特别是如何理性地看待爱情中的一厢情愿的单相思、纷繁复杂的情感纠葛、爱而不得的失恋以及青年期性需求和性行为等问题感到迷茫与困惑。不知道该如何妥当地处理这些问题，这容易给青年大学生带来心理困扰。

负担不起的爱

大学生佳仪，女，20岁。临近期末考试时，她给老师打电话申请缓考，因为她怀孕了。佳仪表示她起初并不知道自己怀孕，还去上过啦啦操和游泳等体育课，只是觉得自己食欲很好，体重也增加了不少。直到最近感觉到腹部疼痛，以为得了阑尾炎，去医院检查身体时才发现怀孕了。父母不断地埋怨、指责她不懂得自爱。而她的男友得知她怀孕后非常害怕，更无力承担责任，就与佳仪断绝了来往。佳仪觉得委屈、失望以及害怕，感到自己压力很大，实在不知如何应对。

5. 生涯规划与就业问题

大学是连接学校与社会的桥梁，生涯规划关系到每个大学生的大学生活，甚至影响其一生的发展。不少大学生缺少明确的生涯规划，很多人高中努力学习的目标就是考上大学，可是进入大学后却感到迷茫了，在学习过程中缺少目标，没有方向，甚至不知道自己努力考取大学的初心何在，失去了继续努力的动力。另外，随着经济结构的调整、高等教育普及化以及大学毕业人口的剧增，大学生的就业压力日益严峻。不少大学生对此变化不适应，未能做出及时有效的调整，又因缺乏必要的就业心理准备，在择业时表现出的职业成熟度不高，将职业理想化，缺乏自我认识能力，缺乏求职技巧等，从而感受到严重的就业心理压力，如果不能及时疏解、调控，往往会出现消极、负面的结果。

茫然求职路

俊杰，男，某大学应届毕业生。自述大学四年期间学习努力，有所收获，学有所成，但是不明白为何在求职择业的道路上处处碰壁。令俊杰困惑的是，他看上的单位，人家看不上他，但是看中他的单位，自己又看不上。毕业离校日期临近，俊杰还没有与任何一家单位签约。看着周围的同学工作都有了着落，他感觉到了前所未有的焦虑、忧郁、自卑与不满，内心处于痛苦和矛盾中。

6. 情绪与压力问题

大学生内心情感比较丰富、细腻，非常注重情感生活，但由于情绪具有两极性、矛盾性的特点，自控力不强，社会经验不足，导致部分大学生因日常琐事而情绪波动，特别是在生活和学习中遇到较大挫折时，容易表现出抑郁、焦虑、无助等负性情绪；此外，大学生活是丰富多彩的，但也不可避免地会遇到各种压力，诸如学业压力、情感压力、经济困难、家庭变故、罹患疾病以及就业压力等。比如，刚入学的新生可能因为远离家乡或者不习惯大学的学习模式，无法很快适应大学生活，而产生焦虑、难过、伤心等情绪；而毕业年级学生会面临毕业带来的巨大压力，也可能会产生一些复杂的情绪。

成长案例

到底是谁的错

李某，某大学大二学生，其坠楼事件引发了社会的普遍关注。李某在参加补考时作弊被老师发现，其试卷被收走，并被要求签署了一份考试违纪认定书。李某被发现作弊后在考场哭了近20分钟。经教室监控和同考场学生证实，考场内未发生教师激烈言语或师生言语冲突。李某离开考场后，在微信中给他的妈妈发了一段话："妈妈，对不起，不要想我，我配不上。"孩子妈妈还以为孩子考试遇到困难，安慰孩子，却不想这是儿子最后一次与她对话。发完这段话后，李某选择跳楼结束了自己年轻的生命，令人惋惜不已。

除了以上6种问题，大学生在日常生活中还会遇到其他各种各样的心理健康问题。因此，在今后的生活和学习中，大学生应该学会甄别心理困扰和心理问题，正视所面临的心理健康问题，并通过适当的方式予以应对，做一个心理健康、积极进取的当代大学生。

知识链接

常见的大学生心理障碍

（1）**焦虑症**。焦虑症是以发作性或持续性情绪紧张、恐惧为主要临床特征的神经症，影响患者的正常生活，常伴有头昏、头晕、胸闷、心悸、呼吸困难、口干、尿频、出汗、震颤和运动不安等明显的躯体症状，紧张或惊恐的程度与现实情况不符合。适当的呼吸训练、放松训练等可有效缓解焦虑症状。

（2）**抑郁症**。抑郁症可由各种原因引起，以显著而持久的心境低落为主要临床特征，且心境低落与其处境不相称。主要表现为：情绪低落，无精打采，丧失兴趣或愉悦感，思维迟滞，注意力减退，睡眠紊乱或食欲不振，感到疲倦，常产生无用感、无希望感、无助感和无价值感。抑郁症可能长期、持续或反复发作，严重影响患者正常的工作、生活和学习。需及时去精神卫生机构进行专业诊断和治疗。

（3）**强迫症**。强迫症是以反复出现强迫观念和强迫动作为基本特征的一种神经性障碍。强迫症的主要表现是控制不住地出现一种观念、欲望或意志行为，明知毫无意义且不合理，却不能克制，越是试图努力抵制，反而更加感到紧张和痛苦。实际上，很多人都有一些类似强迫观念和强迫行为，只要不觉痛苦，也不影响正常的生活和工作，就不算病态，也无须治疗。

（4）**恐惧症**。恐惧症是对外界某些环境、物体或与人交往时，产生的异乎寻常的恐惧与紧张不安，患者明知这种恐惧反应是过分的或不合理的，但仍难以控制而反复出现。常伴有明显的焦虑和自主神经症状，如脸红、气促、出汗、心慌、恶心、腹泻甚至昏厥等，并常伴有反复的或持续的回避行为。恐惧的对象可能是单一的或多种的，如广场、动物、密闭环境、高处或社交活动等。

（5）**网络成瘾**。网络成瘾是指在无成瘾物质作用下对互联网使用冲动的失控行为，表现为过度使用互联网后导致明显的学业、职业和社会功能受损。网络成瘾的主要特征是无节制地花费大量时间和精力上网，沉溺于网络无法自拔，严重影响到学习和生活；不能上网时出现烦恼、焦虑或抑郁等异常情绪体验；必须增加上网时间和投入程度，才能获得此前曾有的满足感；重要的人际关系损害或失去，如与家人、朋友关系淡漠，严重影响学习、工作、社会活动或其他爱好等。

（6）人格障碍。人格障碍是指明显偏离正常人格并与他人和社会相悖的一种持久、牢固的适应不良的情绪和情绪反应模式。患者人格显著、持久地偏离了所在社会文化环境应有的范围，从而形成与众不同的行为模式。患者通常具有情绪不稳定、易激惹、自制力差、与人合作能力和自我超越能力差等特征。多数人格障碍患者常无自知之明，难以从失败中吸取教训，屡屡碰壁，冲突不断，但屡犯同样的错误。人格障碍者一般能应付日常工作和生活，能理解自己行为的后果，也能在一定程度上理解社会对其行为的评价，主观上往往感到痛苦。常见的人格障碍有偏执型、分裂型、反社会型、边缘型、表演型、强迫型、自恋型和依赖型等类型。

以上是大学生几种常见的心理障碍，通常指所有符合临床诊断标准的心理上的疾病。鉴于心理障碍诊断是一项专业且复杂的工作，请勿对号入座。如怀疑自己有心理障碍，请求助于专业的医院进行诊断。

二、大学生心理健康的影响因素

影响大学生心理健康的因素主要包括社会环境因素和个体心理因素两个方面。

（一）社会环境因素

适应社会变化是个体自身发展和社会化的重要课题。每个个体都是在社会环境中不断成长和发展的，因此不可避免地会受到社会环境变化带来的影响。而对大学生心理健康产生的影响往往来自家庭、学校和社会等微观环境。

扫一扫

父母教养方式与大学生心理健康

1. 家庭因素

家庭是个体早期社会化的主要场所，是影响个体心理发展最直接、最主要的微观环境。良好的家庭因素为大学生心理健康发展提供了必要条件，而不良的家庭因素则可能会导致其人格缺陷和行为偏差。在家庭因素中，父母教养方式、家庭气氛和家庭结构都是影响大学生心理健康发展的重要因素。大学生虽然远离家庭，已经不像中小学那样常年与父母生活在一起，但家庭对孩子的成长和成才仍具有深远的影响。父母的教养方式直接影响孩子的心理和行为，根据鲍姆瑞德的教养理论将家庭教养方式划分为4种类型：权威型（接纳孩子＋控制孩子）、专制型（不接纳孩子＋控制孩子）、溺爱型（接纳孩子＋不控制孩子）以及忽视型（不接纳孩子＋不控制孩子）。其中，专制型、溺爱型和忽视型易对大学生的心理健康产生一定的消极影响；家庭氛围是个体形成健康心理和健全人格的前提，如果父母关系紧张敌对、冷漠疏远，孩子经常处于相互指责、争吵、缺乏爱与温暖的家庭氛围，则容易产生缺乏安全感，产生焦虑、不安、恐惧的情绪；同样，处于父母离异、家庭破裂的大学生也经常因体会不到亲情的温暖、关爱而容易产生敏感、焦虑、自卑和抑郁等不良情绪。

2. 学校因素

学校是大学生生活的主要场所，大学生的大多数时间是在学校度过的，因而学校环境和教育对大学生心理健康有着更直接、更深刻的影响。从踏入大学校门之时起，大学生就会遇到各种需要面对的困境和挑战，比如环境适应、人际交往、学业压力以及就业压力。首先，大学生最先面对的就是人际交往和环境适应。他们会与各种各样的来自不同成长环境的同学交往和相处。对于大学生这一特殊群体来说，如果不能很好地处理好人际关系，那么个体可能会变得更加孤独、不知所措，经常为苦闷、烦恼的情绪所困扰；其次，大学生的主要任务是学习，面对学习方式转变、学习任务繁重、学习方法不当、学习竞争增大、学习兴趣与所学专业冲突、就业压力等，许多大学生为自己的学习成绩和未来发展担忧、不安，时常感到学业压力大，如果长期处于高度紧张的状况下，就会对心理健康造成不良影响；此外，单调的课余生活也可能会影响部分大学生的心理健康状态，部分大学生缺乏兴趣爱好、才艺技能不足，过着"三点一线"的生活，因而感到压抑、乏味、空虚、苦闷和烦躁等。

经典研究

教师期望效应

　　1968 年，美国心理学家罗森塔尔和雅各布森来到一所小学，他们从一至六年级各选了 3 个班，对这 18 个班的学生进行了"未来发展趋势测验"。之后，罗森塔尔以赞许的口吻将一份"最有发展前途者"的名单交给了校长和相关老师，并叮嘱他们务必要保密，以免影响实验的科学性。其实，罗森塔尔撒了一个"谎言"，因为名单上的学生是随机挑选出来的。8 个月后，罗森塔尔和助手们对那 18 个班级的学生进行复试，结果奇迹出现了：凡是上了名单的学生，个个成绩有了较大的进步，且性格活泼开朗，自信心强，求知欲旺盛，更乐于和别人打交道。该实验证实，教师对学生的期望，可以促使学生的学业成绩和社会行为等表现朝着教师所期望的方向发展，而最终使预言成为现实。

3. 社会因素

社会急剧变革、经济飞速发展、科技日新月异和社会价值观多样化，会带来社会问题凸显，如人口膨胀、交通拥挤、空气污染和社会关系紧张等，这也会相应地引起人们的心理震荡和行为失范。大学生是社会上最活跃的、最敏感的群体，他们常常最先感知到社会的变化和冲击。大学生又处于人格和价值观形成的时期，身心变化迅速，内心脆弱又敏感，这种社会因素的变化在他们心中引起的冲击也最为明显、强烈。大学生群体由于"社会的免疫力"不强，容易受到现实社会的影响，尤其是各种社会问题和丑恶现象。权钱交易、挥霍浪费、假冒伪劣以及不正当竞争等现象通过各种途径投射到大学生身上，导致部分大学生对现实社会充满质疑而产生不信任感和不安全感，甚至还会被引诱走上犯罪的歧途。

（二）个体心理因素

除社会环境因素外，大学生自身心理因素也是影响和制约其心理健康的重要原因，通常包括以下方面。

1. 自我认识偏差

正确地认识自己是大学生身心健康成长的前提和基础。大学阶段是自我意识逐步走向成熟的重要时期，他们渴望了解真实的自己，寻找人生发展的方向，但尚未完全成熟。部分大学生对自己没有一个清晰的认识，对于现实自我和理想自我之间的关系也不能很好地区分。比如有些大学生自我期望过高或者期望过低，有些学生不知道自己以后想要过什么样的生活，自己以后怎么样发展，只是浑浑噩噩的过日子；还有部分学生则将自己未来的目标定得太高，一旦他们意识到自己无法实现时，就会变得十分沮丧、失望，甚至会放弃追求理想。

2. 人格发展缺陷

大学生心理健康与其人格特征有非常密切的关系。人与人之间存在个体差异性，即使生活在同样的环境中，面对同样的挫折，由于个体差异性，不同的人有不同的反应模式，这与人的人格有直接的联系。部分大学生性格内向孤僻、压抑、过于自卑、不善与人交际且以自我为中心，又或是表现出过于自尊、急躁、冲动、固执、多疑、喜欢钻牛角尖、易激惹、娇生惯养、感情脆弱等人格特征，这些人格特征都是不利于心理健康的，有些也是心理障碍的表现。

3. 内心矛盾冲突

大学生正处于由不成熟趋向成熟的发展过程中，生理的成熟与心理的不成熟常常交叠在一起，导致他们在面对现实环境问题的时候常常会出现内心冲突和矛盾。常见的冲突有：独立与依赖的矛盾，自信与自卑的矛盾，理想与现实的矛盾，闭锁性与开放性的矛盾，冲动与压抑的矛盾，等等。当个体长期处于内心矛盾中或者内心矛盾的冲突太大，而个体又不能有效应对的时候，就可能破坏个体心理平衡而导致心理困扰或者心理障碍，进而形成心理健康问题。

4. 挫折承受能力不足

挫折承受能力不足是导致心理健康问题的关键因素。长期生活在父母和老师的羽翼之下，在过度保护的环境中成长的大学生，有一部分心理素质较为敏感脆弱，承受挫折能力不足。在生活中遇到一点点不顺利、不如意的事情时，就容易产生挫折感，不知道该如何解决问题。尤其是当挫折的相对强度较大或者持续时间较长时，由于承受挫折的能力不足，还容易产生自我怀疑、失望和自卑感，变得心灰意冷、萎靡不振。

综上分析，大学生心理健康是受多种因素影响的，各个因素之间既各自独立，又彼此相互联系。可见，大学生个体、家庭、学校和社会都有责任和义务不断探讨大学生心理发展的规律，积极探索解决大学生心理行为问题的措施和方法，提升大学生心理健康水平。

三、大学生心理健康的自我评估

指导语：表 1-1 中列出了有些人可能有的症状或问题，请仔细阅读每一条，根据该句话与你自己的实际情况相符合的程度（最近一个星期或现在），在对应的位置画"√"。务必逐条填写，不可遗漏，每个选项只能选择一个。

表 1-1　SCL-90 量表

题目	无	轻度	中度	偏重	严重
1. 头痛	1	2	3	4	5
2. 神经过敏，心中不踏实	1	2	3	4	5
3. 头脑中有不必要的想法或字句盘旋	1	2	3	4	5
4. 头昏或昏倒	1	2	3	4	5
5. 对异性的兴趣减退	1	2	3	4	5
6. 对旁人责备求全	1	2	3	4	5
7. 感到别人能控制你的思想	1	2	3	4	5
8. 责怪别人制造麻烦	1	2	3	4	5
9. 忘记性大	1	2	3	4	5
10. 担心自己的衣饰整齐及仪态的端正	1	2	3	4	5
11. 容易烦恼和激动	1	2	3	4	5
12. 胸痛	1	2	3	4	5

题目	无	轻度	中度	偏重	严重
13. 害怕空旷的场所或街道	1	2	3	4	5
14. 感到自己的精力下降，行动减慢	1	2	3	4	5
15. 想结束自己的生命	1	2	3	4	5
16. 听到旁人听不到的声音	1	2	3	4	5
17. 发抖	1	2	3	4	5
18. 感到大多数人不可信任	1	2	3	4	5
19. 胃口不好	1	2	3	4	5
20. 容易哭泣	1	2	3	4	5
21. 同异性相处时感到害羞不自在	1	2	3	4	5
22. 感到受骗，中了圈套或有人想抓您	1	2	3	4	5
23. 无缘无故地突然感到害怕	1	2	3	4	5
24. 不能自控地大发脾气	1	2	3	4	5
25. 怕单独出门	1	2	3	4	5
26. 经常责怪自己	1	2	3	4	5
27. 腰痛	1	2	3	4	5
28. 感到难以完成任务	1	2	3	4	5
29. 感到孤独	1	2	3	4	5
30. 感到苦闷	1	2	3	4	5
31. 过分担忧	1	2	3	4	5
32. 对事物不感兴趣	1	2	3	4	5
33. 感到害怕	1	2	3	4	5
34. 您的感情容易受到伤害	1	2	3	4	5
35. 旁人能知道您的私下想法	1	2	3	4	5
36. 感到别人不理解不同情您	无	2	3	4	5
37. 感到人们对您不友好，不喜欢您	1	2	3	4	5
38. 做事必须做得很慢才能保证做得正确	1	2	3	4	5
39. 心跳得很厉害	1	2	3	4	5
40. 恶心或胃部不舒服	1	2	3	4	5
41. 感到比不上他人	1	2	3	4	5
42. 肌肉酸痛	1	2	3	4	5
43. 感到有人在监视您、谈论您	1	2	3	4	5
44. 难以入睡	1	2	3	4	5
45. 做事必须反复检查	1	2	3	4	5
46. 难以作出决定	1	2	3	4	5

题目	无	轻度	中度	偏重	严重
47. 怕乘电车、公共汽车、地铁或火车	1	2	3	4	5
48. 呼吸有困难	1	2	3	4	5
49. 一阵阵发冷或发热	1	2	3	4	5
50. 因为感到害怕而避开某些东西、场合或活动	1	2	3	4	5
51. 脑子变空了	1	2	3	4	5
52. 身体发麻或刺痛	1	2	3	4	5
53. 喉咙有堵塞感	1	2	3	4	5
54. 感觉前途没有希望	1	2	3	4	5
55. 不能集中注意力	1	2	3	4	5
56. 感到身体的某一部分较弱无力	1	2	3	4	5
57. 感到紧张或容易紧张	1	2	3	4	5
58. 感到手或脚发麻	1	2	3	4	5
59. 想到有关死亡的事	1	2	3	4	5
60. 吃得很多	1	2	3	4	5
61. 当别人看着您或谈论您时感到不自在	1	2	3	4	5
62. 有一些不属于您自己的想法	1	2	3	4	5
63. 有想打人或伤害他人的冲动	1	2	3	4	5
64. 醒得太早	1	2	3	4	5
65. 必须反复洗手、点数目或触摸某些东西	1	2	3	4	5
66. 睡眠不深	1	2	3	4	5
67. 有摔坏或破坏东西的冲动	1	2	3	4	5
68. 有一些别人没有的想法或念头	1	2	3	4	5
69. 感到对别人神经过敏	1	2	3	4	5
70. 在商店或电影院等人多的地方感到不自在	1	2	3	4	5
71. 感到任何事情都很难做	1	2	3	4	5
72. 一阵阵恐惧或惊恐	1	2	3	4	5
73. 感到在公共场合吃东西很不舒服	1	2	3	4	5
74. 经常与人争论	1	2	3	4	5
75. 单独一人时神经很紧张	1	2	3	4	5
76. 别人对您的成绩没有做出恰当的评价	1	2	3	4	5
77. 即使和别人在一起也感觉孤单	1	2	3	4	5
78. 感到坐立不安、心神不宁	1	2	3	4	5

15

续表

题目	无	轻度	中度	偏重	严重
79. 感到自己没有什么价值	1	2	3	4	5
80. 感到熟悉的东西变成陌生或不像是真的	1	2	3	4	5
81. 大叫或摔东西	1	2	3	4	5
82. 害怕会在公共场合昏倒	1	2	3	4	5
83. 感到别人想占您的便宜	1	2	3	4	5
84. 为一些有关"性"的想法而苦恼	1	2	3	4	5
85. 您认为该为自己的过错受到惩罚	1	2	3	4	5
86. 想赶快把事情做完	1	2	3	4	5
87. 感到自己的身体有严重问题	1	2	3	4	5
88. 从未感到和其他人的亲近	1	2	3	4	5
89. 感到自己有罪	1	2	3	4	5
90. 感到自己的脑子有毛病	1	2	3	4	5

● 评分说明

【计分】

1. 总分等

（1）总分：90 个项目所得分之和。

（2）总症状指数（也称总均分）：总分除以 90。

（3）阳性项目数：得分 ≥ 2 的项目数，表示被测者在多少项目中呈现"有症状"。

2. 因子分

SCL-90 包含 9 个因子（上述部分项目未能纳入这 9 个因子中，为方便研究，将之单独纳入其他因子），每一个因子反映出个体某方面症状的痛苦程度，通过因子分可了解症状分布特点。因子分的计算公式如下。

因子分＝组成某一因子的各项目总分／组成某一因子的项目数

各因子的含义及其所包含的项目如下。

（1）躯体化：包括第 1、4、12、27、40、42、48、49、52、53、56、58 题，共 12 项。该因子主要反映身体不适感。

（2）强迫症状：包括第 3、9、10、28、38、45、46、51、55、65 题，共 10 项。该因子主要反映临床上的强迫症群。

（3）人际关系敏感：包括第 6、21、34、36、37、41、61、69、73 题，共 9 项。该因子主要指不自在与自卑感，特别是与其他人相比较时更加突出。

（4）抑郁：包括第 5、14、15、20、22、26、29、30、31、32、54、71、79 题，共 13 项。该因子主要指以苦闷的情感与心境为代表的症状。

（5）焦虑：包括第 2、17、23、33、39、57、72、78、80、86 题，共 10 项。该因子主要指在临床上明显与焦虑症状相联系的精神症状及体验。

（6）敌对：包括第 11、24、63、67、74、81 题，共 6 项。该因子主要从思维、情感和行为三方面来反映敌对的表现。

（7）恐惧：包括第 13、25、47、50、70、75、82 题，共 7 项。该因子主要包括出门旅行、空旷场地、人群或公共场所及交通工具等方面的恐惧。

（8）偏执：包括第 8、18、43、68、76、83 题，共 6 项。该因子主要指猜疑和关系妄想等。

（9）精神病性：包括第 7、16、35、62、77、84、85、87、88、90 题，共 10 项。该因子主要反映幻听、思维散播、被洞悉感等精神分裂样症状。

（10）其他：包括第 19、44、59、60、64、66、89 题，共 7 项。该因子主要反映睡眠及饮食情况。

【解释】

根据常模结果，总分超过 160，或阳性项目数超过 43，或任一因子分超过 2，可考虑筛查阳性，需进一步检查。

表 1-2 是正常成人 SCL-90 的因子分常模，因子分超过常模即为异常。一般而言，正常成人的每个因子分的范围在平均数正、负偏差一个标准差之间。比如抑郁的常模是 1.50 ± 0.59，其因子分范围为 $0.91 \sim 2.09$。

表 1-2　正常成人 SCL-90 的因子分常模

因子	常模（平均数 ± 标准差）	因子	常模（平均数 ± 标准差）
躯体化	1.37 ± 0.48	敌对	1.46 ± 0.55
强迫症状	1.62 ± 0.58	恐怖	1.23 ± 0.41
人际关系敏感	1.65 ± 0.61	偏执	1.43 ± 0.57
抑郁	1.50 ± 0.59	精神病性	1.29 ± 0.42
焦虑	1.39 ± 0.43		

【提示】

此量表仅可作为了解自己的参考，测验分数只代表最近的状态，需要科学合理地解释分数的意义。如有疑问或不适，请寻求专业人士的帮助。

第四节
大学生心理健康提升的基本方法

维护并提升大学生心理健康水平是每个大学生健康成长的内在需求。大学生处在人生发展的关键阶段，由于社会经验不足、心理发展不成熟以及自我调控能力较差，容易受到外界的各种影响而出现各种心理问题。在大学生群体中，几乎每个人都在大学生涯中遇到各种各样的人生困惑和心理问题。大学生心理健康是多重影响因素共同作用的结果，除社会、家庭和学校营造有利于身心健康的良好环境外，大学生自身应该成为提高自己心理健康水平的主人。

提升大学生心理健康水平的基本方法如下。

一、树立心理健康意识

树立心理健康意识是提升大学生心理健康水平的前提，这一意识的树立需要以系统学习各种心理健康知识、掌握各种心理调节技能为基础。一般而言，那些系统学习过心理健康知识的大学生，在自我认识、自我调适和自我疏导方面普遍表现较好，也具有较强的适应能力。从这种意义上而言，大学生应该认真学习大学生心理健康教育课程，积极地参加各种心理健康专题讲座，主动阅读有关心理健康教育的书籍，也可以借助心理健康专业网站，掌握相关心理健康知识，从而进行自我调节和自我疏导，不断强化自我心理健康意识。

知识链接 ·

哈佛大学推荐的 20 个快乐习惯

（1）要学会感恩；
（2）明智地选择自己的朋友；
（3）培养同情心；
（4）不断学习；
（5）学会解决问题；
（6）做你想做的事情；
（7）活在当下；
（8）要经常笑；
（9）学会原谅；
（10）要经常说谢谢；
（11）学会深交；
（12）守承诺；
（13）积极冥想；
（14）关注你在做的事情；
（15）保持乐观；
（16）无条件地爱；
（17）不要放弃；
（18）做最好的自己；
（19）好好照顾自己；
（20）学会给予。

二、培养健康的生活方式

大学生的生活方式和心理健康之间存在密切的关系，健康的生活方式能为大学生心理健康提供生理保障，有利于他们保持稳定的心境和较高的心理健康水平。通常而言，生活方式良好，其心理也就健康，反之，则心理健康状况欠佳。比如长期坚持体育锻炼，既可以强健体魄，又能使人变得敏锐、灵活，还可以增进人际交往，发展友谊，提升自我效能感，降低焦虑、紧张和抑郁等负面情绪。大学生健康的生活方式主要包括：合理作息时间、合理膳食、充足睡眠、适度体育运动、健康的娱乐方式等。

三、学会自我心理调节

自我心理调节实质上就是调整认知结构，完善自我意识，学会调节情绪，锻炼意志品质，丰富人际交往，提高适应能力，塑造健全人格。当发现自己的心理出现问题时，可以及时进行自我心理调节来解决。就大学生而言，可以充分利用大学校园中丰富又有意义的课外活动来自我调节，也可以通过参加社会实践活动来锻炼和提高自我心理调节的能力。比如，加入学生组织或者社团，积极参与学校组织的各种活动，既锻炼了自己的组织管理能力和人际交往能力，又能够提升自我心理满足感；

扫一扫

自我心理调适的方法

也可以进行体育锻炼，既锻炼了身体，又锻炼自我意志品质；还可以参加学校的书画学习，既陶冶情操又锻炼沉着冷静的意志品质。不论哪种方式，只要能够达到自我心理调节的目的，只要是积极向上的活动，大学生都可以尝试。

四、投身社会实践活动

个体心理是在社会文化交往、社会实践活动中形成和发展的，积极主动地参与社会实践活动是大学生心理健康成长的重要途径。健康丰富的社会文化交往和社会实践活动不仅有利于大学生丰富其生活知识和情感，增长和发展其智能和意志品质，提高其实践能力，而且还有利于大学生自我学习能力的提高。大学生只有在社会文化交往和社会实践活动中，才能充分发挥自身的积极主动性。只有自觉地进行自主探索和自我发展，才能在自我发现、自我选择、自我超越和自我解决问题的过程中成长，在参与活动中获得亲身体验和感悟，进而关注并促进自身的心理健康发展。

五、求助专业心理咨询

处于学校和社会交界处的大学生，由于身心发展水平的不成熟，导致他们中的一部分在产生心理困扰和心理危机后无所适从，不知该向谁求助，有些人会选择忽略这些问题，任其自由发展，有些人可能习惯于自我调节。但是当个体面临的心理困扰和心理问题较严重，尤其内心体验到激烈的冲突时，自我调节就可能难以见效了，反而让自己深陷泥潭而无法自拔。此时，大学生可以积极主动寻求家庭、学校和社会的支持，争取帮助，尤其是心理咨询专业人员的帮助，以及时找到解决问题的办法。

知识链接 ●●●●●●●●●●●●●●●●●●●●●●●●●●●●●●●

心理咨询

心理咨询是 20 世纪 80 年代开始在我国兴起的一种心理健康服务形式。目前绝大多数高校设有为大学生身心健康成长服务的心理咨询机构，心理咨询已成为大学生心理健康的重要途径与方法。

心理咨询是指受过咨询心理学专业训练的专业人员，运用心理学知识、理论和技术，对那些解决自己所面临的问题有一定困难的个体提供帮助、指导、支持，找出心理问题产生的原因、探索摆脱困境的对策，从而帮助来访者缓解心理冲突、恢复心理平衡、提高环境适应能力，促进人格成

扫一扫

如何正确地认识
心理咨询

长。通常包括个体面谈咨询、团体心理咨询、家庭心理咨询和电话心理咨询等形式。

当前社会上对心理咨询仍存在一些误解和偏见，担心接受心理咨询会被认为是"不正常、精神有病"，而不敢去寻求专业的心理帮助。其实，心理咨询最主要的工作对象是健康人群，通常是有关学习、生活、工作、交往等方面存在的问题，以及个人发展问题，比如自我认识、人际关系与沟通技巧、情绪调节与压力管理、学习及工作中的问题、个人发展与职业选择、家庭关系调适等。所以，不论是谁，只要觉得自己在心理上、情绪上有了痛苦和烦恼，均可以求助于心理咨询。

心理咨询是一个专业化的"助人自助"过程，这个过程并非是心理咨询师直接解决问题，而是旨在帮助来访者认清自己的问题所在，正确处理所面临的困扰，并在以后遇到类似问题时能独立处理、有效应对。

● **反思践行**

◎体验分享

傲娇的雅婷

雅婷是独生女，父母工作比较忙，由乡下的奶奶抚养长大。奶奶对她宠爱有加，尽量满足她的要求，父母每次来看她都会拿上很多好吃、好玩的东西和好看的衣服。在学校，很多小孩都喜欢跟雅婷玩，使她从小就有一种"众星捧月"的感觉。奶奶去世后，雅婷回到城里和父母生活。父母因补偿心理而对雅婷格外溺爱，让她享受"小公主"般的待遇。

进入大学后，雅婷过于自我，不懂谦让，容易与人起争执，与舍友相处不太融洽，同学们也都不敢"招惹"她。每当看到同学都是一群人高兴地在一起玩或学习时，雅婷内心倍感孤独，晚上常常做噩梦，精神状态不佳；没有胃口，常常不知道为什么自己要发脾气，也很难控制自己的消极情绪，最终变成了同学眼中的"另类"。她感觉到很痛苦，也尝试过改变自己，但都以失败告终。大二期间，情况变得严重，雅婷精神萎靡，对生活缺乏热情，对生活失去兴趣，否定生活中的所有东西，甚至还出现自闭问题。

最近，男友突然提出分手，失恋中的雅婷越想越觉得委屈。她不能接受这样的结果，认为对方没有资格提出分手。雅婷感到非常绝望和无助，不知道该如何面对。

结合以上案例，怎样才能判断一个人的心理是否健康？请同学们自由发言，师生共同归纳。

_____

_____

_____

_____。

◎沙场练兵

冥想训练——放空自己的身心

冥想是一个能很好地放松自己身心的方法。它简单易学，还十分有效，接下来让我们一起学起来吧。

1. 冥想准备

（1）需要保证一个安静、舒适的环境，确保不被打扰。

（2）穿着舒适且宽松的衣服，最好可以脱掉鞋子。

（3）计划好一次冥想的时间为多久（通常是5分钟起）。

（4）花几分钟时间进行拉伸，把身体各个部分的紧张和疲劳程度降到最低。

（5）选择一个舒服的坐姿，最好是一个能让你重心上移，腰背端正的姿势，同时又会感觉到舒适、放松、躯干端正；你可以盘腿坐在瑜伽垫或沙发上，确保背部得到很好的支撑，膝盖弯曲成直角，双脚接触地面。

（6）闭上双眼，阻绝外界的干扰。

2. 进行冥想

第一步，跟随你的呼吸、意识到你的呼吸，在这个过程中可以选择一些画面来帮助自己，比如：想象你肚脐上有一枚硬币，正随着你的一呼一吸而起伏。

第二步，在冥想时一遍一遍地重复某一个字、词或者短语不管词的长短，只要你可以记住就行，比如宁静、安静、寂静之类的词。

第三步，将注意力集中到某件东西上，比如烛光、花朵、水杯等，保证这件东西在你的视线水平内，使你在完全放松的状态下可以平视它。

第四步，根据自己的喜好想象一个平和的场景，比如柔软温暖的沙滩、一望无垠的草原、花团锦簇的草地、闲适静谧的森林、涟漪轻漾的湖泊等。

第五步，再次闭上眼睛，从自己的脚趾出发，将注意力集中到脚趾，有意识地放松自己脚趾紧绷的肌肉，彻底放松完成之后，将注意力转移到整只脚，按照这个方法，逐一对身体各个部分进行放松，放松的顺序依次为：脚趾、脚、小腿、膝盖、大腿、大腿根、臀部、腹部、胸部、背部、肩膀、手臂、手掌、手指、颈部、脸部、耳朵和头顶。时间长短根据自己的喜好而定，在放松完所有部位之后，将注意力集中到自己整个躯干上，享受完全平静与放松的愉悦，跟随呼吸休息几分钟，结束冥想。

● 视野拓展

推荐图书：《登天的感觉——我在哈佛大学做心理咨询》

推荐理由：《登天的感觉——我在哈佛大学做心理咨询》是心理学家岳晓东在心理咨询领域的一本经典之作，使国内成千上万的人对心理咨询开始有所了解，改变了很多人的生活。作者讲述了他在哈佛大学所做的 10 个心理咨询案例，如"问你是否还爱我""我想从哈佛转学""我们的缘分尽了吗"……这些日常生活中随处可见的问题，却妨碍着人们对幸福的追求。作者深入浅出地介绍了心理咨询方面的科学知识，并淋漓尽致地展现了心理咨询的案例处理技巧和高明之处。大学生可以通过这些鲜活的个案来思考自己的生活，促进自我的成长。日常生活中的许多困扰人们的问题实际都是心理问题，本书将会带给你飞翔在云端般的美妙感受——登天的感觉。

扫一扫

推荐电影

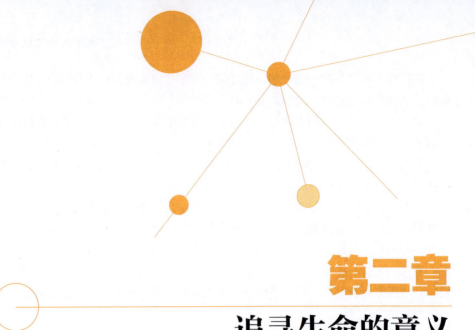

第二章

追寻生命的意义
——大学生生命教育

● **心灵引领**

身体发肤，受之父母，不敢毁伤，孝之始也。

——《孝经·开宗明义章》

生命是这世界上最好的礼赞。

——罗曼·罗兰

当我活着的时候，我要做生命的主宰，而不做它的奴隶。

——惠思曼

● **学习导航**

毛姆在《月亮与六便士》中提出一个拷问人生终极意义的命题："我这一生，到底该如何度过？"每个人都会不断地探索个体生命的存在意义和价值。同时，人们在人生旅途中也可能会遭遇许多对生命造成打击的事件，比如失恋、重大疾病、亲人离世等，促使人们重新思考生命的意义。大学阶段是对生命充满好奇和探索的时期，只有寻找到生命的意义和价值，大学生活才能更为充实和丰盈。弗洛姆认为："尊重生命，尊重他人，也尊重自己的生命……是心理健康的一个条件"。大学生生命教育成为高校心理健康教育的重中之重，引导大学生认识生命的意义，尊重生命、珍惜生命，养成积极、健康和正确的生命观。

读者通过本章的学习可以达到以下目标：

- 认识生命的含义、基本特征，以及生命的意义；
- 了解大学生生命观的状况及其认识偏差，并对生命观进行自我评估；
- 掌握生命意义提升的策略与方法，树立积极向上的生命观，丰富生命的意义和价值。

案例导入

千里背母上大学

1988 年，刘秀祥出生在贵州一个偏远贫困的山村。4 岁那年，父亲不幸病逝，母亲精神失常，生活不能自理。哥哥姐姐先后离家出走，只剩下年幼的刘秀祥与母亲相依为命，生活的重担压在了他稚嫩的双肩上。从此开始了他带着生病的母亲到处打工求学的生涯。为了母亲，为了上学，捡过垃圾，住过猪圈，只要能挣钱的兼职都做过，只要能落脚的地方都住过……

2007 年夏天就要高考了，刘秀祥以为即将迎来曙光，但命运却再次"捉弄"了他，因长期营养不良和压力过大病倒，导致落榜。高考失利让刘秀祥内心满是绝望，甚至想过轻生。"我当时想放弃自己的生命，开始厌恶这个世界，觉得老天非常不公平，我这么努力为什么还要遭遇这一切。"然而，当他翻到自己日记本里的一句话时，又让他重新看到了希望："当你抱怨没有鞋穿时，回头一看，发现别人竟然没有脚。"刘秀祥并不觉得自己是这个世界上最不幸的人，反而认为是母亲给了他打败困难的力量："有了她，我才有了活下去的目标，因为我知道有一个人需要我。"第二年，刘秀祥终于如愿以偿，圆了自己的大学梦。他又毅然带着生活不能自理的母亲来到大学。大学期间，他一边照顾母亲，一边打好几份工来维持生活，同时他还帮助许多贫困学生联系校外兼职，为贫困学生减轻了家庭负担。

2012 年大学毕业后，刘秀祥拒绝了一些单位所提供的优厚待遇，毅然选择回到贵州大山里当了一名普普通通的教师，开始助力贫困学子圆大学梦，成了别人的"守梦人"。教学之余，他积极开展公益活动，全国巡回励志演讲 1 000 多场，听众上百万人，牵线一对一资助贫困学子1 700 多人。2020 年，刘秀祥荣获"中国青年五四奖章"和"全国最美教师"等称号。一路走来，不论命运多么不公，不论生活多么困窘，他都没有放弃自己，坚持梦想和奋斗，并用实际行动帮助到更多的人，谱写了一首生命的交响曲。

● **心理课堂**

试回想一下你成长过程中可曾经历过生命困境与挫折？如果有，当时你的感受如何？你又是如何让自己成功摆脱困境的？随着经济的高速发展和社会的巨大变迁，当代大学生处在一个文化多样、价值多元的时代。大学生的好奇心强，探索欲望强烈，容易接触到各类信息，生命教育已成为当前既重要而又迫切的话题。那么，什么是生命？大学生生命观现状如何？又应该通过哪些途径以提升生命的意义和价值？本章期望带领读者探索生命的意义，激发生命潜能，创造生命的价值，使人生更精彩。

第一节

生命概述

人生最宝贵的是生命，生命对每个人来说都只有一次，尊重生命、珍惜生命并热爱生命是生命教育的核心目标。生命是神奇的，又是复杂的，因而科学地认识生命的含义、基本特征，以及生命的意义与来源是生命教育的重要内容。那么，什么是生命？生命的基本特征有哪些呢？人们又是通过何种途径发现生命意义的？本节将带领读者一起认识生命的奥秘与意义。

一、生命的含义

生命的本质是什么？这是一个古老而年轻的问题。生命是众多学科的研究对象，不同的学科从不同的角度探索生命，因而对于何谓生命就有不同的界定。从文学角度而言，生命就是性命、活命，可以思考、想象、感受和表达；从生理学角度而言，生命必须具备心脏跳动、会呼吸、大脑仍然有活动等条件；从生物学角度而言，生命泛指有机物和水构成的一个或多个细胞组成的一类具有稳定的物质和能量代谢现象（能够稳定地从外界获取物质和能量并将体内产生的废物和多余的热量排放到外界）、能回应刺激、能进行自我复制（繁殖）的半开放物质系统。

由此，生命现象本身涵盖广泛，人们对生命的理解也复杂多样。从生命教育的角度来说，本书主要将其限定为人的生命，认为人的生命是自身繁殖、生长发育、新陈代谢与环境进行物质和能量交换遗传变异以及对刺激的反应等的复合现象。当代学界根据每个生命肉体的诞生、交往的存在和意识的觉醒这 3 个生命事实，认为人的生命兼具自然生命、社会生命和精神生命三重维度。其中，自然生命是指人是一种生物性的存在，是作为一个自然理性的肉体生命而存在，其生长和发展必须遵循生物界的法则和规律。换言之，每个人都要吃穿住用行，且无法逃避生老病死。社会生命指人是一种社会性的存在。人是社会的人，人与其他社会成员和组织结成复杂的关系，其生命必然会打上社会的烙印。每个人要想生存就必须与他人交换信息、意见、思想、观念和情感等，通过参与、融入人们的各类互动中，寻求人的生命存在的意义和价值；精神生命指人要追求超越生物性存在的精神性存在。这种精神生命包括人之精神、意识、思维和心理等，是人类区别于其他物种的独有特征。

二、生命的基本特征

1. 生命的有限性

人的生命是有限的，有限性是生命的本质属性。从人出生的那一刻开始，就注定有一天会面临死亡，这是人类无法改变的宿命。但也正是因为生命的有限性让人们不得不去珍惜生命，使人不断地寻求生命的意义和价值，让自己有限的生命变得更充实、更有价值。意义治疗心理学家维克多·弗兰克尔认为，人们对于生命意义的追寻是生活的基本动力，或者说是第一位的动力。世界上没有任何东西比生命存在的意义更能帮助人在最恶劣的环境下生存下来。感悟到了生命的意义，生活就会充满活力，就能充分体验到生活的幸福。

2. 生命的独特性

篮子里放着不同的种子：苹果、桃子、西瓜、豆子……显然不同的种子需要不同的种植环境和方法。如果人们不考虑这些，将种子随意扔到地里，最终人们的收成会很糟糕。相反，如果找到不同种子种植的方法，并给予合适的土壤和环境，人们最终才能得到饱满的果实。对于种子来说是如此，对于人本身而言又何尝不是呢？就像世界上不存在完全相同的两片树叶一样，每个生命都具有不同的遗传基因和遗传素质。人的遗传素质具有差异性，这种差异性主要表现在身体形态、器官功能和性格特征等方面。人的独特性一方面是由个体先天的遗传素质差异所决定的，另一方面还受到后天的社会化过程的影响，尤其是受到后天生活环境的熏陶和个体成长过程的影响。换言之，人的独特性还表现在后天形成的个性方面，比如，性格特征、思维方式、行为习惯、生活方式、价值观念和理想信仰等。因此，我们每个人都应明确自身的优势和不足，活出自己的个性和精彩人生，使自身独特的个人价值和生命得到最完美的诠释。

3．生命的社会性

世界各地已出现多例狼孩的传闻，其中流传较广的是印度狼孩。1920 年，印度加尔各答东北的丛林中发现由两只狼哺育的女孩，年长的七八岁，小的约两岁。两人被送到孤儿院抚养，分别取名卡玛拉和阿玛拉。她们的动作姿势、生活习惯、情绪反应等具有明显的狼的生活痕迹，比如四肢行走，吞食生肉，像狼一样舔食东西，喜暗怕光，在夜阑人静后还不时发出阵阵长嗥。大女孩卡玛拉活到 17 岁，因伤寒病去世，她一直没能学会使用人类的语言，智力也只相当于三四岁的孩童。从这个故事可以看出，人们的生命具有社会性，脱离了人的社会，就不是真正意义的人。社会性是人的基本属性之一，这决定了人们不会满足于简单的生物存在，而是会试图探寻生命的意义和价值，不只满足于对现实世界的追求，而且还寻求自我的社会意义。

4．生命的超越性

人区别于动物的重要之处在于人有意识存在，人能够意识到自己的生命是有限的、短暂的，知道生命自产生到终结的限度，能够意识到生命的存在及其不可重复性和不可替代性，并能够意识到生命需要超越才能彰显其意义和价值。所以，人之生命超越性是以人之生命有限性和可能性为前提的，人们不再仅仅满足于现状以维持生命的存在，而总是在不断地认识自己、更新自己中成长。生命的超越性通常包括两个层面：一是外超越，人要通过自身的努力改善外部环境，扩大生存空间；二是内超越，在意识、精神、智慧和价值等层面，实现自我超越。这两种超越即是人通过实践、劳动、力量和智慧的发挥创造改变客观世界。

经典研究

时空胶囊实验

1979 年，哈佛大学埃尔·兰格教授在一个修道院里精心搭建了一个"时空胶囊"，这个地方布置得和 20 年前一模一样。他们邀请了 16 位年龄在 70～80 岁的老人，让他们在这里生活一个星期。这些老人都沉浸在 1959 年的环境里，听着 20 世纪 50 年代的音乐，看那个年代的电影和电视，阅读那个年代的报纸和杂志，讨论那个年代的故事……也就是说，他们被要求假装生活在 20 年前。同时他们还被要求更加积极地生活，比如一起布置餐桌，收拾碗筷。没有人帮他们穿衣服或扶着走路。然而，难以置信的事情发生了，这些老年人的身心素质有了明显的改善。他们来参加实验时，老态龙钟、步履蹒跚，甚至需要家人的陪伴。一周后，他们的视力、听力、记忆力都有了显著的提高，血压降低了，平均体重增加了 3 磅（1 磅 ≈ 0.45 千克），步态、体力和握力都有明显的改善，有几个老人甚至玩起了橄榄球。该"返老还童"实验说明，当人们在心理上相信自己年轻了 20 岁，而他们的身体做出了相应的配合。

三、生命的意义与来源

意义是个体生命的支撑点，作为具有自我反思能力的生物，人所面临的终极问题之一就是回答"人活着的意义到底是什么？"杨绛先生在《走到人生边上》一书中说："我站在人生边上，向后看，是要探索人生的价值。人活一辈子，锻炼了一辈子，总会有或多或少的成绩。能有成绩，就不是虚度此世了。"人最宝贵的是生命，生命对于每个人来说都只有一次，但并非每个人都懂得尊重生命、珍惜生命。有一些人因为不懂得尊重生命而浑浑噩噩，有一些人可能因为找不到生命的意义而陷入困境和危机之中。

知识链接

弗兰克尔的故事

维克多·弗兰克尔（1905—1997）是享有盛誉的存在主义心理学家。他创立了"意义治疗法"及"存在主义分析"，被称为继弗洛伊德的心理分析、阿德勒的个体心理学之后的维也纳第三心理治疗学派。

扫一扫

弗兰克尔的言语
疗法

1905年，弗兰克尔出生于维也纳的一个并不富裕的犹太家庭。1937年，他已经成为一名颇具影响力的心理医生，并且和弗洛伊德以及阿德勒建立了良好的关系。然而，纳粹的入侵打破了他生活的宁静。1942年，弗兰克尔和家人包括他的新婚妻子一起被纳粹逮捕，被关押在波希米亚的一个集中营。他先后辗转4个集中营，被迫与家人分开，他在集中营里尝尽了各种苦难。而他的父亲因为饥饿死于波希米亚。1944年，他和妻子一起被送往波兰奥斯威辛集中营，随后其母亲也被关押至此并死于毒气室。弗兰克尔后来又辗转至德国考夫图集中营、图克海姆集中营，而他朝思暮想的妻子则死于德国伯根–拜尔森集中营。纵然如此，他也坚定地相信自己能活着走出来，并在集中营中选择了积极的生活态度。

有一次，一个德国军官把他带到一个小房间训话。纳粹剥光了他的衣服，拷打他，侮辱他。经历了失去亲人、失去家园、失去尊严的他，在此时却豁然开朗：人所拥有的任何东西，都可以剥夺，唯独人最后的自由——在任何境遇中选择自己态度和生活方式的自由——不能被剥夺。弗兰克尔像是一个失去一切，饱受饥寒凌辱，随时都可能死去的人，但凭借着超人的精神意志追寻着生命的真谛，不断地实现自我、超越自我。正是这段集中营的悲痛经历促使他形成了积极乐观、坚忍不拔的人生哲学。

在意义治疗的理论架构下，生命的意义既不能模仿也不能引进，它只能由每个人在各自不同的存在环境中寻找和发现。弗兰克尔认为，发现生命意义的方式有3种：在生活中体验价值；通过提供和创造价值发现生活的意义；在苦难中发现生命的意义。所以，个体不能以命运或者环境作为推卸责任的借口，即使是面对很多看上去无法抗拒的命运的力量，人们仍然可以选择自己的立场。弗兰克尔认为，"无论在任何情况下，人，都还有最后一种自由——选择态度的自由"。人们可以经由3种价值而获得生命意义。

（1）经验。即对某种事物或某种场景的体验而获得的价值，体验生活中的真、善、美和爱等美好的事物。

（2）创造和工作。即从个体所给予生活的东西中，从个体的创造物中实现的价值。比如通过工作、贡献社会与国家等以彰显生命的意义。

（3）经历苦难。个体对不可改变的命运所采取的看法及态度，并以此获得生命的意义与价值，如不治之症、苦难与死亡等。弗兰克尔认为，对于命运的选择完全取决于人的精神态度，即使是面对无法抗拒的命运力量时，仍然存有选择自己的态度和方式的自由。如果人们能够勇敢地接受苦难的挑战，生命最后一刻仍会充满意义，并且直到最后还会保持这一意义。

成长案例

在我眼里，我很美

黄美廉从小就患有脑性麻痹症，这种疾病给她带来了巨大的痛苦，全身布满不正常的高张力，手足会时常乱动，且无法言语。医生根据她的情况，判定她活不过6岁。在普通人的眼中，黄美廉已失去了语言表达能力与正常的生活条件，更别谈什么前途与幸福。但是，黄美廉却凭着坚忍不拔的意志和对人生的无比乐观，活出了自己生命的色彩。她不仅获得美国南加州大学艺术博士学位，还办自己的画展，表达对生命的敬畏与热爱。

每次演讲时，黄美廉只能以笔代嘴，以写代讲。在一次讲演会上，有位学生贸然地这样提问："黄博士，您从小就长成这个样子，您会认为老天不公吗？在人生的旅途上，您有没有怨恨？"面对这样尖锐而苛刻的问题，黄美廉却没有半点不高兴，她转过身来，坦然地写下了几十条让她热爱生活的理由：

（1）我好可爱；

（2）我的腿很长很美；

（3）爸爸妈妈那么爱我；

（4）我会画画，我会写稿；

（5）还有很多的生活方式让我热爱；

……

最后，黄美廉转过身来看了大家一眼，再次转过身去，在黑板上重重写下了她的那句名言：我只看我所有的，不看我所没有的……

27

第二节

// 大学生生命观的现状与偏差 //

大学生处于一生中生命力最为旺盛、最富朝气的时期，也是对生命充满好奇和探索的时期。他们能够有意识地理解生命、尊重生命和珍惜生命，建立积极健康、乐观进取的生命态度，努力实现生命的价值。

一、大学生生命观的现状

生命观是个体对生命的认识，反映了对自己和他人生命的态度。大学生正处于生命观形成的关键时期，生命观的正确与否不仅影响今后的人生和生活的态度与看法，也会对社会产生巨大的影响。国内学者通过对大学生生命观进行实证调查，得到以下4个方面的研究结果。

1. 生命认识

大学生对生命的认识情况主要包括对生命的珍惜情况、自我生命存在认知、对自己和他人生命的态度、对自我生命的责任感和对待死亡的态度等方面。调查发现，接近90%的大学生能够认识到生命的珍贵，可以做到珍惜爱护自己的生命，并对他人和其他生命表现出同情和爱护；回答"对大学生张华舍身救农民的看法"时，84.9%的大学生选择"应该用更安全的方式救人"，大学生普遍能理性看待舍己救人的行为；在对待亲人离世方面，大多数大学生对死亡都持有正确的态度，即都一致认为死亡是生命必经的过程。

整体而言，当代大学生对生命的认识是理性的、积极的，但也有少数大学生对生命认识存在着一定的偏差。

2. 生命态度

生命态度是指个体对生命历程中出现的具体事件的态度和认识，也有学者将生命态度包含在生命认识中。生命态度调查研究主要涉及生命价值是否高于爱情、财富，是否应该尊重和爱惜生命，以及对牺牲生命救人的看法等方面。大学生生命态度调查研究表明，大多数学生的生命态度是积极的。大多数学生非常注重生命的唯一性，并能够珍爱生命，把生命视为最宝贵的东西。比如，当问到对于"生命与爱情"的看法时，84%的大学生赞同"生命最重要，没有生命就谈不上其他追求"；有97%的大学生赞同"我的观点可能会随着年龄的增长及经历、阅历的增多而改变，但只要活着就总有希望"。由此可见，当代大学生对待生命的态度总体上是积极的、乐观的。

3. 生命意义

对生命意义的追寻和思考是一个人生命观成熟程度的体现，学界对生命意义维度划分方式纷繁多样，大学生生命意义状况通常从学习目标、生命责任、自我超越、人生理想、职业选择、奉献与利他以及生命价值等7个方面进行衡量。结果表明，多数大学生对学习目标、生命责任、自我超越、人生理想以及职业选择等5个方面都有正确积极的认知，80%以上的大学生比较满意自己的人生，认为自己的生命很有意义和价值。而且，大学生以积极进取的方式来追求自己的人生价值，也能够认识到有理想、有目标和意志坚定的重要性，68.2%的大学生选择"我希望努力追求活出不一样的人生"。

在奉献与利他维度上，关于"如何真正实现生命的意义"的问题，79%大学生认同"让我所爱的人们幸福"，56.9%大学生认同"为社会做出贡献"，25.5%大学生选择"为家人和子孙谋得名利"。可见，多数大学生具有奉献和利他的想法。在生命价值维度上，相比较于个人"小我"和社会"大我"的实现，多数大学生更倾向于自我的实现，占76.9%。

4. 生命和谐

生命和谐包括自我身心和谐以及个人与他人、社会、自然之间的和谐。大学生生命和谐调查研究的主要内容包括生活中的压力来源、挫折应对、对生活的满意程度、人生规划和人际关系等。调查结果显示，超过50%的大学生对自己目前的生活状态表示满意，能够以积极的、开放的心态面对人生中的诸多不如意，能够积极寻求解决问题的途径和方法，并认为可以通过自己的努力获得幸福。当被问到"如何应对糟糕的生活状态"时，近70%的大学生选择自我调整和寻求朋友帮助；60%的大学生选择通过参加运动或社会活动，积极转变不良情绪，及时释放压力；20%左右的大学生选择寻求心理咨询专业人员帮助。

二、大学生常见的生命观偏差

大学生处于对生命意义和价值的认识从不成熟、不稳定向成熟、稳定发展的关键阶段。在这一阶段，大学生常见的生命观偏差主要表现为以下3个方面。

1. 漠视生命

近年来，大学生群体中漠视生命、暴虐生命的事件时有发生，比如大学生"伤熊""虐猫""虐狗"事件等，这些暴虐生命事件在一定程度上表明了个别大学生对生命权利和尊严的漠视现象。据浙江大学《大学生攻击性行为的社会心理研究》课题组的调查报告显示，在对待他人或者其他动物生命的态度上，20.4% 的大学生在宠物被虐待时表示无动于衷，只有 4.8% 的大学生会感到伤心难过；49.2% 的大学生承认对其他学生有过不同程度的暴力行为，87.3% 的大学生承认曾经遭受过其他同学不同程度的暴力行为。这种漠视生命的行为在很大程度上会导致个人情感经验的缺失，引发人格的缺陷和人性的扭曲，甚至诱使个体以极端的方式暴虐生命、否定生命。

大学生投毒案

　　受害人黄某是林某的舍友，均为某高校硕士研究生，分属不同的医学专业。林某性格内向，极度自卑，因琐事对黄某不满，逐渐怀恨在心，决意采用投放毒物的方式加害黄某。趁无人之机，林某将存放在实验室内的剧毒化学品带到宿舍，注入饮水机内。黄某从该饮水机接水饮用后，出现呕吐、昏迷等中毒症状，后经医院抢救无效去世。根据林某供述，他与黄某并无严重冲突，"只是想要他难受，仅此而已。"然而，年轻的生命却因为另一颗漠视生命的心，终止于他最灿烂之时，酿成"家长失去爱子，学校失去宝贵学生"的悲剧。

2. 否定生命

　　否定生命指个体采取极端的方式放弃生命。大学生自杀事件是大学生非正常死亡的重要原因之一，已成为大学生心理健康教育中较突出和敏感的话题。大学生自杀本质源于对自己生命的意义和价值的否定，而身体疾病、失恋、人际关系紧张、学业问题和就业压力等是大学生选择自杀的主要原因，这也在一定程度上反映出部分大学生生命意识的严重缺失。

未来是否可期

　　某日上午，河南省某市花园北路城，刚刚研究生毕业的剑平疑似因求职屡屡受挫，跳楼自杀。据了解，剑平今年 9 月刚从大学研究生毕业，之前找工作一直碰壁，他觉得自己 26 岁了，没有经济收入，还在靠家里接济，找工作也不顺利，认为自己很没用。剑平的弟弟心痛地说："早上他给我发短信说，'我走了，你照顾好咱爸妈，我没能力'。"他感到事情不对劲儿，赶紧往这里赶，没想到还是来晚了。

知识链接 ●●●●●●●●●●●●●●●●●●●●●●●●●●●●●●●●●●●●

关于自杀的认识误区

　　（1）常说要自杀的人是不会真的自杀的？事实上，高达 75％ 的自杀者都在之前企图寻死或说过"想要死"。

　　（2）自杀失败过一次，就不会再企图自杀？自杀未遂者再度自杀的比例，比未曾有过自杀行为而企图自杀的比例高出数倍，尤其是自杀未遂后，3 个月内再度企图自杀的情况较多，而且自杀行为的次数越多情况越严重，自杀手段也从当初的"表态"

逐渐发展到采取致死的手段。

（3）如果直接问当事人"你是否自杀"，将促使他真的自杀？事实上，直接询问当事人的自杀意愿常常降低其焦虑，而抑制其自杀行为。

（4）自杀过的人总是会有自杀的念头？事实上，自杀企图常发生在特别有压力的时期，如果该时期能适当处理导致其自杀的因素，就能找到好好活下去的动力。

（5）自杀的人是有精神疾病的人？事实上，自杀的人虽然常是不可理喻、困扰或抑郁的，但很多自杀的人并非有精神疾患。

（6）每个自杀的人都是抑郁沮丧的？事实上，自杀的感受虽然常常与抑郁密切相关，但并非每个自杀的人都呈现明显的抑郁，有的人出现的是焦虑、激动、精神异常、功能失调或逃避人世的现象。

（7）自杀的人执意要死，没有挽留的余地？事实上，自杀的人多半在生与死之间犹豫不决，常在尝试自杀后立刻求救。

（8）自杀的人很少寻求帮助？事实上，根据自杀的回溯研究，半数以上的自杀者在自杀前 6 个月都曾经寻求过帮助。

3. 游戏生命

游戏生命指个体消极颓废、空虚无聊、精神荒芜和对生命不负责的现象。部分大学生由于缺乏对自己生命意义和价值的深刻认识，片面追求感官快乐，忽视甚至怀疑生命存在的意义和价值。如果失去了支撑生命活动的目标和价值追求，就容易出现人生无目标、不求上进、厌倦学习、虚度光阴和消极颓废等消极心理倾向，各种"躺平"心态开始蔓延。一些大学生认为生活无聊，学习没有动力，上课迟到、早退甚至旷课成为了家常便饭，转而将大部分时间浪费在休闲娱乐、沉浸于网络世界而不能自拔。根据浙江工商大学的调查研究，有 40% 的大学生经常感到郁闷，有 56% 的大学生偶尔感到郁闷，仅有 4% 的大学生从来没有感到郁闷，这也表明大学生群体存在着较为普遍的消极颓废情绪。

> **我能，但我不想**
>
> 小辰从小在长辈眼里是品学兼优的乖孩子，成功考取某重点大学。进入大学后，脱离了家中父母的约束，没有了班主任的天天督促，反而陷入迷茫中，不知道自己想做什么。平时学习也提不起精神，抱着"混日子"的心态，高呼"60 分万岁"，不挂科就行。早晨上课铃响了之后，吃着早点慢悠悠地晃进教室，吃完早点后看上面的老师，讲得没意思，于是趴着再补一觉。逐渐地，他开始逃学去网吧打游戏，有时候连续玩两三天。班里的活动、课程都不管不顾。当同学们都忙着学习、考证、考研等事情时，小辰总是显出一副不屑一顾的样子，"有啥了不起的，不就是考个破证，我也可以，我只是不想考而已"。

三、大学生生命观的自我评估

指导语：给表 2-1 中的每个题目选择一个最符合实际情况和真实想法的选项，在 1 ~ 5 中做出选择，不做过多思考，以跳出脑海的第一个答案为准。

表 2-1 大学生生命观量表

序号	题目	非常不符合	比较不符合	不确定	比较符合	非常符合
1	在人的一生中，身心健康是十分重要的	1	2	3	4	5
2	人生是短暂的，要活出生命的精彩	1	2	3	4	5
3	对于 2008 年雪灾、汶川地震和 2010 年云南干旱，每个人应尽自己所能去捐赠	1	2	3	4	5
4	你觉得在学校开展生命观教育非常有必要	1	2	3	4	5
5	尊重其他生命体，也是对自己生命的尊重	1	2	3	4	5
6	家庭教育对一个人生命观的影响很重要	1	2	3	4	5
7	你认为大学生活乐趣多，你过得很有意义	1	2	3	4	5
8	人生需要信仰	1	2	3	4	5
9	虽然生而不平等，但是你仍然相信有志者事竟成	1	2	3	4	5
10	欣赏能尽力挖掘自身潜力，施展自身本领的人	1	2	3	4	5
11	在日常生活中，你与同学、朋友特别是室友的关系非常融洽	1	2	3	4	5
12	当周围其他同学之间出现矛盾时，你会及时沟通协商	1	2	3	4	5
13	人际关系的好坏对个人发展非常重要	1	2	3	4	5
14	你有明确的奋斗目标，有自己的人生规划	1	2	3	4	5
15	你想成为像雷锋一样为人民服务的人	1	2	3	4	5
16	你的有关逃生脱险的技能主要来自于学校教育	1	2	3	4	5
17	学校十分有必要开展生命教育	1	2	3	4	5
18	你非常了解各种生存常识、处理方式和逃生技能	1	2	3	4	5
19	遇到挫折后，你会很快查找原因，振作起来	1	2	3	4	5
20	你在以后的生活中，无论遇到多大困难你都能做到珍惜自己的生命	1	2	3	4	5
21	在有条件的情况下，你是否愿意去孤儿院、养老院和残障福利中心献爱心	1	2	3	4	5
22	你有关生命教育的知识和看法主要来自学校	1	2	3	4	5
23	你对所在学校开设的生命观教育课程非常满意	1	2	3	4	5
24	你对现在的自己感到很满意	1	2	3	4	5
25	在课堂之外，你的大部分时间在按照自己的规划去做	1	2	3	4	5
26	对熊泼硫酸，子女危害亲人，这些是情感荒漠、人性恶的表现	1	2	3	4	5
27	在有压力的时候，你能在很短时间的时间内进行自我调节	1	2	3	4	5
28	在学校的课程中可以体会到生命的意义及生命的价值	1	2	3	4	5
29	你对人生有详细而具体的规划	1	2	3	4	5
30	你对学校开设有关生命观教育的心理健康课程很感兴趣	1	2	3	4	5
31	在生命的归属上，你认为你的生命不完全属于你自己，还属于亲人、朋友、社会	1	2	3	4	5
32	如果你所住的楼层着火，你会组织疏散，先人后己	1	2	3	4	5
33	你认为现有生命教育体系能够影响并改善学生心理状况	1	2	3	4	5

● **评分说明**

【计分】生命意义因子：第 1～3 题，第 5 题，第 8～10 题，第 13、第 20、第 21、第 26、第 31 题。生活态度因子：第 7、第 11、第 12、第 14、第 15、第 18、第 19、第 24、第 25、第 27、第 29、第 32 题。生命教育因子：第 4、第 6、第 16、第 17、第 22、第 23、第 28、第 30、第 33 题。计算每个维度的总分。

【解释】生命意义指对生命属性的认知、对身体机能的认识、对自然界其他生命认识以及生命责任感；生活态度指自我认知和自主性、人际关系、生活状态和生活品质、实践活动；生命教育指对生命观教育的态度及其获取途径、对高校生命观教育实施现状的看法。

第三节
∥ 大学生生命观塑造的策略训练 ∥

苏格拉底曾说过："生命中最有价值的事情，莫过于生命本身了。"对于青春正盛的大学生而言，又何尝不是如此呢？弗兰克尔认为生命的意义不是被给予的，而是被发现的。那么，大学生又如何去寻求生命的意义与价值，主动塑造健康积极的生命观，让自己的生命之花绚丽绽放呢？大学生积极生命观塑造的策略和方法包括以下 5 个方面。

一、挖掘生命的内在渴望

罗曼·罗兰说，"生命是这世界上最好的礼赞。"人类有一种原始的、与生俱来的对自身生命的惊讶、赞叹和敬畏，因而追寻生命意义、获得幸福人生是个体的内在渴望，并在这种寻求生命意义与价值的过程中获得满足感。人的生命对任何人来说都只有一次，对于每个人都弥足珍贵，因而个体需要直面人生境遇，承担起生命赋予我们的责任，体悟其中的真谛。然而，在人生的历程中，很多人却往往忽略了自己苦苦追寻的、最为珍贵的东西究竟是什么。一旦个体忽略了确认自己内心渴望的东西，他就可能在人生之路上迷失了方向。相应地，一个人只有认清自己内心真正的渴望时，他才可以有意识地舍弃那些无足轻重的、并不触及生命意义的东西，这样，他的人生才能变得充实和丰盈。

那么，如何才能了解自己内心真正的渴望是什么呢？关键是要想清楚：你到底想要什么？下面这个活动可以帮你认清这个重要的问题。

● **做一做** ∙∙

我生命中最宝贵的 5 样东西

活动准备：准备一张白纸，一支黑色签字笔。

活动过程：具体活动过程如下。

独自坐在一张桌子旁边。放松身心，感觉与外面的世界抽离，清空大脑，等待深层理念的浮起。

准备完成后，在白纸的顶端中间，郑重地写下"××的 5 样东西"。×× 就是你的名字。现在，请用笔在纸上飞快地写下你生命中最重要的 5 样东西！

……

糟糕，这时生命中最宝贵的 5 样保不住了，你必须舍弃一样。请你拿起笔，把 5

样东西之中的某一样划去。接着，假设你生活又出现重大变故，现有4样东西也保不住了，你必须再放弃一样！

请你继续划掉，直至纸上剩下唯一的一样东西！

我生命中的5样东西

（1）_____。

（2）_____。

（3）_____。

（4）_____。

（5）_____。

二、发现生活之美

日常生活中的体验与感悟都是生命意义的重要来源，发现与体验生活之美可以丰富个体生命的意义。林清玄在《轻轻走路，用心生活》一书中说："心里常有花季的人，什么时候都是很好看的。即使花都谢了，也有可观之处。"当个体置身于广阔的天地之间，眼观春花秋月、云卷云舒、草原山峦、百川归海，可以感受自然之美；看日出日落、斗转星移、四季更迭、春华秋实，可以感受苍穹之美；观赏美轮美奂的传世古董、聆听传统中国戏剧、沉浸于优美的音乐世界，可以欣赏艺术之美；遨游知识海洋、探索奥妙无穷的宇宙万物，可以体会科学之美；生活点滴中，平凡人的友善真诚、嘘寒问暖等，可以感悟人性之美……

大自然的鬼斧神工、文学家的纵情描绘、艺术家的匠心创作都能使人们陶醉于"忘我"的境界，与大自然、艺术融为一体。这些生活之美的发现和体验，可以唤起人们内心的美好和感动，这些都可以不断地丰盈和充实人们的内心。

33

● **想一想** ···

给我一双"慧眼"

雕塑家罗丹指出，生活中从不缺失美，而是缺少发现美的眼睛。生命与大自然相互映衬的世界，时时刻刻存在着美丽与感动；文学、音乐、戏剧、舞蹈等各种艺术也无时无刻地彰显内心生活的奥秘和热情。

（1）如果你觉得生活单调乏味，对什么都无动于衷。你可以想一想，到底是什么遮蔽了你发现美的眼睛呢？

_____。

（2）列出一些迄今为止你想做但因为时间、金钱和陪伴等限制而没有做的事情。

_____。

（3）列出在接下来的一年里，你自己想要完成的5个心愿。

_____。

三、传递感恩与奉献

生命的意义在于付出，在于给予。没有付出，怎能感受到赠人玫瑰，手留余香的温暖呢？

因而传递感恩与奉献是对生命意义的核心诠释。感恩是对生命给予的深刻领悟，奉献是对生命存在的最好回报。汪曾祺在《人间草木》一书中有过深情的告白："你说我在做梦吗？人生如梦，我投入的却是真情。世界先爱了我，我不能不爱它"。感恩父母对我们生命的赐予和辛劳养育之恩；感恩老师谆谆教诲、无私传授人生真谛之恩；感恩亲朋好友无微不至的关心与善良诚挚的支持；感恩母校为大家提供优美的成长环境和知识学习的殿堂；感恩国家为大家创建了一个安定和谐的社会环境。

经典研究

感恩实验

2003 年，心理学家迈克尔·麦科洛和罗伯特·埃蒙斯对感恩和主观幸福感的关系进行了实验研究。在实验中把数百人分成 3 个不同的组，并要求所有参加实验的人每天写日记。第一组人的日记记录的是每天发生的事情，并没有特别要求要写好事或者坏事；第二组人被要求记录下不愉快的经历；最后一组人被要求在日记中列出一天中所有他们觉得值得感恩的事情。结果表明，每天的感恩练习使人们更加警觉、热情、果断、乐观和精力充沛。另外，感恩组的成员很少感到沮丧和压力，他们更愿意帮助他人，锻炼更加有规律，并且在对人生目标的努力上取得了更大的进步。

生命的价值在于奉献，当代大学生要勇于奉献、敢于担当，具备一份主动奉献爱的能力，除了要爱自己、爱生活，更要爱他人、爱社会、爱祖国。比如用深厚的爱去感恩父母的无私付出和养育之恩，以博大的胸襟去包容社会万物的点点滴滴，让生命因为奉献精神和责任意识而变得富有价值。读者可以尝试以下保持感恩之心的秘诀：（1）通过言语或行动把自己的感恩之情表达出来，向给你关心、帮助的人表示感谢；（2）每天向生活赋予你的东西表示由衷的感谢；（3）写感恩日记，每天记录值得感恩的 3 件事，可以是家人的嘘寒问暖，朋友间的彼此关心，一首动听的歌曲，抑或是一顿可口的美食等。

扫一扫

生命在于奉献

做一做

写一封家书

感恩图报是中华民族的优良传统，如"滴水之恩，当报之以涌泉""谁言寸草心，报得三春晖"等古训。我们或许还带着童年的期许和目光与父母相处。我们逐渐长大，与之伴随的是父母正逐渐老去。也许我们并不像自己认为的那样了解父母，也许我们不常和父母联系，也许我们不记得父母的生日，也许我们忘记了父母最喜欢的食物……趁我们还年轻，趁父母还健在，找机会多关爱他们。感恩父母赐予我们生命，含辛茹苦抚养我们成长。

生活中缺乏的不是感恩，而是对感恩的传递和表达。我是一个感恩父母的人吗？大多数人的回答都是肯定的。我用过什么方式向父母表达自己的感恩？如果你觉得回答这个问题比较困难，或者给出的答案较少，那说明你对感恩父母的表达是不够的。如果不去表达，父母又怎能知道他们的孩子心里对他们的感激呢？行动是最好的表达。

（1）请给父母写一封感恩的信或小诗。如果你愿意，可以在班级中朗读并分享自己的感想。

（2）利用假期与父母相处的时间为父母做一件事，表达你的感恩和关爱之情。

四、宽容待人待己

宽容是一种博大的胸怀和积极的人生态度。古今中外，成大事者莫不心胸开阔，气度恢宏，所谓"量小非君子，无度不丈夫"。对人宽容者拥有足够的包容心，他们"额上能跑马，肚里能撑船"，善待周围的一切人，包括犯过错误的人、伤害过自己的人。有研究发现，选择原谅别人，会让自己更容易忘掉痛苦的经历，从不良情绪中解脱出来。

当然也包括宽容自己，要学会原谅自己，不可偏激，不要陷在某个回不去的问题上出不来。人生是一次修行，人们一边犯错，一边修正，一边成长。宽容是人生难得的佳境，是一种需要修行才能达到的人生境界。

1. 勿以自己的错误惩罚自己

生活中有很多烦恼都源于自己同自己过不去，由于自己的一些过错终日陷入无尽的自责、哀怨、痛悔中，认为如果自己曾做了或没做某事该多好。泰戈尔说："如果错过太阳时你流了泪，那么你也要错过群星了。"人生苦短，何必执着于过去的遗憾，你需要的是用行动和希望来代替无尽的悔恨和自我折磨。请原谅自己的过失，把"如果"改为"下次"吧。

"如果我那时再努力些就好了。"——"下次我会努力把事情做好！"

"如果我当时坚持下去就好了。"——"下次我会坚持到底！"

"如果我那时不那样对待他（她）就好了。"——"下次我会好好对待心爱的人！"

2. 勿以别人的错误惩罚自己

人生旅途中总会遇到伤害自己的人和事。康德说："生气是拿别人的错误惩罚自己。"既然已经对自己造成伤害，若再对此耿耿于怀，沉浸在痛苦、愤怒中不能自拔，就是反复伤害自己。人非圣贤，孰能无过，学会宽容别人的过错就是让自己保持快乐的心情，原谅别人就是善待自己。人们控制不了别人的行为，但却完全可以控制自己的态度，不妨一笑而过，做自己心情的主人。

3. 勿以自己的错误惩罚别人

为掩饰伤疤、维护自尊，把自己的过错归咎于别人或迁怒于别人，这样只会导致更多的指责和埋怨。谁也不想做"替罪羊""出气筒"，如果伤害身边真正关心自己的人，只会让生活更加不幸福。因此，要敢于承担自己的失误，得到别人的宽容和谅解，做出弥补和改进。

• 想一想

美丽的误会

盈盈是班里的一名贫困生。再过几天就是盈盈的生日了，小慧和几个同学在商量要送她点小礼物，使她感受到同学的爱心和关怀。这天，她们正在商量这事，盈盈突然推门进来，大家都不说话了。盈盈进门的瞬间，隐约听到她们在说有关自己的事，见大家都不说了，便误以为是她们在背后议论自己，心中很不悦。便说："有什么话当面说，别底下嘀嘀咕咕。好话不背人，背人没好话！"说完就摔门出去了。圆圆生气地要追出去与她理论，小慧拦住了她。生日那天，盈盈照样收到了小慧她们的礼物。

微笑之中，盈盈眼里闪烁着泪花，那是感激，更是愧疚。

　　活动要求：分组讨论后进行全班交流。

　　（1）这则故事给你什么启示？

_____。

　　（2）你以前遇到过无法宽容的事情吗？你能勇敢地说出来，让大家共同分享吗？

_____。

　　（3）你认为要学会宽容，应当注意些什么？

_____。

五、正视苦难与死亡

　　根据弗兰克尔的观点，坦然正视苦难与死亡是拓展个体生命意义的重要途径。大多数人都希望可以用自己喜欢的方式，度过幸福的一生，然而各种苦难、逆境与挫折是人生旅途中必然组成部分。成绩优异的学生可能会考试失利，身体健硕的运动员可能会疾病缠身，一掷千金的富商可能会一夜破产……弗兰克尔却将经历苦难看作活出人生意义最重要的途径。弗兰克尔认为，当一个人遭遇到一种不可避免的、无法改变的苦难时，他就得到了一个最好的机会，去实现最高的价值与最深的意义。换言之，当生命中必然要经历各种苦难时，我们不应恐惧、退却，而是需要去发掘其中的意义，因为它能激发我们在苦难中体验生命甚至是享受生命的巨大潜力。从这种意义上，经历苦难反而成就了一番新的生命成长的契机。

扫一扫

死亡的必然性

　　凡是生命，都必然是要面对死亡。如果说生是偶然的，死亡反而是必然的。生命的终点就是死亡，每个人都是注定要去面对死亡的，这是任何生命形式都难以抗拒的自然规律。死亡是生命的导师，正因为有了死亡，才有对生命的思考，因为死亡的必然性，生命才显得弥足珍贵。只有面对死亡的事实才能深刻地思考生命的意义问题。了解了死亡的必然性，我们就应该对生命更加敬重，更好地珍爱生命，更加珍惜当下生存的每一刻。相反，如果我们的世界里没有死亡，那么生命也就会失去意义。

● 做一做

我的生命线

　　活动目的：梳理自己的人生轨迹，正确看待过去已经发生或未来可能发生的重要生活事件，激发学生对生命的热爱，思考生命的意义，提升生命的价值。

　　活动过程：生命线是每个生命走过的路线，这个活动就是画出你人生的路线图。

　　（1）请准备白纸和笔（一支彩色、一支黑色）。

　　（2）在白纸的中间，从左到右画一条长长的横线，然后给这条线加上箭头，让它成为一条有方向的线。在原处写上"0"，代表你的出生；在箭头处写上你预期的寿命，如80岁，然后按比例在横线上找到你现在年龄所在的位置，标注一下，如18岁。这条有方向的线就代表了你的生命的长度。有起点也有终点。

　　（3）0～18岁这段代表着你过去的人生，请将过去对你有重大影响的事件及发生的事件点用笔在轴上标记出来。如果你觉得是件让你开心的事情，就用彩色的笔来写，标注在生命线的上方；如果是让你不开心的事情，就用黑色的笔来写，标注在生命线的下方，高低程度代表对你的影响程度，以你自己对这些事情的感受为准，而不是事情本身。

（4）我们来到未来，18～80岁的线条代表着你的未来，请你在生命线上把你将来想做的事和可能遇到的重大事件及其时间点标注出来，视其带给你的快乐和纠结程度，标在不同的高度。同样用彩色和黑色来区分不同事情对你的影响。

（5）完成以上步骤后，请用没有出现过的颜色的笔把你在纸上画出的所有坐标用直线连起来，这就是你的心灵地图。

（6）观察自己绘制的生命线上所标注的时间，看大部分是在水平线以上还是在水平线以下，这意味着什么？过去哪些事情对你产生的影响重大，开心的还是不开心的？不开心的事情除了让你痛苦、郁闷，有没有给你带来一些不一样的收获？

活动反思：请思考以下问题。

（1）是哪些类型的决定影响你的生命线？_____。

（2）在影响你人生的事件中，有你自己的决定吗？_____。

（3）你当前都面临着哪些重要的决定呢？_____。

（4）你从这个活动中学到了什么？_____。

● 反思践行

◎体验分享

我的生命调查表

请用10分钟的时间认真思考并填写"我的生命调查表"（见表2-2），谈谈你对生命的理解。体验自己最真实的感受，更好地澄清你对生命的理解和认识。

表2-2　我的生命调查表

序号	题目	我的回答	
1	请用3个词语形容你现在的生命状态		
2	请用3个词语形容你期待中的生命状态		
3	至今为止，你生命中最快乐的一件事情是什么		
4	说出一个你生命中的积极转折点		
5	说出一个你生命中丧失过的很重要的机会		
6	可曾有一件事情触发过你对于"生死命题"的思考		
7	你有没有在某一件特别的事情上表现出巨大的勇气		
8	哪些是你现在很想停止不做的事情		
9	哪些是你现在很想好好继续努力的事情		
10	哪些是你现在做得不够但仍然必须要做下去的事情		

◎沙场练兵

人生倒计时

死亡是我们每个人都无法逃避的话题，当我们一出生，生命之钟就开始倒计时了。请想象自己正坐在一架客机上，翱翔在万米的高空，舒适平稳。突然，机身剧烈颠簸，忽上忽下。这时，广播里传来机长急促的声音，通知大家说飞机发生了严重的机械故障，正在紧急排查，但为了预防最危急的情况，现在将由空姐分发纸笔，把你最想和家人或朋友说的话写在纸上。

空姐会将大家的纸条统一密闭在特制的匣子里，这样即便飞机坠毁，匣子也会完整保存下来。按照飞机现在的飞行高度，在完全失去动力的情况下，还可以滑翔非常短暂的时间……

空姐慌乱地给每位乘客发放特殊的用品——纸和笔，顷刻间机舱内不断地传来抽泣声。

现在，你领到了一支笔和半张纸。面对这张纸，你会写下什么？请认真思索，把它写下来。

_____。

回顾自己到底是个什么样的人，你希望如何撰写你的"墓志铭"。

_____。

● 视野拓展

推荐图书：《追寻生命的意义》

推荐理由：弗兰克尔以其纳粹集中营的经历，详述他是如何由亲身经历而建构出"意义治疗"理论的。弗兰克尔在第二次世界大战期间被纳粹分子关在集中营，在那人间地狱中度过 3 年岁月，每天经受着饥饿、寒冷、拷打甚至死亡的折磨。漫长的牢狱生涯使弗兰克尔几乎失去了一切，他的父母、兄弟、妻子或被送入毒气室，或死于牢狱之中。在这种条件下，他是如何在绝境中发现生命是值得留恋的？弗兰克尔在这本书中用自身的真实经历向人们展示：人所有的东西都可以被剥夺，唯独人最后的自由——在任何境遇中选择自己态度和生活方式的自由——不能被剥夺。任何人都可以从他无比痛苦的经历中，获得拯救自己的经验，发现生命的尊严、意义和价值。弗兰克尔不但超越了集中营炼狱般的痛苦，更将自己的经历与学术结合，创立了意义疗法，诠释了绝处逢生的意义，也留下了人性史上最富光彩的见证。

扫一扫

推荐电影

第三章

做最好的自己
——大学生自我意识

● **心灵引领**

知人者智，自知者明。

——老子

智慧的基础，就是认识自己。

——纪伯伦

爱自己，接受自己，找到生命的价值。

——路易斯·海

● **学习导航**

"认识你自己"是镌刻在古希腊德尔斐城的阿波罗神庙上的人生箴言，犹如千年不熄的火炬，表达了人类对自己的人生、对未来的思考与追求。在现实生活中，几乎每个人都在穷其一生做认识自己的课题。大学阶段是自我意识逐步走向成熟的关键时期，进入大学后会经常思考"我是谁？""我为什么是这样的一个人？""未来的我又是怎么样的？""如何完善自我"等一系列形而上的问题，通过对这些问题的思考去不断地认识自我，渴望寻找人生发展的方向。然而，这一自我探索的过程并非一帆风顺，也许会经历一系列矛盾、冲突、迷茫、挣扎和苦恼。但大学生也正是在这些自我探索的痛苦洗礼中不断地了解自我、认识自我、发展自我，并逐渐走向完善与成熟。

读者通过本章的学习可以达到以下目标：

● 认识自我意识的含义、内容、结构及其发展过程；

● 了解大学生自我意识发展的特点，以及大学生自我发展中常见的偏差，并对自我意识状况进行自我评估；

● 掌握自我意识完善的策略与方法，认识和接纳自己，促进自我成长。

案例导入

迷失自我

某高校学生佳明，初入大学时踌躇满志，不仅想努力学好专业知识，还要锻炼自身的综合能力。大一下学期，学校社团招新，佳明积极报名加入了3个社团；同时他还报考了全国计算机等级考试、注册会计师考试等证书考试；学期末时他又参与了院学生会干部选拔，并成功获选；随着舍友们陆续开始谈恋爱，佳明也期待自己有一段甜蜜的爱情，于是他对有好感的女生展开追求。然而，接下来一连串问题让佳明始料未及，由于自身时间、精力有限，很多事情让他难以兼顾。比如社团活动事务繁杂，耽误了许多学习时间，为此他逃过不少课，学习成绩直线下滑，而职业资格考试也未能顺利通过；学生会事务更是忙得焦头烂额，不知所措。对佳明造成更大打击的是，由于他疏忽了对女友的关心，经常吵架，最后无奈分手。

● 心理课堂

案例中的佳明是典型的自我意识混乱的例子，他对自我的认识不够明确，也不清楚未来想成为什么样的人，自我控制能力比较薄弱。

自我是整个人格的核心，人的心理生活是由自我建构的，每个人的行为表现、身心健康、人际关系和发展状况无不受到自我的制约。大学生对自己生理、心理、社会关系等方面的自我认识、自我体验、自我控制，直接影响着他们的社会适应能力和心理健康状况。在大学校园里，常常发现令大学生产生困惑的不是他人而是自己：我是谁，从哪里来，要到哪里去……这些问题都属于自我意识的范畴。那么，什么是自我意识？大学生自我意识都有哪些特征？又如何去完善自我呢？本章将带领读者一起探索大学生所不知道的自己，挖掘真实全面的自己，以促进个体自我意识健康发展。

第一节
自我意识概述

自我意识是人类所特有的心理活动，一般是指个体对自己、自己与他人、自己与周围环境关系的认识，是一种多维度、多层次的复杂心理系统。那么，什么是自我意识？自我意识的内容和结构是什么？个体自我意识又是如何形成与发展的？这些问题将在本节一一解答。

一、自我意识的含义

假设你在大学新生自我介绍活动上，想让同学们了解自己的真实情况，你可以告诉大家关于你自己的20件事，但自我描述时必须以"我"开头，可以包括你的年龄、性别、成长背景、生理特征、性格、兴趣、特长、你所拥有的东西、你所亲近的人等。你可能会给出许许多多诸如此类的信息，比如我是一个男生，我今年18岁，我体重偏瘦，我对心理学感兴趣，我是个坚强的人，我对未来充满信心，我自控力比较强，我喜欢交朋友……心理学家将上述这些对自我的描述都称为自我意识。上述活动中对自己体重的认识，对自身性格特征的觉察，对自己交际能力的了解等，都是自我意识的具体表现。

自我意识又称自我，简单地说，就是个体对"自我"的意识，或者说是自己对自己的认识。

美国心理学家詹姆斯将自我分为"主体我"和"客体我"，把自我当成一个对象来认识、感受和控制。具体来说，观察、思考和体验自己的那个"我"为"主体我"，是一个站得更高的自己在审视并试图把握"我"对自己的感受和看法以及"我"对自己的调控能力；被观察、思考和体验的那个"我"为"客体我"，是人们关于自己的更为具体的想法和感受。主体我先产生，在观察、认识自己之后所得出的结论——我是谁？我怎么样？——就是客体我。从这种意义上，自我意识实际上就是主体我对客体我的意识，是个体对自己各方面的看法、感受和调控。具体而言，自我意识是个体对自己身心状态以及对自己同客观世界的关系的意识，具体包括认识自己的生理状况（如身高、体重、形态等）、心理特征（如思维、意志、人格等）、自己与他人的关系（如自己在集体中的位置和作用）。自我意识是人类特有的心理活动，是人的心理区别于动物心理的一大特征。

知识链接

约哈里窗户理论

美国心理学家约瑟夫·勒夫特（Joseph Luft）和哈林·英格拉姆（Harrington Ingham）提出了关于自我认识的窗口理论，被称为"约哈里窗户理论"。每个人的自我都包括4个部分：公开的我、盲目的我、秘密的我和未知的我，如图3-1所示。通过自我展示可以扩大公开的我，减少秘密的我；通过他人的评价和反馈可以减少盲目的我；通过自我探索可以缩减未知的我，个体对自己的理解则能更全面、更正确。

	自己知道	自己不知道
别人知道	A 公开的我	B 盲目的我
别人不知道	C 秘密的我	D 未知的我

图3-1　约哈里窗户理论

（1）公开的我：自己知道别人也知道的部分，如学校所在地、性格、兴趣爱好等。

（2）盲目的我：他人知道而自己不知道或者无意识在别人面前表现出来的部分，即"当局者迷，旁观者清"。如习惯性动作（语速快）、无意识的表情，自己察觉不到，但别人能观察到。

（3）秘密的我：自己知道而别人不知道的部分，不愿意或不能在别人面前表露。如个人隐私、内心的伤痛。

（4）未知的我：自己和别人都不知道的部分，也称为"潜在的我"，有待挖掘和开发。如潜在的能力和特性。

二、自我意识的内容与结构

从上述自我介绍活动中，人们可以看出自我意识是一个具有多维度、多层次、有组织的复杂心理系统。自我意识可以从不同的角度进行分析，通常从内容层面分为"生理自我、社会自我、心理自我"；从结构层面分为"自我认识、自我体验、自我控制"（见表3-1）。

表 3-1　自我意识的内容与结构

结构 内容	自我认识	自我体验	自我控制
生理自我	对自己的身高、体重、相貌等方面的认识	漂亮、迷人、高挑、自我悦纳等	追求外表精致，维持身体健康等
社会自我	对自己的角色、地位、权利、义务等的认识	自信、自卑、自尊、负责等	追求名利地位，争取他人认可等
心理自我	对自己的性格、能力、思维、智力等的认识	聪明、敏感、成熟、愚钝等	注重能力均衡发展，规范自身行为等

（一）自我意识的内容

从内容角度而言，自我意识包括 3 个层面：生理自我、社会自我和心理自我。生理自我、社会自我、心理自我遵循由低到高的发展序列，三者共同构成自我意识的基本内容。

1. 生理自我

生理自我是自我意识最原始的形态，能够使个体把客观事物与自己区分开来，是指个体对自己生理特征的意识，包括对性别、身高、外貌、体型，以及对生理病痛、温饱饥饿、劳累疲乏等方面的意识，如"我是一个身形瘦削的女生"。

2. 社会自我

社会自我是个体对自己社会属性的意识，包括对自己在各种社会关系中的角色、地位、权利、义务、人际距离等方面的意识，如"我是爸爸妈妈的乖女儿"。

3. 心理自我

心理自我是个体对自己心理属性的意识，包括对自己的性格、能力、情绪、智力等方面的意识，如"我是一个内心坚强的人"。

（二）自我意识的结构

从形式角度而言，自我意识还可以分为自我认识、自我体验和自我控制。这 3 种心理成分之间是相互联系、相互制约，又统一存在于个人的自我意识中。

1. 自我认识

自我认识是自我意识在认知方面的表现，是个体对自己的认知和评价，包括自我感觉、自我观察、自我分析和自我评价等内容。自我认识是自我意识的核心，主要回答"我是一个怎样的人？""我为什么会成为这样一个人？"等问题。通过对自己的觉知，形成对自身品行、兴趣爱好、技能专长的判断和评估。比如对自己的品德的评价，认为自己是个善良的人；比如对自己的兴趣的分析，认为自己对书法有兴趣。

2. 自我体验

自我体验是自我意识在情感方面的体现，是个体在自我认识的基础上所产生的一种内在体验，包括自尊、自爱、自卑、自信、自负等内容。自我体验主要涉及"我是否对自己满意？""我是否喜欢自己？"这类问题，比如当自我认识满足个体需要或者符合个人预期时，在一定程度上会激发自豪感和成就感；反之亦然，当自我认识无法满足个体需要或者不符合个人预期时，就会产生自卑、自责等情感体验。

3. 自我控制

自我控制，也称自我调节，是自我意识在意志方面的体现。主要指个体在自我评价的指导和自我体验的推动下，对自己思想、心理、行为的调控，包括自我检查、自我监督、自我调节和自我塑造等方面。自我控制是自我意识结构中的最高阶段，主要涉及"我怎样实现理想的人生？""如何有效调节自己情绪和行为？"等问题，比如在心情郁闷时，会通过户外运动放松身心，排解不良情绪，让自己变得积极乐观。

经典研究

棉花糖实验

20世纪60年代，美国斯坦福大学沃尔特·米歇尔设计了一个有关延迟满足的"棉花糖实验"。实验者发给4岁被试儿童每人一颗棉花糖，同时告诉孩子们：如果马上吃掉，就只能得到一颗棉花糖；如果等20分钟后再吃，就可以得到两颗棉花糖。实验开始后，有些孩子急不可待，立即把糖吃掉了；而有些孩子则耐住性子、闭上眼睛或头枕双臂做睡觉状，还有些孩子用自言自语或唱歌来转移注意力，最终获得了更丰厚的报酬。该实验先后约有653个孩子参加，研究者追踪研究发现，那些能够为获得更多的棉花糖而等待得更久的孩子要比那些缺乏耐心的孩子更容易获得成功，他们的学习成绩要相对较好，在事业上也较为出色。

三、自我意识的发展

自我意识不是与生俱来的，是个体与外在世界的相互作用过程中逐步形成和发展起来的。它起始于婴幼儿时期，形成于青春期，完善于成年期，其中青少年阶段是自我意识发展的关键时期。自我意识的发展一般要经过3个阶段，即自我中心时期、客观化时期和主观化时期。

1. 自我中心时期（出生至3岁）

自我中心时期指的是从出生到3岁这一阶段。刚出生的婴儿还没有形成自我意识，无法意识到自己与外界事物的区别，还处于主客体未分化的状态。如婴儿不能区分自己的手指和母亲的乳头，经常吸吮自己的手指，只因他/她把母亲当作自己的一部分；长到七八个月时，婴儿才开始产生自我意识的萌芽。他们能意识到自己的身体和外界的不同，听到自己的名字会做出反应；两岁左右时，幼儿掌握第一人称"我"，能够用"我"来表达自己的意愿，这是自我意识产生的重要标志；3岁左右时，儿童自我意识开始形成并有新的发展，开始意识到"我"的存在，表现出自我的自主性，许多事情都要求"自己来"；当幼儿意识到犯错时，会感到羞愧；遇到困惑或矛盾时，会感到疑虑等。但这一时期的儿童是以自我为中心，以自己的想法和情感投射外界事物，按照自己的观念解释外部世界，就是我们通常所说的"自我中心"。因此，这一时期的自我意识也称之为自我中心期，是自我意识最原始的形态。

2. 客观化时期（3岁至青春期）

客观化时期指的是从3岁到青春期这段时期，是个体社会化过程影响最深的时期，也是角色学习的重要时期。儿童在学校、家庭、邻里等生态系统中学习、劳动、做游戏，并且通过在这些活动中不断地模仿、练习和认同，逐渐掌握社会行为规范，形成角色观念。这一阶段儿童能意识到自己在不同社会关系中的角色和地位，并有意识地指导和调节自己的行为。尽管这一时期的儿童开始积极关注自我的内心世界，但并不了解自己的内在心理状态，更多的是被外部世界所吸引。儿童主要以别人的观点去判断事物、认知社会，对自身的认识也服从于别人的评价。所以，这一时期的自我意识也称之为社会自我时期。

3. 主观化时期（青春期至成年）

主观化时期指的是从青春期到成年，是个体的自我意识迅速发展并趋于成熟的关键期。其间，由于性成熟和逻辑思维快速发展，自我意识产生质的变化，表现出自我意识的主动性与独立性，注重对自我的内省与评价，强调自我价值与理想，自我概念逐渐形成。整体而言，这一时期的自我意识发展呈现出 4 大特点：第一，青少年依据自身的思维和观点认识事物，具有独立的价值观，言行展现出个人浓厚的主观色彩；第二，青少年能总结自己所接触个体的特点（性格、气质等），形成自己衡量事物重要性的标准；第三，青少年存在"理想我"，有自己的理想目标追求；第四，青少年的抽象思维能力提升，不依赖具体的情境、事物表象，注重反映事物的本质和客观世界发展的深远过程，表现出对哲学、伦理学等人生哲理性学科的兴趣。

大学生自我意识发展的特点与偏差

大学生处于从青春期到成年期过渡的特殊时期，他们的人生画卷正在展开，对未来蕴藏着各种可能性的探索是该阶段最显著的特征。由于大学生的未来有很多不确定性，"认识自己"这样的论题就显得更加迫切、更加重要。和以往任何一个时代相比，当代大学生面临着更为纷繁的变化和更多的不确定性，他们自我意识的发展呈现出一些新的发展特点，但同时也会出现一些自我意识发展的偏差，这就要求我们必须对大学生自我意识发展的特点和偏差有一个清晰的认识。

一、大学生自我意识发展的特点

大学阶段是自我意识迅速发展并趋向成熟的时期，随着生活环境、学习状况、人际关系和管理制度的变化，他们自我认识、自我体验和自我控制得以不断发展，大学生自我意识发展也相应地表现出一些新的特征。

（一）大学生自我认识的特点

1. 自我认识的逐渐深化

与中学生相比，大学生的自我认识是随着时间和环境的变化而不断地向深度和广度逐渐深化。大学给大学生提供了一个自由开放、包容度高的发展环境，允许个体个性成长，承认多样化的发展，强调学习和生活的灵活性。大学生对自我本身的关注点，正在发生着由外向内的转变。换言之，大学生不仅仅只侧重于自己的身体、外表、仪态，还更多地寻求内在品质提升（如社交、组织能力等），关心时政热点，思考自我价值和社会责任，为深化自我意识的广度和深度提供有利条件。

2. 自我认识的主动性和自觉性提高

随着大学生活的逐渐深入，大学生自我认识的主动性和自觉性也在逐渐提高。大学是个体离开父母走向社会的过渡期，个体开始思考自己的职业生涯规划，分析职业兴趣、个人特质、个人能力、职业价值观、职业发展路径等。主动将自己与身边的同学、老师作对比，或是参照敬佩的成功人士、偶像人物来观察自己、认识自己，尤其是学习社会宣扬的优秀同龄群体，力图将社会认可的角色特质纳入自己的品质中，并进行自我评价。大学阶段的自我意识相较之前更主动、更自觉，也将会达到更高的自我认识水平。

3. 自我评价趋于平衡

大学生知识体系相对健全，社会阅历愈加丰富，自我评价也趋于平衡，可以根据社会、学校、家庭对自己的期望和要求，对个人的思想和行为做出综合评价。大学生自我评价总体上呈现出日趋全面、客观和真实的特征，能够比较客观地、正确地认识自己的优点和不足，也能借助一定的社会评价来全面认识自己。

（二）大学生自我体验的特点

1. 丰富性

丰富多彩的学习生活能够使大学生感知和体验到多样化的内心情感体验，他们也更关注自身的心理状态和情绪波动，可以说是一生中或各种社会群体中最"善感"的一个年龄段或群体。这种感知和体验表现在当自己的努力得到周围人认可、成功追求到心仪之人时，就会表现出开心、愉快的积极情感体验，甚至洋洋得意、忘乎所以；当考试失利、班干部竞选失败时，又会产生消极、沮丧的消极情感体验。同时，男生和女生的自我体验存在差异性。男生自我体验相对而言更自信，更富有活力，但性情容易急躁；女生相对而言更热情，情感更明朗，但容易多愁善感。整体而言，大学生的自我体验的情绪情感基调是丰富的、积极的、健康的。

2. 深刻性

大学生的自我体验不仅与自己的性格特点密切相关，还与自己的价值观念和人格特质相联系，这种与自我的价值观念和人格特质的联系就体现了大学生自我体验的深刻性。当自己的价值观念和人格特质为他人所认可理解，或周边发生事件符合自己的价值观念和人格特质时，大学生会产生积极、正性的情感体验，反之则会产生消极、负性的情感体验。

3. 敏感性

大学生的人格尚欠成熟和稳定，容易因外在事物产生情感体验，对涉及"我"的及与"我"相联系的一切事物都非常敏感；这种敏感性也与自我控制力薄弱不无关系，他们往往难以驾驭自身情感，特别是在与异性接触中更常常引起情绪的波动。所以，他们在对陌生事物接触的过程中，可能因某件事情的蛛丝马迹就会遐想联翩、内心活动丰富；在个人能力和角色期待上容易触景生情，可能会因一时的成功喜形于色，甚至狂妄自大、忘乎所以；也可能因一时的失败而伤心失落，甚至妄自菲薄、自甘堕落。因此，大学生的情感体验呈现出明显的敏感性。

（三）大学生自我控制的特点

1. 自我控制能力提高

进入大学后，特别是在即将步入社会的关键时期，大学生能根据自己的未来发展走向制订行动计划，并自觉落实到行为举止上，坚持一以贯之。大学生在实现计划的过程中，能认真听取他人的评价和建议，并依据阶段性的行动结果进行自我反思，及时调整自己的计划方案以尽快达成发展目标。可见，大学生的自我控制能力和规划能力在不断提高，相应地，冲动性和盲目性则逐渐减弱。

2. 自我控制的社会性增强

随着大学生年龄的增长、知识的积累和社会阅历的增加，其自我控制的社会性也在不断增强。大学生会更多地用国家需求、社会责任感、未来成就目标以及生活的价值定向等社会标准来指引自我，而那些来自外部的直接诱因的作用则相对弱化了。当代大学生的追求不再仅仅只局限于找到一份能吃饱穿暖的工作，还心系于诗与远方。越来越多的大学生根据社会发展标准和国家需求，确定自己的人生目标，希望自己成为一个适应时代发展特点，将自身社会价值最大化，为实现中华民族伟大复兴而奋斗终生的人。

3. 自我设计的愿望强烈

大学生自我意识发展的一个非常重要变化就是自我设计的愿望逐渐强烈。大学生正值风华正茂，成就动机强烈，不会自甘平庸，希望能为社会、国家贡献自己的力量，做出一番有所作为的事业，以实现个人价值。但是，部分大学生的自我设计也会有与社会要求相矛盾的时候，也可能存在一定的双标倾向。比如有部分大学生希望社会公平、正义、平等，但在涉及自身利益时却又表现得自私、利己，无所不用其极。

二、常见的大学生自我意识发展偏差

1. 过于追求完美

追求完美是促使人不断进步的积极心态，但过于追求完美则是一种自我意识偏差。具体表现为：抛开自己的真实状态，期望自己完美无缺，无法忍受自己的不完美，总是对自己不满意，不愿接纳自己的平凡或缺点，导致对自己的认识和适应更加困难；对某件事情表现出异乎寻常的执着，容不得一点瑕疵，总是强迫自己反复做同一件事情，甚至为了这件事情影响自己的正常生活；有些大学生不仅对自己要求严苛，还要求别人像自己一样追求完美，给自己和他人都带来沉重压力，久而久之易引起负面情绪，影响身心健康。

46

> #### 被"减"掉的健康
>
> 　　芷涵，女，18岁，身高1.65米，体重118斤。她认为自己身材胖得难看，开学伊始她就向舍友宣布了减肥计划。"从今天起，我要过午不食，发誓一定要瘦到85斤！"自此，每天基本不吃主食，以少量水果和蔬菜为主，饿了就猛灌水，晚上只吃青瓜、西红柿。芷涵很有毅力，减肥成效非常明显，体重降到了95斤。但这时芷涵脸色苍白泛黄，浑身乏力，精神萎靡，但她还是觉得不够瘦，腿太粗，身材不苗条。于是，芷涵又实施了更为疯狂的减肥计划：4种减肥药一起使用；喝黑咖啡能减肥，每天喝四大杯黑咖啡；严格限制热量摄入，有段时间只吃水煮青菜，午饭米粒数着吃……1年后，芷涵急剧消瘦，手臂上长起了绿豆大的斑点，慢慢延伸到腿上、脸上。而且，她还因长期节食引发了低血糖性脑病等多种疾病。

2. 过度自卑

自卑是个体由于生理或心理上的缺陷或其他原因所产生的对自己的情绪体验，主要表现为对自己的评价过低，轻视个人能力或人格特质，害怕得不到他人的尊重。大学期间竞争激烈，难以保证每一次自己都是胜利者，或多或少会有失败的体验。如若自己沉浸在失误和缺点中，遇到挑战性的场合就容易逃避、退缩，一颗过强的自尊心掩盖的往往是极度的自卑。过度自卑的人往往只看到自己的缺点和软肋，不喜欢自己，也担心别人不喜欢自己，特别在意别人对自己的评价和相处体验，小心

扫一扫

克服自卑

翼翼地维持与他人的人际关系；经常拿自己的缺点与他人的长处相比，不能冷静分析自己的失败，总是归因于自己的无能；否定自己，不能容忍自己的不完美，感觉自己低人一等，对那些稍做努力就能完成的任务也轻易放弃。

可怜的"丑小鸭"

天佑自小品学兼优，一直是家长眼中的"好孩子"和学校的"好学生"，自信未来人生将会一片光明。然而，这些想法在天佑被保送到某重点大学后却被彻底击垮。进入大学，天佑发现班内高手如云，人人都"身怀绝技"。他不再是老师的宠儿、同学的榜样，觉得自己成了班内可有可无的普通角色，变成了一只可怜的"丑小鸭"。面对这个现实，天佑情绪一落千丈，因找不到自己的位置而开始消沉，性格也越发变得乖张孤僻起来。面对混乱的自我，现在的天佑陷入了深深的迷茫和焦虑之中。

3. 自负

自负是指高估自己，对自己的肯定评价往往过当。具体表现为：夸大自身的长处，甚至将缺点也看作优点；放大他人的短处，奉行"我好，你不好""我行，你不行"的人际交往模式，自然也处理不好人际关系；对自己提出过高的要求，承担无法完成的任务从而遭受失败。

自负不等同于自信，只是一种盲目且膨胀的自信。自负的人自我认识往往过于片面，某一方面表现优异就认为自己高人一等，轻视他人，不接受他人的建议和批评，缺乏自我批评。而自信是建立在正确认识和评价自己的基础上，是具有客观基础的心理状态。

自负也不是自尊，自尊表现为自我尊重和自我保护，是保持美好人格的正确态度。而自负是自命不凡、轻视他人的不良行为。对自己和他人都不能做出客观合理的评价，不但使自己陷入盲目、飘飘然的状态，也可能使他人遭受打击。

47

自命不凡的应聘者

志远学习成绩好，管理组织能力强，在老师眼里是个优秀的学生。但他和同学们的关系却不好，因为过于自负，总喜欢批评别人。毕业前，他到一家房地产公司应聘市场管理岗位，自我介绍环节，志远指着自己的一大堆证书吹嘘自己参加过哪些活动，取得过何种成绩，曾经的创业经历，已被多少单位发了录用通知等。还未等志远介绍完，面试官打断他问道："那你觉得你能够为我们公司做些什么？""如果一年内，公司给你的薪酬一直不上调，你如何确保自己不会跳槽？"志远回答："第一，这是一份我喜欢的工作，我愿意在自己热爱的事情上倾其所有；第二，这份工作至少能养活我和我的家人；第三，我愿意把我的智慧，我的青春献给我的工作，这就是我想做的。"话音刚落，面试官就让志远回去等面试结果。志远对此结果百思不得其解，心里倍感压力。

4. 自我中心

大学时期是自我意识发展最强烈的阶段，大学生会从自我角度来进行认识、评价自我，容易出现自我中心倾向。如果大学生个人存在利己思想，过度地自我接受，则会形成扭曲的自我中心，表现为：凡事从自我出发，只考虑个人利益，从不顾及他人的需要和感受；以领导者自居，对他人指指点点，奉行"我对，你们都错"的处事原则，将个人意志强加于他人身上；人际关系紧张，为人处世容易遭遇挫折。

扫一扫

克服自我中心

焦点效应研究

　　2010 年，美国心理学家劳森对焦点效应做了研究。以大学生为被试者，让他们穿上印有"美国之鹰"的运动衫去见同学。约 40% 的被试者确信同学会记住自己衣服上的字，但是事实上仅有 10% 的人记住了。大部分观察者甚至没有发现对方中途出去几分钟再回来时换了衣服。在另一项实验中，即使被试者穿了让人尴尬的衣服，也只有 23% 的观察者会注意到，此数值远远低于被试所猜测的有大约一半的同学会注意到他的比例。该实验证实了焦点效应，即人类往往会把自己看作一切的中心，并直觉地高估别人对我们的关注程度。

三、大学生自我意识的自我评估

　　指导语：下面是一些个人对自己的看法的陈述（见表 3-2）。请仔细阅读每一条，然后在符合情况的数字上画"√"。答案无对错之分，请如实回答即可。

表 3-2　自我和谐量表

序号	题目	完全 不符合	比较 不符合	不确定	比较 符合	完全 符合
1	我周围的人往往觉得我对自己的看法有些矛盾	1	2	3	4	5
2	有时我会对自己在某方面的表现不满意	1	2	3	4	5
3	每当遇到困难，我总是首先分析造成困难的原因	1	2	3	4	5
4	我很难恰当表达我对别人的情感反应	1	2	3	4	5
5	我对很多事情都有自己的观点，但我并不要求别人也和我一样	1	2	3	4	5
6	我一旦形成对事物的看法，就不会再改变	1	2	3	4	5
7	我经常对自己的行为不满意	1	2	3	4	5
8	尽管有时得做一些不愿意的事，但我基本上是按自己意愿办事的	1	2	3	4	5
9	一件事情好就是好，不好就是不好，没有什么可含糊的	1	2	3	4	5
10	我在某件事上不顺利，我就往往会怀疑自己的能力	1	2	3	4	5
11	我至少有几个知心朋友	1	2	3	4	5
12	我觉得我所做的很多事情都是不该做的	1	2	3	4	5
13	无论别人怎么说，我的观点绝不改变	1	2	3	4	5
14	别人常常会误会我对他们的好意	1	2	3	4	5
15	很多情况下我不得不对自己的能力表示怀疑	1	2	3	4	5
16	我朋友中有些是与我截然不同的人，但这并不影响我们的关系	1	2	3	4	5

序号	题目	完全不符合	比较不符合	不确定	比较符合	完全符合
17	与朋友交往过多容易暴露自己的隐私	1	2	3	4	5
18	我很了解自己对周围人的情感	1	2	3	4	5
19	我觉得自己目前的处境与我的要求相距太远	1	2	3	4	5
20	我很少去想自己所做的事是否应该	1	2	3	4	5
21	我所遇到的很多问题都无法自己解决	1	2	3	4	5
22	我很清楚自己是什么样的人	1	2	3	4	5
23	我能自如地表达自己所要表达的意思	1	2	3	4	5
24	如果有足够的证据,我也可以改变自己的观点	1	2	3	4	5
25	我很少考虑自己是一个什么样的人	1	2	3	4	5
26	把心里话告诉别人不仅得不到帮助,还可能招来麻烦	1	2	3	4	5
27	在遇到问题时,我总觉得别人都离我很远	1	2	3	4	5
28	我觉得很难发挥自己应有的水平	1	2	3	4	5
29	我很担心自己的所作所为会引起别人的误解	1	2	3	4	5
30	如果我发现自己某些方面表现不佳,总希望尽快弥补	1	2	3	4	5
31	每个人都在忙自己的事,很难与他们沟通	1	2	3	4	5
32	我认为能力再强的人也可能遇上难题	1	2	3	4	5
33	我经常感到自己是孤独无援的	1	2	3	4	5
34	一旦遇到麻烦,无论怎样做都无济于事	1	2	3	4	5
35	我总能清楚地了解自己的感受	1	2	3	4	5

49

● **评分说明**

【计分】自我和谐量表包括 3 个分量表,各分量表的得分为其包含题目的得分直接相加,3 个分量表包含的题目分别为:自我与经验的不和谐(1、4、7、10、12、14、15、17、19、21、23、27、28、29、31、33);自我的灵活度(2、3、5、8、11、16、18、22、24、30、32、35);自我的刻板性(6、9、13、20、25、26、34)。计算量表总分时,需要先将"自我的灵活度"题目进行反向计分,即将 1 变为 5,2 变为 4,4 变为 2,5 变为 1,加和计算该分量表得分,再与其他两个分量表计算总分。

【解释】得分越高,和谐程度越低。低分组:小于等于 74 分。中间组:75 ～ 102 分。高分组:大于等于 103 分。

第三节

大学生自我意识完善的训练策略

健全的自我意识是个体心理健康发展、走向成功的必备要素。大学生自我意识处于不断探索和发展的阶段，这一时期自我发展表现出独特的特点和矛盾性，大学生要寻求自我意识的整合和统一，具体表现为自我认识、自我体验和自我控制的和谐统一。古人云："人贵有自知之明。"自我认识和自我探索的过程并不是一件轻而易举的事情，也并非所有人都能把自我意识和谐地统一起来，需要对大学生进行正面积极的引导，悉心体察他们的内心世界，并有针对性地进行自我意识教育和训练。大学生自我意识的训练策略包括以下 4 个方面。

一、正确认识自我

老子有云："知人者智，自知者明。"全面客观、正确认识自我是大学生自我意识完善的基础，既知道自己的优势，也知道自己的劣势，形成对自己客观、合理的认识。大学生认识自我的训练策略主要有以下 4 种：

1. 通过自我反省认识自我

自我反省是指对自己的价值观念、情绪体验、言行举止等进行思考和评价，包括对因外部变化而引起的内部不平衡状态的估计，对不适应现象的归因分析，对已有经验的搜索与比较等。曾子曰："吾日三省吾身"，自我反省是正确认识自我的重要途径。比如，我是个性格随和的人吗？我对自己满意吗？如果个体不进行反省，难以知悉自己言行处世是否合理，也不清楚自己哪些地方需要改进。大学生要学会与自己的内心对话，自己不仅仅是观察的主体，也是自我观察的对象；要学会辩证、客观地看待自己，不能以偏概全。

经典研究

"伤痕"实验

美国某大学研究人员曾进行了一项有趣的"伤痕"实验，他们招募 10 名被试者，宣称实验目的是观察人们对身体有缺陷的陌生人作何反应，尤其是对面部有伤痕的人。每位被试者都被安排在没有镜子的小房间中，由专业化妆师在其左脸做出一道血肉模糊、触目惊心的伤疤。然后用随身携带的小镜子使每位被试看到自己脸上的伤疤。随后，化妆师表示还需要在伤痕表面再涂一层粉末，以让疤痕更逼真、更持久。而实际上，化妆师已经用湿棉纱偷偷把刚才做好的伤疤抹掉了。

对此毫不知情的被试者，被分别带到了各大医院的候诊室，他们的任务就是观察陌生人对其面部疤痕的反应。实验结束后他们表达了相同的感受，即人们对他们比以往更粗鲁无理、不友好，而且总是盯着他们的脸看。但实际上，他们的脸上与平时并无二致，之所以会有那样的感受，原因在于错误的自我认知影响了他们的判断。

2. 通过社会比较认识自我

通过与他人比较是个体获得自我认识的重要信息来源，有助于个体认识自己的能力和水平，更准确地给自己定位。但在与他人比较的过程中，应该注意确立合适的参照体系，需要把握以下 3 点：其一，比较的对象要有所选择，选择与自身实际情况类似的人，从他们身上获取的经验和教训更具参考价值；其二，比较的内容要有可操作性，比如，比较某科学业成绩、社团活动表现等，而不要比较自身无法改变的客观事实，诸如家庭条件、身高外貌等，否则只会造成自我意识偏差，走向自负或自卑的道路；其三，比较的方式要合理，切勿以自己之长比他人之短，也不要以自己之短比他人之长。

3. 通过他人反馈认识自我

他人是反映自我的"镜子"，通过他人的反馈来认识自我是正确认识自我的重要途径。个体自我意识的形成，往往是以别人对自己的态度和评价为参照点。俗话说"要想认识自己，最好问问别人"，他人评价是个体认识自己的一面镜子，有助于个体发现和缩小自己的盲区，形成对自己客观、完整、清晰的认识。库利（Charles Horton Cooley）提出的"镜中我"理论认为，个体在社会交往过程中，会察觉到别人对自己言行的反应，把别人当作镜子来进行自我感知。他人评价这面镜子，不是简单地指某人的某一次评价，而是指与自己关系密切或影响深远的他人概括或提炼出的一些稳定性评价，为自我评价提供基础。

4. 通过实践经验认识自我

大学生通过参与各种社会实践活动，比如社团活动、志愿服务、岗位实习等，根据实践过程中的表现来获得有关自己兴趣、能力、意志力等方面的认识。例如，根据自己在实践中克服困难的程度来认识和评价意志力；根据自己在实践中所投入的时间、精力来认识和评价自己的能力水平。如若活动过程顺利展开，结果收效良好，有助于增强自信心，体验价值感，从而提高自我评价，形成整合的自我体系。所以，大学生要努力把握学校提供的机会，尽量去尝试、去实践，完善正确认识自我的途径。

51

• **想一想** •

20个"我是谁"

活动准备：纸、笔。

活动过程：具体活动过程如下。

第一步：询问自己20次"我是谁？"每次询问过后，都把脑海里浮现出来的答案写在纸上。例如，我是××学校的学生，我是××人。每次询问回答的时间是20秒，如若写不出来就直接跳过，继续下一个询问。

（1）我是一个_____的人。

（2）我是一个_____的人。

（3）我是一个_____的人。

（4）我是一个_____的人。

（5）我是一个_____的人。

（6）我是一个_____的人。

（7）我是一个_____的人。

（8）我是一个_____的人。

（9）我是一个_____的人。

（10）我是一个_____的人。

（11）我是一个_____的人。

（12）我是一个_____的人。

（13）我是一个＿＿＿＿＿＿＿＿＿＿＿＿＿＿＿＿＿＿＿＿＿＿的人。

（14）我是一个＿＿＿＿＿＿＿＿＿＿＿＿＿＿＿＿＿＿＿＿＿＿的人。

（15）我是一个＿＿＿＿＿＿＿＿＿＿＿＿＿＿＿＿＿＿＿＿＿＿的人。

（16）我是一个＿＿＿＿＿＿＿＿＿＿＿＿＿＿＿＿＿＿＿＿＿＿的人。

（17）我是一个＿＿＿＿＿＿＿＿＿＿＿＿＿＿＿＿＿＿＿＿＿＿的人。

（18）我是一个＿＿＿＿＿＿＿＿＿＿＿＿＿＿＿＿＿＿＿＿＿＿的人。

（19）我是一个＿＿＿＿＿＿＿＿＿＿＿＿＿＿＿＿＿＿＿＿＿＿的人。

（20）我是一个＿＿＿＿＿＿＿＿＿＿＿＿＿＿＿＿＿＿＿＿＿＿的人。

第二步：分析答案，包括以下 3 方面。

（1）答案的数量和质量。如果能写出 18～20 个答案，则可认为没有自我认知障碍；如果答案数量低于 14 个，则可认为存在压抑自己的倾向。

（2）答案的表现形式。存在 3 种情况：第一，符合客观情况，如"我是一名大二的学生"；第二，主观评价，如"我羞于表露自己的真情实感"；第三，呈中性，即无法做出判断的情况。如果答案既包含客观评价也含有主观评价，则自我认识取得平衡；如果答案更倾向于客观或主观评价，则不能达到平衡。主观评价时，如果只提到积极的一面，会让人觉得自满；如果只做消极的评价，会令人觉得没有自信。因此，主观评价最好涵盖自己的长处和不足。

（3）答案是否有关自己的未来。即使只有一个答案涉及未来，也说明自己是一个有理想有抱负的人，对未来充满希望。如若一个答案都不涉及未来，则可能说明你还没有思考过自己的未来。

二、积极接纳自我

积极接纳自我即悦纳自我是指理智地看待自己的优点和不足，坦然平静地接纳真实的自我，并在此基础上产生愉悦、满足、积极和乐观的情绪体验。接纳自己就意味着按照自己的本来面目认可、肯定自己，是无条件地接受自己的一切优势和缺点，而不是对自己的缺点自责、自我逃避，或以假象自欺欺人。悦纳自我是自我意识完善的关键和核心，有助于个体更全面地认识自己，拥有更加积极的自我体验，更好地指导自我控制，向着自己期望的方向努力前行。大学生要真正做到悦纳自我，可以采用以下 4 种策略。

1. 学会说三句话

第一句：太好了。凡事考虑积极的一面，受挫时迎难而上。

第二句：我能行。树立自信，做到自尊、自强，激发自身潜能。

第三句：我来帮你吧！学会生存，学会关心他人。

2. 接纳自己的优／缺点

常言道："金无足赤，人无完人"。既然人人都有缺点或短处，就不能企图否认、掩饰或回避它们。对于通过后天努力可以改善的缺点，个体在接纳自己的基础上要有所行动，发挥个人的人生价值；对于通过个人努力无法改变的缺点，可以采用代替或补偿法，用自己的优点来弥补。

做最好的自己

——道格拉斯·马洛奇

如果你不能成为山巅的一棵劲松，

就做山谷里的小树吧！

但务必做溪流边最棒的一棵小树；

当不了树就做一丛灌木，

当不成灌木还可以做小草

但务必做路边最快乐的一株小草。

如果你不是大梭鱼

就做一尾小鲈鱼吧，

但要做湖里最活泼的小鲈鱼！

我们不能都做船长，

必须有人当水手。

这里有许多事让我们去做

有大事，有小事，

而你要完成的任务就近在咫尺。

如果你不能成为大道

就做一条小径，

若不能成为太阳就做一颗星星；

决定成败的不是你的大小——

只要你做最好的自己！

3. 建立良好的自我感觉

正确审视自己缺点和不足时，还要学会创造机会培养自信心，建立和巩固良好的自我感觉，悦纳自己。例如，及时了解自己取得的进步和成绩，肯定自己的能力；记录别人对自己做出的积极评价，增强自信心；回忆过往的经历，找出自己各方面表现出色的地方，肯定自身具备的素质。

4. 允许自己犯错

智者千虑，必有一失。而对于大多数的普通人，犯错也是个体不断成长和进步的途径。不可因一时的过错全盘否定自己，始终要对自己保持自信。同时，一方面，要及时挽回自己犯错所造成的损失，做到扬长避短；另一方面，要认真思考导致自己出错的原因，从中吸取教训，避免重蹈覆辙。如果问题在于自身的能力、努力程度，就要再接再厉，投入时间、精力，有针对性地采取措施提高个人素养；如果问题在于任务难度、运气，则需调整心态。

● **想一想** ·····························

发现独特的我

活动目的： 通过自我欣赏和聆听他人的自我欣赏，发现自己与他人的优点，学习接纳自己和欣赏自己，肯定自己是个独特的人。

活动过程： 具体活动过程如下。

步骤一：每位学生根据自己的实际情况完成以下句子。

（1）我最欣赏自己的外表是＿＿＿＿＿＿＿＿＿＿＿＿＿＿＿＿＿＿。

（2）我最欣赏自己的性格是＿＿＿＿＿＿＿＿＿＿＿＿＿＿＿＿＿＿＿。

（3）我最欣赏自己对学习的态度是＿＿＿＿＿＿＿＿＿＿＿＿＿＿＿。

（4）我最欣赏自己做事的态度是＿＿＿＿＿＿＿＿＿＿＿＿＿＿＿＿。

53

（5）我最欣赏自己的一次成功是_____。
（6）我最欣赏自己对朋友的态度是_____。
（7）我最欣赏自己对家人的态度是_____。

步骤二：3人一组，每人在小组中分享自己所写的内容和原因。如果学生之间相互熟悉，还可以让其他同学补充。

三、有效控制自我

有效的自我控制是个体主动调节和控制自己认知、情绪和行为，得以实现改变的心理过程，是个体自我意识完善的根本途径。有效控制自我，确立适当的抱负水平，通过自己的努力，可以促进个体自我认知和自我意识的完善。针对如何有效控制自我，有心理学家提出了自我控制的反馈机制，如图 3-2 所示。

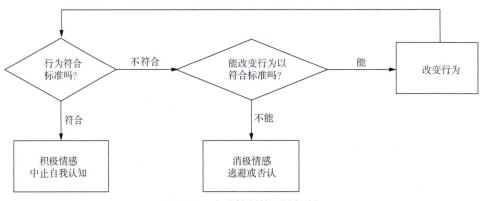

图 3-2　自我控制的反馈机制

1. 设置合理的目标

提高控制自我的能力，首先需要学会根据自己的实际情况，设置合理的目标和任务。所谓合理的目标，是指经过个人努力可以实现的目标。例如，如果自身身体免疫力低，大学生可以调整自己的饮食习惯和生活作息，通过加强体育锻炼等方式来提高身体素质；如果感觉自己某一方面知识比较匮乏，需要扩大自己的知识面，可以通过查阅相关的书籍、杂志等，多向师长、前辈请教以拓展自己的知识面。因此，设置合理的调控目标能提升自我效能感，不能完成的目标只会加重挫败感。

扫一扫

提升自我效能感

2. 制订日常计划

设置合理的目标之后，可以根据自己的实际情况，有目的有计划地制订自己的学习和生活计划。为了高效实现既定的目标，执行计划时应该按照优先次序对各项任务进行时间分配。一般情况下，可以按照事情的重要性和紧迫性不同来制订相应的计划。通常情况下，事情的重要性和紧迫性可以分为 4 类（见图 3-3）。

生活中，个体常常把紧迫的事情放在第一位，而忽略了重要但不紧迫的事情。从图 3-3 中可以看出，科学而合理的时间管理方式可以帮助我们分清事情的轻重缓急。生活中的成功者总是将最多的时间花在做重要但不紧迫的事情上，然而一般人总是做紧迫但不重要的事情，所以首先要学会甄别事情的重要性和迫切性。相应的，大学生就要学会先做一，后做二，尽快或集中做三，少做或不做四，这样才能提高工作和学习的效率，更好地实现目标。

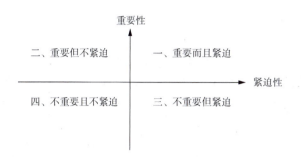

图 3-3 重要性 - 紧迫性模型

3. 培养自我控制能力

"胸怀万丈，躺在床上"形象地体现了部分大学生的生活常态，究其原因还是自我控制能力不足。在确立好目标之后，就需要培养自我控制能力，朝着既定目标前行。如果不能坚决抵制外在诱惑，努力排除干扰，容易出现"想得多、做得少"的局面，最终沦为"思想上的巨人，行动上的矮子"。因此，大学生需要通过意志来调节自己的行为，采取一定的策略培养自控能力。

（1）体育运动

心理学家梅甘·奥腾和生物学家肯恩·程的研究发现，坚持锻炼能提高心率变异度的基准线，改变自控力的生理基础，大脑内能产生更多的细胞灰质和白质，使得大脑运行更敏捷，影响自控力的前额皮质更活跃。因此，大学生可以通过体育运动培养自己的自控能力。

（2）冥想

冥想是一种简单且易于操作的改变意识的形式，通俗而言，就是大脑里什么都不要想。冥想不仅可以通过获得深度的宁静来增强自我意识，而且研究发现，长期冥想有助于缓解焦虑、紧张情绪，增强内心控制感，还可以达到抑制冲动、提升注意力与减缓压力的效果。

55

• **做一做**

超觉静坐

步骤一：选择一个安静、灯光柔和的房间，盘腿坐着，闭上眼睛。

步骤二：尝试放松全身肌肉，慢慢从脚开始，由下而上，一直到头部。

步骤三：心无所思，用鼻子呼吸，慢慢感受空气在自己的鼻子内流动。每次呼气时，默数"一"。持续 20 分钟即可结束（切勿闹钟定时，用心感受），睁眼看时间，然后再次闭眼休息 1 分钟，结束。

四、不断超越自我

不断塑造自我、实现超越自我是自我意识完善的终极目标。积极的生活态度、坚定的人生目标和远大的理想抱负是实现超越自我的前提。超越自我就是要将昨天的成就当成今天的起点，用今日之我战胜昨日之我，使明日之我比今日之我更进步。同时，超越自我也是从个体"小我"不断走向社会"大我"的过程。除了注重个人能力发挥和理想实现以外，大学生更需要积极投身于社会实践，为社会服务，将个人理想与社会责任结合起来，在为他人和社会服务中实现自我价值。

扫一扫

自我实现与社会责任

想一想

探寻未来之我

每个人都有自己的理想和潜能，都有自己的独特之处。不妨先给自己一个规划，考虑如何才能实现自己的潜能，追求更好、更高的自我呢？请将答案依次填入表3-3中。

表3-3 "未来"之我

序号	方向	规划
1	我的理想与目标（希望大学毕业后做什么？成为一个怎么样的人？）	
2	兴趣发展（如果要达到自我实现，需要培养发展哪些兴趣，通过什么途径来完成？）	
3	知识技能（要实现目标的话，需要掌握哪些方面的知识、技能，通过什么途径来完成？）	
4	能力培养（哪些能力是可以提高的？通过什么途径来完成？）	
5	人格优化（哪些行为或习惯是可以改善的？哪些人格可以优化，分别通过什么途径去优化？）	
6	其他	

● **反思践行**

◎体验分享

进入大学的"我"

自我意识是我们在与他人交往过程中，根据他人对自己的评价和看法而形成的。进入大学后，你可能对自己重新认识，有了不同的看法，也相应地会有不同的体验，也会有一些事情给你的自我意识带来挑战。你进入大学后是否有类似的感受？

①学习不再名列前茅　　　　⑥没有特长
②外貌不够有型　　　　　　⑦没有朋友
③身边都是"牛人"　　　　　⑧经济拮据
④没有异性喜欢　　　　　　⑨对未来感到茫然
⑤组织协调能力不足　　　　⑩见识不广泛

（1）你觉得以上哪几项是符合自己的？

_____。

（2）你如何看待这几项？这几项是真实的，还是你自己感知到的？找同学交流一下该如何看待这些变化。

_____。

（3）请结合自己的实际情况，回忆进入大学后，自我意识还曾受到哪些挑战？请列举3项。

_____。

（4）结合自己的看法和感受，你觉得可以采取哪些方法进行应对？

_____。

◎沙场练兵

与"抱怨"告别

每个人都渴望实现自我超越，但自我超越过程中又必然伴随着各种挑战与困难。当面对这些挑战和困难时，你通常是花时间抱怨，还是立即想办法解决困难并付诸行动呢？是时候扔掉你的抱怨了，走出"舒适区"，才能不断地自我超越。

（1）请每个同学准备一张纸和写有"过去"字样的纸盒子，并在2分钟内写出自己的抱怨清单。

_____

_____。

（2）和你的同学一起讨论：面对这些清单，你有哪些感受？当你抱怨的时候，你的心情和生活都会受到哪些影响？

_____

_____。

（3）这些抱怨的内容有哪些是可以改变的？哪些是难以改变的？你打算怎样面对？

_____

_____。

（4）在老师指导下进行扔掉抱怨的仪式，将自己的抱怨清单扔到准备好的纸盒子里，并与之道别。

● 视野拓展

推荐图书：《自我实现的人》

推荐理由：马斯洛（A.H. Maslow，1908—1970）是世界著名心理学家，被称为"人本心理学精神之父"。"自我实现"在马斯洛那里有着特定的含义。从马斯洛的需要层次论来看自我实现，它是在人的生理需要、安全需要、归属需要、自尊需要等基本需要得到满足之后，才会出现的最高层次的成长需要。自我实现的本质特征是人的潜力和创造力的发挥。关于自我实现需要，马斯洛最通俗的说法莫过于这段话："一位音乐家必须作曲，一位画家必须绘画，一位诗人必须写诗，否则他就无法安静，人们都需要尽其所能，这一需要就称为'自我实现需要'。"显然，马斯洛的自我实现论有其自己的出发点和特定的服务对象，但作为一种心理学说和管理思想，值得我们分析、借鉴。

扫一扫

推荐电影

第四章

颜色不一样的烟火
——大学生人格发展

● **心灵引领**

　　人的鲜明特征是他独有的。过去不曾有、将来也不会有一个人和他一模一样。

——戈登·奥尔波特

　　人格像每一种有生命的物体一样，随着成长而发生变化。

——戈登·奥尔波特

　　成人的人格的影响，对于年轻的人来说，是任何东西都不能代替的最有用的阳光。

——乌申斯基

● **学习导航**

　　人们在生活中每天都会遇到各种各样的人，所谓"人心不同，各如其面"。有人乐于社交、热情活跃，有人则喜欢独处、安静内敛；有人冲动草率、粗心懒散，有人则深谋远虑、高效整洁。就像世界上没有两片完全相同的树叶一样，我们也不会遇到两个完全相同的人。那么，到底是什么导致了人与人之间的差异，又是什么导致了个体内部的多样性？答案是：人格。大学时期人生面临着许多重要的转折，大学生了解和认识自我的需求非常强烈，处在人格"再次塑造"的关键时期。健康人格为大学生的学习生活和人生发展奠定坚实的基础，而不健康的人格会妨碍大学生正常的人际交往，影响活动效率，甚至可能导致人格障碍。因此，了解人格的基本知识，学习塑造健康人格的策略和方法，对大学生的成长有着非同寻常的意义。

扫一扫

性格决定成败

　　读者通过本章的学习可以达到以下目标：

　　● 了解有关人格的基本知识，包括人格的含义、特征、人格的结构，以及人格的影响因素等；

　　● 了解大学生人格的特征与常见的人格障碍，并进行人格的自我评估；

　　● 掌握健康人格塑造的策略和方法，挖掘个体性格优势和自我调节能力，学会构建良好的人际关系，并在社会实践中主动塑造良好的人格，不断完善自己的人格。

与人格障碍做斗争

案例导入

俊宇刚入大学时，因为一些琐事和舍友发生了争吵，不久前在班委竞选中，俊宇又因为得票较低而落选。俊宇反复思考这件事，疑心舍友为了报复自己，联合其他同学一起打压自己。在奖学金评选时，俊宇因没达到资格又一次落选，这让他更加耿耿于怀，坚信是舍友和老师故意排挤他，因此常常和同学发生冲突，和老师对着干，即使大家好言相劝，耐心解释，他也一点都听不进去。后来俊宇总是怀疑他人会陷害自己，极大地影响了正常的学习和生活。俊宇在苦恼中去做了心理咨询，在咨询中他认识到自己没有理由地提防和怀疑身边的人，听不进他人的意见，是有偏执型人格障碍倾向的表现。俊宇非常想克服自己的偏执倾向，于是慢慢学习分析自己的非理性信念，以此来避免偏激行为的发生。并且经常提醒自己不要陷入对他人的怀疑中，要对他人多一点宽容和理解。最终，在俊宇长期坚持和不懈努力下，他恢复了正常的学习和生活，并且与老师和同学们和解，开启了美好的大学生活。

● **心理课堂**

人格既包括人的内在心理活动，也包括人的外在行为表现。有人借用京剧中的脸谱来比喻人格，脸谱不仅具有表演的功能，而且是人物性格和角色特点的表征。在不同的情况下，人们会根据自己的不同角色来变换面具。这些面具是人格的外在表现，但面具的背后还有一个真实的自我，它可能与外在的面具截然不同。由此可见，人格具有多面性和复杂性。那么，究竟如何定义人格？人格的结构是怎样的？又有哪些因素影响人格的形成？处于人格"再次塑造"时期的大学生的人格特质有哪些？可以通过哪些途径塑造和完善自己的人格？本章将带领读者解读人格密码，学习人格的基本知识，关注自己的人格发展，并积极主动地塑造良好的人格。

第 一 节

人格概述

人格是一种心理特质，每个人都在心理活动过程中表达自己的独特个性。人格一词是从英文 personality 翻译而来的。personality 一词源于拉丁文 persona，原意是指古希腊喜剧演员在舞台上所戴的假面具。心理学用人格代替了面具所表达的具体含义，用于指每个人在人生舞台上所扮演的角色以及不同于他人的独特的精神面貌。

一、人格的含义

目前，心理学界关于人格的定义还没形成统一的观点。美国心理学家奥尔波特将人格定义为个体内在心理物理系统中的动力组织，它决定了一个人对环境的独特的适应能力。英国心理学家艾森克认为人格是个人的性格、气质、智力和体格相对稳定而持久的组织，它决定个人适应环境的独特性。陈仲庚和张雨新将人格定义为个体内在的，在行为上的倾向性，它表现为一个人在不断变化中的全体和综合，是具有动力一致性和连续性的持久的自我，是人在社会化过程中形成的给予人特色的身心组织。综合各个心理学家的定义，可以认为人格是构成一个人思想、情感和行为特有的统合模式，它表现为个体在适应环境时，在能力、情绪、需要、动机、兴趣、态度、价值观、气质、性格和体质等方面的整合，是具有动力一致性和连续性的自我，这个特有的模式包含了一个人区别于他人的稳定的、统一的心理品质。

二、人格的基本特征

人格融合了个体的思想、感觉和行为，是一个具有丰富内涵的概念，并具有整体性、独特性、稳定性和社会性等基本特征。

1. 整体性

人格的整体性是指人格虽是由多种成分和特质组合的，如能力、意志、认知、需要、动机、态度和价值观，但当具体表现在某个人身上时，这些成分或特征并不是孤立存在的，它们之间会密切联系形成一个有机的整体。正常人的行为不是人格的某一特定组成部分运转的结果，而是每个组成部分紧密合作与协调配合的结果。比如精神分裂症是个体人格受损的最有力证据。当一个人患有精神分裂症时，他的心理功能（如感觉、记忆、思想和习惯）虽不会完全丧失，但是会变得非常混乱。因此，人格是由多种成分构成的一个有机整体，具有内在的一致性。当一个人的人格结构在各个方面彼此和谐统一时，他的人格就是健康的。否则，就可能会出现适应困难，甚至出现人格分裂。

2. 独特性

人格的独特性在于人与人之间的心理和行为是不同的。人格是在遗传、环境和教育等因素的交互作用下形成的，不同的遗传因素和成长环境形成了各自独特的心理特点。正所谓"千人千面"，每个人的人格都由其独特的气质、性格和价值观组成。但是人格的独特性并不妨碍人与人之间在心理和行为上存在着共同性，文化、种族和阶层这些社会因素使得在群体中的个体都有共同的人格特征。例如，我们经常说中华民族是一个艰苦奋斗的民族，这个"艰苦奋斗"的品质就是华夏儿女共同的人格特征。

3. 稳定性

人格的稳定性是指个体的人格特征具有跨时间和跨情境的一致性，即我们常说的"江山易改，本性难移"。人格发展贯穿一生，随着年龄的增长，童年时期形成的人格特征会变得越来越稳定。由于人格的相对稳定性，我们就有可能从个体童年时期的人格特征推断其成年以后的人格特征，同样也可以从一个人成年时期表现出来的人格特征反推其童年时期的人格表现。但是，强调人格的稳定性并不意味着它在人的一生发展中是一成不变的，随着生理成熟和环境变化，人格也有可能产生或多或少的变化，这反映出人格可塑性的一面。在以下两种情况下人格也可能发生变化：其一，人格的表现形式会随着年龄的增长而发生变化，例如，特质焦虑在学生时代可能表现为担心参加考试，而到成年后则可能表现为工作上的焦虑和烦恼；其二，对个体具有决定性影响的环境和生物学因素发生重大变化，例如严重疾病或重大挫折，也可能会导致个体人格发生改变。

扫一扫

人格可以改变吗？

4. 社会性

人格的社会性是指社会化把每一个独立的个体变成社会的一员，人格是社会人特有的特征。与其他动物幼子不同，婴儿具有与社会接触的需要。例如，可以使用语言与人交流，可以与人合作完成某项任务等。但是，如果剥夺了婴儿与社会的联系，他就无法成为真正的人。印度狼孩的例子可以充分证明这一点。人格的社会性并不妨碍人格在形成与发展过程中会受到个体生物性的制约。人格是生物遗传因素和社会环境因素交互作用的结果，不仅受到生物因素的制约，还受到社会因素的影响。

三、人格的结构

人格的结构可分为知情意系统、心理动力结构、自我意识结构等，具体包含气质、性格、需要、动机、目标、理想、价值观、认知风格和思维方式等维度。其中，气质和性格可作为深入了解人格的切入点。

1. 气质的概念及类型

气质是表现在心理活动的强度、速度、灵活性与指向性等方面的一种稳定的心理特征，即我们平时说的脾气、秉性。气质是一种典型的心理特征，使人们的全部精神活动都打上了独特的色彩，表现出与他人不同的典型特征。具有某种气质的人，会在不同情境表现出相同性质的心理活动。例如，一个性格暴躁的人，在发生争执时会情绪激动、不可遏制；在探究问题时，也会迫不及待地想了解最后的结果。人的气质与生俱来，受神经活动过程的特性所制约，具有很高的稳定性，不容易发生变化，此所谓"本性难移"。同时，气质无好坏之分。

气质学说源于古希腊希波克拉底的体液说，认为人体内有4种液体：黏液、黄胆汁、黑胆汁和血液，这4种体液在每个人身上的配合比例不同，形成了4种不同类型的人。盖伦在其基础上，进一步确定了气质类型，提出了4种气质类型：胆汁质、多血质、黏液质和抑郁质。

胆汁质类型的人充满活力，勇敢，坚决和善良，但常常鲁莽、冒失和情绪化。他们的优点是一旦认准目标，就希望立刻付出实际行动使得目标尽快实现，遇到困难不退缩，能一直坚持下去，但是他们的学习和工作往往带有周期性的特点，能以极大的热情和精力投入某一件事情中去，而当他们这种精力消耗殆尽时，就容易心灰意冷。张飞和李逵就是胆汁质的典型代表。

多血质类型的人乖巧、机灵、情绪外露。他们的优点是活泼、灵活、乐观，而他们的缺点则是缺乏耐心，稳定性较差。这类气质类型的人虽然兴趣广泛，但是不具有耐性和持久力，做很多事情就像蜻蜓点水，没有办法使自己的潜力得到充分地发挥。燕青和王熙凤就是多血质的典型代表。

黏液质类型的人温和，反应缓慢，不引人注目，注意力稳定且难以转移，学习和工作特别有耐心。他们外柔内刚，沉静多思。林冲就是黏液质的典型代表。

抑郁质类型的人性情孤僻，动作缓慢，情绪细腻，但细小的事情也会引起他们较大的情绪波动，对力所能及的工作可以认真负责地完成，但在困难面前常常表现得怯懦和犹豫不决。林黛玉是抑郁质的典型代表。

2. 性格的概念、类型及特征

性格与气质不同，气质是先天就有的，但是性格却是在后天的长期社会活动和劳动实践中形成的，并且是在环境和教育的影响下逐渐发展起来的。性格是个体对现实的态度和行为心理特征，从本质上反映了一个人的心理状态和思想境界，决定了一个人的活动方向。

人的性格不是在短时间内形成的，但是一旦形成，它就会非常稳定并影响个体的活动。比如性格外向者，不仅在家庭中非常活跃，也会积极参与集体活动；不仅在学校期间如此，即使毕业若干年后，该特质依然如此。然而，性格也并非是一成不变的，"近朱者赤，近墨者黑"说明了性格还具有可塑性的特点。同时，性格是个体在后天获得的，是现实生活中社会关系的反映，许多性格特征反映了个体道德品质的好坏，因而其有好坏之分。

心理学家从不同的角度对性格类型做出不同的划分。目前，心理学界还没有一个公认的分类标准，以下介绍两种最具有代表性的性格类型的划分。其一，荣格按照个体的心理倾向把人划分为外倾性和内倾性两种。外倾性的人心理活动倾向于外部，活泼开朗，善于交际，感情易

61

于外露，独立性较强，但有时粗心、轻率。内倾性的人心理活动倾向于内部，一般表现为情感含蓄，处事谨慎，交际面窄，在适应环境方面存在一定的困难；其二，威特金根据个体对外部环境的依赖程度将人分为场独立型和场依存型。场独立型的个体不太容易受到外界的干扰，拥有坚强的信念和坚韧的意志，可以独立地判断事物，做出决定，在困难和紧急的情况下也不会惊慌失措，但有时会把自己的意志强加于别人，固执己见。场依存型的个体易受到外在环境的影响，性格随和，为人谦虚，容易接受别人的意见，但在紧急情况下容易表现出惊慌失措。

四、人格的影响因素

人格形成的影响因素在心理学上还没有一个统一的标准。有些心理学家强调遗传是人格形成最重要的影响因素，而有些心理学家则认为社会环境对人格的形成才是最重要的。但是，现在多数心理学家认为，人格发展是在遗传与环境交互作用下逐渐形成与发展的。遗传因素通常在与生物学因素高度相关的特征（例如智力、气质）中相对重要。在与社会建立牢固联系的特性（例如价值观、信念和个性）中，社会环境因素变得越来越重要。

1. 生物遗传因素

由遗传决定的个体特征受基因控制，其对发育的影响由成熟度表现出来。成熟度是预定的生长和物理变化顺序，与外部环境无关。遗传因素对人格发展的影响通常通过双生子研究证明。人类双生子具有同卵双生子和异卵双生子两种类型。在同卵双生子中，两个胎儿均来自相同的受精卵，并且具有相同的基因型。而异卵双生子则是两个胎儿分别来自不同的受精卵，这类双胞胎的遗传相似性与普通兄弟姐妹相似。研究发现，同卵双生子的外倾性与神经质的相关性显著高于异卵双生子。具体为：在外倾性方面，同一环境中成长的同卵双生子的相关系数为 0.61，而分开在不同环境中成长的同卵双生子的相关系数为 0.42，异卵双生子的相关系数为 −0.17；在神经质方面，在相同环境下长大的同卵双生子的相关系数为 0.53，在不同环境下成长的同卵双生子的相关系数为 0.38，而异卵双生子的相关系数是 0.11。该结果说明遗传是影响人格的一个重要因素。

2. 社会文化因素

社会文化因素对人格的形成也有重要的影响，社会文化塑造了社会成员的人格特征。社会文化使其社会成员的人格结构朝着相似性的方向发展，这种共同的人格特征使个人"嵌入"整个文化形态里，有助于维系社会稳定。人们一直认为社会文化对人格的形成与发展具有重要的作用，尤其是后天形成的一些人格特征，如性格、价值观等，它使处于同一社会文化的个体在人格特征上具有一定的相似性。

经典研究

3 个原始部落的性别角色

1931 年，美国文化人类学家玛格丽特·米德通过对新几内亚岛 3 个原始部落进行田野调查，进一步解释了社会文化对人格特征的影响。尽管 3 个原始族群分布在方圆不到一百千米的范围内，但是相互间的性别角色却迥然不同。阿拉佩什人温和友善，无论男女攻击性都很低；蒙杜古马人的男女都冷酷残忍，带有强烈的攻击性；德昌布利人则阴阳颠倒，女性果断，占主导地位，在经济生活中扮演重要角色。男性则较为依赖，多愁善感，通过学习舞蹈、吹笛取悦女性。

第二节
∥ 大学生的人格特征与人格障碍 ∥

　　人格是一种较为稳定的心理特性，但人格的发展不是一成不变的，它会随着年龄的变化而变化。大学阶段是个体人格发展、完善的重要时期，正处于身心急剧变化和自我意识由分化、矛盾逐步走向统一的特殊时期，因而大学生的人格特征有了一些新的发展变化。同时，社会急剧变革，价值观多元的社会文化也会使人格的形成变得困难，变得更加不确定，使部分大学生的人格出现某些障碍，阻碍大学生的成长与进步。

一、大学生的人格特征

　　在大学阶段，大学生们经历着生理和心理的巨大变化，不仅开始关注身体的成熟和内心世界的发展，也更加关注他人对自己的评价，并以此确立自己的人生观和世界观，大学阶段是人格发展并日趋成熟的关键期。人格的成熟意味着个体心理的成熟，人格的魅力展示着个体心灵的完善。由于他们所处的社会环境发生了巨大变化，同时伴随着生理和心理功能的日趋成熟，使得他们对人生的看法不再满足于以往的简单罗列，而是开启了自己的探索之旅。因此，除了具有一般的人格特征之外，大学生的人格特征还表现出自己的独特特点，主要包括以下 3 个方面。

1. 寻求自我同一性

　　大学生通常在 17 岁左右进入大学，21 岁左右毕业。从年龄上看，大学生处于青春期到成年早期的过渡阶段。埃里克森认为，他们正处于确立自我同一性，避免同一性混乱的重要时期。自我即个体对自己的认识和看法，是个体对"我是谁"这个问题的回答。我们可以从他人的评价、自我的感知以及和环境的相互作用中认识自我。自我同一性即个体在特定环境中的自我整合及适应性，是个体对"我是谁""我将来的发展方向"以及"我如何适应社会"等问题的主观感受和意识。随着他们进入大学，外部环境的变化也促进了他们自我意识的迅猛发展，这时他们开始自己做出关于人生的选择，而不再完全听从父母和老师的安排。同时，他们开始不断地进行尝试和探索，寻求自我了解和自我追求。因而，大学阶段是当代大学生自我同一性发展的重要阶段。但是，大学生自我同一性的确立并非一蹴而就，如果个体的探索总是经历迷茫，又缺少积极的教育引导，则会使个体迷失方向或放弃自我探索。

扫一扫

自我同一性

63

2. 注重个性发展

　　大学生们从紧张压抑的高考奋战中挣脱出来，开始体会到独立自主的感觉，并且更加注重个性的发展，享受着"个性解放"的自由。他们喜欢特立独行，以此来体现自己的自尊自信。然而，大学生们对个性的追求仍然受制于一定的条件，比如学校的一些规章制度。为了迫切体会到"自由"的感觉，他们在课堂上可能会以一些新异的观点来吸引同学们的目光和关注，展示自己的个性所在；在生活中可能会着奇装异服来展示自己的与众不同之处。他们更倾向于去尝试新鲜刺激的事物，接受新鲜事物的速度也很快。

3. 逐渐成熟

大学时期处于"延缓偿付期"，即大学生们开始对自己负责，承担自己的社会责任，但由于父母或社会没有给予他们明确的社会责任或他们还不能够自己独立做出决断，在做出最后决定之前往往处于一种"暂停"的状态。他们有自己的奋斗目标，享受独立自主的感觉，但他们还缺乏完全独立的思考和判断能力，仍然需要不断地加以引导和锤炼。大学生的人格处于发展阶段，使得大学生的人格有所发展但又可能发展不足。因此，应当引导大学生明确自己的奋斗目标，提升他们的生活技能，完善自己的知识结构，使大学生的人格能够逐渐成熟，趋于完善，为未来更好地适应社会奠定坚实的基础。

"四自"人格

西南大学黄希庭教授通过理论和实证研究，提出了自立、自信、自尊、自强的"四自人格"，不仅是颇具我国文化传统的人格特征，也是健康人格的基础。具体包括以下4个方面。

（1）自立指个体从自己过去依赖的事物中独立出来，是自己行动、自己做主、自己判断，对自己的承诺和行为负责任的过程。高自立的大学生在行为上表现出更多的自主与自控行为，能较好地安排自己的生活与学习计划，对挫折与困难能主动地进行自我调控，能积极参加学校的各种集体活动。

（2）自信指相信自己。高自信的大学生肯定自己的价值，有积极乐观的情绪、健康的心态，敢于尝试新领域，能更快地发展自己的兴趣和才华。

（3）自尊指个人评价自己的价值和重要性的情感体验。高自尊者乐观、主动、热情、乐于助人、有成就感、少焦虑、感到充实和力量。

（4）自强指个体对未来充满希望，面对困难的挑战或挫折而不被负性情绪所压倒，相信自己能够设定目标，并想方设法推动自己达成目标。高自强者对未来抱有希望，把精力集中在如何产生积极的与目标相关的结果、达成目标的条件，以及如何达成理想目标的途径上。

二、常见的大学生人格障碍

人格障碍是指人格特征显著偏离正常，使患者形成了特有的行为模式，导致对环境适应不良，明显影响其社会和职业功能，或者患者自己感到精神痛苦，这种障碍通常开始于童年或青少年期，并一直持续到成年甚至终身。常见的大学生人格障碍有以下几种。其中，反社会型人格障碍以男性为多，表演型和边缘型人格障碍以女性居多。

1. 偏执型人格障碍

偏执型人格障碍有以下特征：对挫折与拒绝过分敏感；容易长久记仇，即不肯原谅侮辱、伤害或轻视；猜疑，把他人无意的或友好的行为误解为敌意或轻蔑；好斗以及顽固地维护自己的权利；有将自己看得过分重要的倾向，自以为是，惯于把失败和责任归咎于他人；有将与自己直接有关的事件以及世间的形形色色都解释为"阴谋"的无根据的先占观念。

他怀疑一切

文韬，某高校大二学生，性格固执、敏感多疑、心胸狭窄、情绪不稳，自我评价高，不接受不同意见。自小对任何人，包括自己的父母、老师和同学都持有不信任态度，存有戒心。认为世界上没有可以相信的人，老是怀疑他人居心不良，看不惯时就乱发脾气，压不住火。生活和学习过程中遇到挫折总是责备别的同学，做错事常把责任推诿别人。常常把同学提出的中性的建议甚至是友好的表示看作敌视或蔑视行为，爱与人争执，常与人发生摩擦，几乎与同宿舍的同学都吵过架。

2. 分裂样人格障碍

分裂样人格障碍有以下特征：常常有奇异的信念，或与周围的人有不相称的行为，他们相信一些不切实际的理论（如透视力、心灵感应、特异功能等）；言语怪异，如说话经常离题、用词不当、繁简失当、表达意见不清；行为怪异，如服饰奇特、不修边幅、经常出现不合时宜的行为；对人淡漠，对亲属也不例外，缺失温暖体贴；多单独活动，主动与人交往仅限于生活或工作中必需的接触，除一级亲属外，没有亲密的朋友或知己。

孤僻冷漠的小吴

小吴，高校大学生，性格内向，寡言少语，不参与班级、宿舍的任何活动，常常独来独往。平时也不关心任何事情，对他人缺乏感情，生活被动，从不表现出任何特定的兴趣爱好，学习之余也不会找朋友一起玩，总是在宿舍睡觉。偶尔还会出现一些怪异的行为。在与同学进行必要交流时，常常词不达意，答非所问。

3. 分裂型人格障碍

分裂型人格障碍有以下特征：感情冷淡，很少与他人交流，不愿意表达自己的情感，对于他人对自己的意见和想法漠不关心，喜欢单独行动，不喜欢与其他人同行协作；经常沉醉于一些不切实际的幻想，会经常性地进行自省；对于一些公认的规则和习惯，并不认可，一般都是抱着无所谓的态度，不愿意受到规则的限制。

"怪人"

立斌，男，20岁，爱读书，爱写诗，爱写日记；怕在同学面前讲话，一讲话就脸红；性格内向，喜欢把自己内心的秘密记在日记里；"天马行空，独来独往"；背地里爱看言情小说，但与异性同学从不来往；生活上不修边幅，床单脏了也懒得洗；同宿舍同学说他脾气古怪，不合群，与同学"谈不来"，背后称他为"怪人"。

4. 反社会型人格障碍

反社会型人格障碍有以下特征：高度攻击性，有重度暴力倾向；无羞愧感，对行为不存在羞愧；行为无计划性，性格冲动具有随意性；社会适应不良，个人生活风格和人际关系方面具有明显的异常。

"要报复他们"

　　鹏宇，男，22岁，大三学生。从小受到溺爱，性格固执，极度顽皮，经常惹是生非，打架闹事，欺负同学，辱骂老师，且无任何羞愧想法。进入大学后，吃喝玩乐，不爱学习，经常旷课，对老师撒谎，考试缺考或者作弊，上学期因为考试作弊被学校处分后，对老师怀恨在心，曾发牢骚欲报复老师。平时在生活中很少与人交好，没有亲密朋友，经常因为小事与舍友发生冲突，还扬言"要报复他们"。

5. 边缘型人格障碍

　　边缘型人格障碍有以下特征：情绪不稳定，易怒、紧张、焦虑、烦躁、惊慌失措，又或是一种慢性的情绪低落，如长时间的空虚、寂寞、孤独、厌世嫉俗；人际关系不稳定，无法与朋友维持长时间的友谊关系；明显的冲动性。

她把书全撕碎了

　　婉婷，女，20岁，某高校大二学生。虽然进入大学才两年左右，但已经交往了五六个男朋友。每一次恋情都不长久，自己情绪不稳定，非常敏感，动辄发脾气，常常因为一些小事而动怒或烦躁，比如男友没有立刻回自己消息等。有次男友没有接听自己的电话，婉婷就地号啕大哭，歇斯底里地把桌子上的书全部撕碎了。

6. 表演型人格障碍

　　表演型人格障碍的特征：自我戏剧化，总是以夸张的方式表达自己的感情；易受暗示，容易被他人或环境影响；不停地追求刺激、以获得他人赞赏；期望成为他人注意的中心；与人交往时往往带有不恰当的挑逗行为；对自己外表容颜过分计较。

爱出风头

　　小雅，女，21岁，某高校大学生，虚荣心特别强，喜欢并积极参加学校的各种活动。但小雅参加活动时，总是异常地亢奋，特别爱出风头，尤其喜欢在朋友面前卖弄各种小聪明，以博取他人的夸奖，甚至有时会为博大家的注意而故意哗众取宠。平常言语、行为和服饰夸张，装腔作势，在与异性同学交往时，往往把握不好分寸，有时可能会做出一些出格的行为，比如和异性朋友勾肩搭背等。

7. 自恋型人格障碍

　　自恋型人格障碍有以下特征：对自身有无所不能的感觉；沉迷在无穷的成功、权力、才气、美丽的爱情幻想中；相信自己是独一无二的；对赞美成瘾，听不进去反面的话；缺乏共情的能力；常常嫉妒他人和相信他人嫉妒自己；表现出一种高傲自大的行为或态度。

我最优秀

文静，女，20岁，大二学生，活泼开朗，健谈，善于表现自己。但文静非常自负，认为自己是独一无二的，口头禅就是"你们就是嫉妒，我才是班内最优秀的"。喜欢显得比别人厉害，不接受他人的想法，她总是看不起学校里她认为"一般"的东西，她交友的标准是：对方是不是非常优秀或对方父母是不是很优秀。因此，她的朋友很少。

8. 回避型人格障碍

回避型人格障碍有以下特征：缺乏社交能力，习惯否定自身能力，过分敏感和自卑，自尊心过低，总担心被他人拒绝，对别人的评价极其在乎，尤其是负面评价更是敏感。

他在回避些什么

乐凯，男，某高校学生，自卑敏感，总是回避参与学校社交事务和团体活动，因为他总是不知道该与其他人说些什么，事实上，与他人交谈使他感到恐惧。不喜欢新事物、新挑战，常常对自己持否定观点，认为自己不行，自己不配。社交圈非常小，很少主动与他人来往，但又看重别人对自己的评价。

9. 依赖型人格障碍

依赖型人格障碍有以下特征：同意让他人为自己生活中大多数重要事情做决定；将自己的需求附属于所依赖的人，过分顺从他人的意愿；不愿对所依赖的人提出即使是合理的要求；过分担忧不能照顾自己，在独处时感到不舒服或无聊；易陷入被关系密切的人所抛弃的恐惧中，害怕失去。

黏人的小蕙

小蕙，女，某高校学生。在日常生活中很少独来独往，常常与舍友们一起进行活动。小蕙生活中非常黏人，在生活中遇到一点事情，首先想到的不是如何解决，而且应该向谁寻求帮助，不能做也不愿意做独当一面的工作，希望得到他人的指导，乐意受人差遣。小蕙讨厌做决定，喜欢他人帮自己做决定，常常讨好他人以维持亲密关系。

10. 强迫型人格障碍

强迫型人格障碍有以下特征：做事小心翼翼，要求所有事都十全十美；刻意追求细节，经常反复揣摩一件不重要的事情，苛求完美，使自己陷入紧张、不安、焦虑的处境中。

都是"完美"惹的祸

可欣，女，某高校大学生。在班级中担任学习委员，与班上每个同学都交往甚好，对于老师交代的事情都处理得妥妥帖帖。但自己常常陷于紧张不安之中，同学随意的一句话都会使她多想，对于老师安排的每件事情，不论其重要程度地同等对待，苛求完美。可欣做事几乎不向他人寻求帮助，总觉得别人做事她不放心，凡事亲力亲为，一丝不苟，容不得有半点瑕疵。最近可欣感觉焦虑、紧张。

三、大学生人格的自我评估

指导语：请仔细阅读表 4-1 的一些描述，每个描述后有 4 个选项。对以下 40 个陈述，请根据自己的实际情况来进行选择。

表 4-1　大五人格问卷简版

序号	题目	非常不符合	大部分不符合	有点不符合	有点符合	大部分符合	非常符合
1	我常担心有什么不好的事情要发生	1	2	3	4	5	6
2	我常感到害怕	1	2	3	4	5	6
3	有时我觉得自己一无是处	1	2	3	4	5	6
4	我很少感到忧郁或沮丧	1	2	3	4	5	6
5	别人一句漫不经心的话，我常会联系到自己身上	1	2	3	4	5	6
6	在面对压力时，我有种快要崩溃的感觉	1	2	3	4	5	6
7	我常担忧一些无关紧要的事情	1	2	3	4	5	6
8	我常常感到内心不踏实	1	2	3	4	5	6
9	在工作上，我只求能应付过去便可	1	2	3	4	5	6
10	一旦确定了目标，我会坚持努力地实现它	1	2	3	4	5	6
11	我常常是仔细考虑之后才做出决定	1	2	3	4	5	6
12	别人认为我是个慎重的人	1	2	3	4	5	6
13	做事讲究逻辑和条理是我的一个特点	1	2	3	4	5	6
14	我喜欢一开头就把事情计划好	1	2	3	4	5	6
15	我工作或学习很勤奋	1	2	3	4	5	6
16	我是个倾尽全力做事的人	1	2	3	4	5	6
17	尽管人类社会存在着一些阴暗的东西（如战争、罪恶、欺诈），我仍然相信人性总的来说是善良的	1	2	3	4	5	6
18	我觉得大部分人是心怀善意的	1	2	3	4	5	6
19	虽然社会上有些骗子，但我觉得大部分人还是可信的	1	2	3	4	5	6

续表

序号	题目	非常不符合	大部分不符合	有点不符合	有点符合	大部分符合	非常符合
20	我不太关心别人是否受到不公正的待遇	1	2	3	4	5	6
21	我时常觉得别人的痛苦与我无关	1	2	3	4	5	6
22	我常为那些遭遇不幸的人感到难过	1	2	3	4	5	6
23	我是那种只照顾好自己，不替别人担忧的人	1	2	3	4	5	6
24	当别人向我诉说不幸时，我常感到难过	1	2	3	4	5	6
25	我的想象力相当丰富	1	2	3	4	5	6
26	我头脑中经常浮现生动的画面	1	2	3	4	5	6
27	我对许多事情有很强的好奇心	1	2	3	4	5	6
28	我喜欢冒险	1	2	3	4	5	6
29	我是个勇于冒险、突破常规的人	1	2	3	4	5	6
30	我身上具有别人没有的冒险精神	1	2	3	4	5	6
31	我渴望学习一些新东西，即使它们与我的日常生活无关	1	2	3	4	5	6
32	我很愿意也很容易接受那些新事物、新观点、新想法	1	2	3	4	5	6
33	我喜欢参加社交与娱乐聚会	1	2	3	4	5	6
34	我对人多的聚会感到乏味	1	2	3	4	5	6
35	我尽量避免参加人多的聚会和嘈杂的环境	1	2	3	4	5	6
36	在热闹的聚会上，我常常表现主动并尽情玩耍	1	2	3	4	5	6
37	有我在的场合一般不会冷场	1	2	3	4	5	6
38	我希望成为领导者而不是被领导者	1	2	3	4	5	6
39	在一个团体中，我希望处于领导地位	1	2	3	4	5	6
40	别人多认为我是一个热情和友好的人	1	2	3	4	5	6

69

● **评分说明**

【计分】神经质的题项（1～8）；严谨性的题项（9～16）；宜人性的题项（17～24）；开放性的题项（25～32）；外向性的题项（33～40）。其中，第4、第20、第21、第23、第24、第35题为反向计分题，先将得分1变为6，2变为5，3变为4，4变为3，5变为2，6变为1，然后计算各维度总分。

【解释】根据5个维度各自的得分，来判断自己较为倾向的人格特质。

神经质：难以平衡焦虑、敌对、压抑、冲动、脆弱等情绪，难以保持情绪稳定。

严谨性：显示胜任、公正、条理、尽职、成就、自律、谨慎、克制等特点。

宜人性：具有信任、利他、直率、依从、谦虚、移情等特质。

开放性：具有想象、审美、情感丰富、求异、创造、智能等特质。

外向性：表现出热情、社交、果断、活跃、冒险、乐观等特质。

第 三 节
大学生健康人格塑造的策略训练

扫一扫

健康人格的特征

　　培养健康人格，优化自身人格特征是每个大学生面临的人生课题。塑造健康的人格不仅是大学生健康成长和成功成才的前提和基础，还对营造和谐社会氛围和加强国家建设具有重要的意义。人格虽然是一种相对稳定的心理特质，但仍具有一定的可塑性。在个体成长过程中，环境的变化和自身努力都可能潜移默化地影响人格的发展。因此，当代大学生应当正确认识自己的人格特质，通过一些积极有效的策略努力塑造、优化健康人格，使自己的人格不断完善，促进自我实现。

一、发挥个体性格优势

　　积极心理学视野中的积极人格研究为当代大学生人格的塑造指明了新的方向。性格优势是指一些积极的心理品质，是人格中积极力量和正向特质的统称。它通常被界定为反映个体思想、情感和行为的一组积极人格品质，是个体固有的、实际的、潜在的、具有建设性的力量，是人的长处、优势和美德。性格优势是个体核心的人格特质，是影响个体成功成才的基本因素。正如塞利格曼所说："我们发现一些人性的优点，可以应对勇气、未来规划、人际技巧、信念、职业道德、专注、乐观等，使危害降低。"我们每个人都有自己独特的性格优势，培养自己独特的性格优势，并善于在日常生活中运用这些优势，充分发挥个体潜能，最大限度地增强幸福感。所以，大学生要先了解自己的性格优势所在，主动在家庭、学校和社会实践环境中挖掘、培养积极的人格特质。

经典研究

性格优势

　　2004 年，心理学家彼得森和塞利格曼在对涉及性格优势和美德的大量文献回顾的基础上，提炼了人类普遍具有的 6 大美德，然后通过"10 条标准"进一步遴选出培养这些美德的 24 项性格优势。具体而言：第一类是知识与智慧，指获取和使用知识的认知能力，包括创造力、好奇、开放头脑、热爱学习、洞察力 5 种性格优势；第二类是勇气，指个体面对内部或外部阻力，坚持意愿达到目标的情绪能力，包括诚实可靠、勇敢、毅力、热忱 4 种性格优势；第三类是人性，指接近和友善对待他人的人际能力，包括善良、爱与被爱、社会智力 3 种性格优势；第四类是正义，指健康的社会生活所需要的公民精神，包括公平、领导力、团队合作 3 种性格优势；第五类是节制，指个体控制自己的能力，包括包容、谦虚、审慎、自控 4 种性格优势；第六类是精神卓越，指与万物联系、提供生命意义的能力，包括对美的欣赏、感恩、希望、幽默、灵性 5 种性格优势。这些积极人格品质有助于提升个体心理健康和主观幸福感，减少问题行为的发生，并有助于促进他们在学业以及未来生活中的优良表现。

做一做

我的优势树

活动目的：帮助大家认识自己的优势，提升自信心，做最好的自己。

活动过程：具体活动过程如下。

步骤一：设想你正在沿着校园道路行走，突然发现你前面有棵非常特别的树，这完全是你个人的一棵树，树上结满了代表你各种优点的果实。现在用心观察它，看它是什么样子的？

步骤二：请学生们想象自身的优势，先用彩色笔画一棵大树——"我的优势树"，在优势树上画出代表自己各种优势的果实，可以选用不同的颜色来表示，并在果实上写出各种优势的名称。比如，可以是"善良""勇敢""坚韧""热情""有担当""好学"等。

活动反思：请思考以下问题。

（1）每个人身上都蕴含巨大的宝藏，代表个体的优势和潜能。请思考，在你身上，这些优势是否得到了充分的发挥？

_____

_____。

（2）今后的学习和生活中，你打算如何发挥这些优势？

_____

_____。

二、培养积极情绪

情绪是人们对客观事物产生的特殊态度，包括情绪体验、情绪行为、情绪唤醒和对情绪刺激的认知等复杂成分。人们总是带着特定的情绪经历生活中发生的每件事。大学生正处在成年早期，走向成熟又未真正成熟，具有过渡期心理发展不平衡的特点，表现为在独立生活、自主学习和人际关系上会遇到许多不适应，产生复杂的内心矛盾。当大学生面临环境变化，自我同一性（自我的需要、情感、能力、目标、价值观等和谐统一的状态）冲突的时候，如何顺利应对、克服冲突就显得尤为重要；这时，能否有效地管理好自己的情绪，对于自身的学习、身心健康以及人格的发展与完善具有重要的意义。因此，为了维护心理健康、促进人格健康发展，大学生就要正确认识自己的情绪，主动调控自己的情绪，不断增进积极情绪的体验。

想一想

记录积极情绪

每个人的生活中总是有令人不如意的事情发生，但为了个人的身心健康，我们更应该善于发现生活中美好的事物，保持乐观、豁达的心态，这样才能促进积极情绪的体验，才可以对生活充满热情，享受其乐趣，拥有良好的心境。

（1）最近让我感觉高兴的事情是_____。

（2）当时我的心情是_____。

（3）现在想起来我的心情是_____。

（4）今天让我感觉高兴的事情是＿＿＿＿＿＿＿＿＿＿＿＿＿＿＿＿＿＿＿＿＿。

（5）今天我给自己的情绪打分是（1～10分，从消极到积极）＿＿＿＿＿＿＿。

三、增强挫折承受能力

挫折指人们在有目的的活动中，遇到无法克服或自己以为无法克服的障碍和制约的情况下，因为无法及时克服阻碍而产生紧张焦虑的情绪反应。处于成人早期的大学生通常会体验到各种挫折感，如学习挫折、人际挫折、恋爱挫折、生活挫折、就业挫折和经济挫折等，并且挫折体验容易导致一些心理问题。有研究显示，人格中的一些品质，如敢为性和有恒性与更强的挫折承受能力有关，大学生若有了良好的挫折承受力，就不会面对一点困难就丧气消沉。为了更好地应对生活中可能面临的问题与阻碍，大学生需要培养坚韧不屈的意志，增强自身的挫折承受能力，建议采取以下方法。

1. 正确认识挫折

正确认识挫折是增强挫折承受能力的第一步。挫折在生活中是十分常见的。挫折并不可怕，重要的是要从挫折中吸取经验获得智慧，这才是走向成熟的正确之路。

• 做一做 ·····························

从"蛋"到"人"

活动目的：通过活动让大家体会到挫折的感觉，而且是那些自己所无法掌控的挫折，以提升自己的挫折承受能力。

活动过程：如果把人生比作5个状态，我们开始都是平等的"蛋"。但一轮过去，赢的长成"小鸡"，输的仍然是蛋。做蛋的想变成小鸡，做小鸡的想继续变成小鸟，以此类推，直到最终变成人。在游戏中最郁闷的莫过于在凤凰变人那一关被打回蛋。因为只差一步就可成功了，却又不得不从头再来，会有前功尽弃的感觉。

步骤一：开始时，大家都处在"蛋"的状态。然后，每两人一组，进行猜拳，赢的升为"小鸡"，输的继续在"蛋"的状态。接着，赢了的队员再两两一组，进行猜拳，赢了的升为"小鸟"，输了的回到"蛋"的状态，和同样处在"蛋"状态的队员猜拳……以此类推，直到连赢5次，经历完从蛋—小鸡—小鸟—凤凰—人的"五部曲"，才算胜利。

步骤二：分组讨论。

（1）当我们付出很多努力，却不得不从头再来时（就像在活动中那样），你是否依然有勇气？

＿＿＿＿＿＿＿＿＿＿＿＿＿＿＿＿＿＿＿＿＿＿＿＿＿＿＿＿＿＿＿＿＿＿＿＿＿＿

＿＿＿＿＿＿＿＿＿＿＿＿＿＿＿＿＿＿＿＿＿＿＿＿＿＿＿＿＿＿＿＿＿＿＿＿＿。

（2）如果你在生活中真的碰到这种事情，你会采用什么办法？再接再厉还是就此放弃，或者还是用其他的办法？

＿＿＿＿＿＿＿＿＿＿＿＿＿＿＿＿＿＿＿＿＿＿＿＿＿＿＿＿＿＿＿＿＿＿＿＿＿＿

＿＿＿＿＿＿＿＿＿＿＿＿＿＿＿＿＿＿＿＿＿＿＿＿＿＿＿＿＿＿＿＿＿＿＿＿＿。

2. 学会合理地归因

归因是指人们对他人或自己的所作所为进行分析，指出其性质或推断其原因的过程，也就是把他人的行为或自己的行为的原因加以解释和推断。如果一直将挫折归于内部的原因（如能力不足），就会导致自我怀疑，降低自信水平。所以大学生应该培养正确的归因方式，实事求是地承担责任。

3. 学会自我调节和向他人求助

适当进行自我安慰，学会从积极的角度看待问题，帮助自己避免下次出现类似错误。冷静看待挫折，当自觉无法承受时，要积极寻求朋友与家人的支持，必要时求助于专业人士的心理咨询。

4. 参加社会实践，丰富挫折体验

实践出真知，大学生可以从力所能及的实践活动中，如做家教、兼职、参加社团组织的活动等，体验从遭遇挫折到战胜挫折的过程，掌握解决问题的方法，逐步提升挫折承受能力，学会在挫折中成长。

做一做

心中有榜样

组织几位同学分享熟悉的励志人物事迹，可以是文学作品中的人物，也可以是历史中的名人或者新闻中、身边的人。从他们的身上学习坚韧不拔的品质和不屈不挠的精神，把自己的感想和领悟分享给大家。

（1）我要分享的人物是谁？_____。

（2）他经历了哪些挫折？_____。

（3）他是如何克服或承受挫折的？_____。

（4）我最欣赏他的哪些地方？_____。

（5）我联想到自己生活中的事情，应该如何做？_____。

四、构建良好的人际关系

如果把我们的社会生活比作一幅美轮美奂的织锦，那么人际关系就是织锦背面的那些纵横交错的一条条丝线，而人际交往能力则是织锦艺术家精湛的编织技艺。我们并非一座孤岛，在生活中总要与别人建立各种联系。社会离不开人际关系，良好的人际关系既是健康人格的标志，也是人格完善的重要途径。大学时期正处于人生中的黄金阶段，正确把握人际交往的原则是通往成功道路的关键，构建良好的人际关系是大学生愉快生活的基础，是大学生身心健康发展的重要保证，是人格发展与完善的必备要素。

做一做

表4-2是大学生人际关系行为困扰诊断量表，共有28个问题，请结合实际，在符合你实际情况的问题后面的空格内，画"√"；反之画"×"。并对照后面的评分标准和结果解释。

表4-2　大学生人际关系综合诊断量表

序号	问题	判断
1	关于自己的烦恼有口难言	
2	和生人见面感觉不自然	

续表

序号	问题	判断
3	过分地羡慕和妒忌别人	
4	与异性交往太少	
5	对连续不断的会谈感到困难	
6	在社交场合感到紧张	
7	时常伤害别人	
8	与异性来往感觉不自然	
9	与一大群朋友在一起时，常感到孤寂或失落	
10	极易受窘	
11	与别人不能和睦相处	
12	不知道与异性相处如何适可而止	
13	当不熟悉的人对自己倾诉他的生平遭遇以求同情时，自己常感到不自在	
14	担心别人对自己有什么坏印象	
15	总是尽力使别人赏识自己	
16	暗自思慕异性	
17	时常避免表达自己的感受	
18	对自己的仪表（容貌）缺乏信心	
19	讨厌某人或被某人所讨厌	
20	瞧不起异性	
21	不能专注地倾听	
22	自己的烦恼无人可申诉	
23	受别人排斥与冷漠	
24	被异性瞧不起	
25	不能广泛地听取各种意见、看法	
26	自己常因受伤害而暗自伤心	
27	常被别人谈论、愚弄	
28	与异性交往不知如何更好地相处	

将你画"√"的题目计 1 分，画"×"的题目计 0 分，计算你的总分。0 ~ 8 分，说明你在与朋友相处上的困扰较少，你善于与朋友相处，人缘很好，获得了许多人的好感与赞同；9 ~ 14 分，表示你与朋友相处存在一定程度的困扰，与朋友的关系不牢固，时好时坏，经常处于起伏之中；15 ~ 20 分，表明你同朋友相处的行为困扰较严重；超过 20 分，表明你人际关系的行为困扰程度很严重，而且出现较为明显的障碍。

知识链接

人际交往小技巧

沃斯梅尔提出了非语言交流的SOFTEN原则，用来帮助人们使用自己的身体语言，以协助语言交流。

（1）微笑（smile）：微笑表明对他人的兴趣，传递你的真诚和专注，在与别人争论时，微笑也能够降低对方的防御心理，更有利于解决问题。

（2）开放的姿态（open posture）：一个开放的姿态表明你愿意和他人交往，一个人交叉双臂和双腿，可能表示希望和别人保持距离。

（3）身体前倾（forward lean）：身体前倾传递了一种兴趣，因为你期待能更好地倾听对方所讲的内容。

（4）接触（touch）：与他人适度的身体接触是我们表达的重要途径。与陌生人的握手表达了你对对方的友好和尊重，与伤心好友的拥抱传递你的理解和支持。

（5）视线的接触（eye contact）：在与人交往时，尽量与对方保持目光上的接触。沟通时眼睛注视着对方，传达你对他的尊重。缺乏目光接触，沟通将变得令人不快。

（6）点头（nod）：点头表示我们理解对方所讲的内容，同时强化讲话者的行为。

五、积极参加社会实践

墨子说："士虽有学，而行为本焉"。由此可知，有学识远远不够，更关键的在于行动。社会实践是大学生健康人格培养与完善的必由之路，大学生可以通过教学实践、社会服务、社会调查、创新创业、勤工俭学等实践活动，塑造健康人格，促进全面发展。通过社会实践，可以促使大学生的理想人格由抽象的教条转化为具体可感的品质，所谓"纸上得来终觉浅，绝知此事要躬行"。同时，社会实践可以促使大学生产生塑造理想人格的需求，也提供了检验和塑造健康人格的舞台，有助于提升大学生自我评价能力、人际交往能力、群体意识和社会责任感。因此，这就要求大学生积极投身各种社会实践，在社会实践中锻炼自己、完善自己，不断地磨炼和塑造健康的人格。

知识链接

打铁还需自身硬

社会实践环节是学校与社会的合作桥梁，大学生只有真正了解社会才会明白自身的使命。与理论学习相比，社会实践有亲力亲为的优势，在真实可信的环境中，大学生能够充分被感染与熏陶，从而形成明辨是非、亲力亲为的基本能力与社会责任感。社会实践活动不但有助于大学生增长才干，接受教育，更是当代大学生施展才华，报效祖国，奉献社会的有效途径。

关于如何增强大学生的实践能力，可以分两步走。

（1）夯实"熟能"基础。大学生在某一个固定时间段内系统地学习能扎实地积累、熟练地掌握本学科现有的知识。扎实的知识功底、勤勉的学习态度、科学的学习方法是对大学生的基本要求。对大学生来说，专业知识是入口，既要有理论更要有实践，要使理论和实践很好地统一起来，就应该具有这四种能力：获取知识的能力、消化知识的能力、表达知识的能力、运用知识的能力。这是我们"生巧"的基础性工作。

（2）养成"生巧"习惯。大学生作为实践主体，要充分调动现有知识储备，去打破实践常规和套路的束缚与拘囿，才能探索出一条又好又快的做事途径。"生巧"要求大学生，一是对"熟能"（所掌握的知识）要非常熟悉；二是要不断地在实践中检验自己拥有的知识；三是在检验中通过自己的创新思维改变固有的实践行为模式或打破常规，另生出"巧招、妙招"来。最后是把这一过程"常态化"，从而养成自己良好的"生巧"习惯。

● 反思践行

◎体验分享

一生的简历

这是一个人一生的简历：他出生于一个普通的猎人家庭，家里很穷，没有机会上学，砍柴、挑水、干农活就是其全部的童年。1818 年，他的母亲去世。长大后离开家乡独自外出谋生，打过短工，当过水手、店员、邮递员、土地测量员以及伐木工等。1832 年，竞选州议员未果。1833 年，借钱经商，年底破产，他花了 16 年才把债务偿清。1834 年，再次参选州议员且竞选成功。1835 年，因未婚妻去世而精神崩溃，卧床 6 个月。1840 年，参选州议员选举人失利。1843 年，参加国会大选落选。1846 年，再次参加国会大选并顺利当选，工作表现可圈可点。1848 年，竞选国会议员连任失败。1849 年，申请土地局的工作遭拒。1854 年，竞选美国参议员落选。1856 年，竞选副总统提名未果。1860 年，终于当选美国总统。

这个人就是林肯。他终其一生都在面对挫折，但却从未放弃。正如他所言："我要走的是一条充满湿滑、非常难走的路，现在我的一只脚滑倒了，另一只脚也在颤抖，但是我还能爬起来，因为我还没有死掉！"

请思考以下问题。

（1）这则故事对你在人格成长方面有何启发？

_____

_____。

（2）回顾自己是否也有过令人难忘的坎坷经历？现在重新审视这些坎坷经历，时间是否改变了你对这件事情的看法？这次经历让你获得了哪些收获与成长？请在小组中进行分享。

_____

_____。

◎沙场练兵

自我人格优化

我们每个人的人格中都或多或少地存在某些不良倾向，人格优化的目标就是克服不良人格特征，实现从不良人格到积极人格的转变。然而，这种转变并不是轻而易举就能做到的，而是需要一个长期努力的过程。

（1）同学 4 人围成一组，每人说出 3 ～ 5 项自认为不良的人格特征，并说明它们对你生活或学习都有哪些影响？

_____

_____。

（2）针对这些不良人格特征，你尝试过哪些调节方法？效果如何？小组成员交流。

_____

_____。

（3）小组成员展开讨论，对每位同学所写的不良人格特征进行积极赋义。例如：

急躁——做事果断干练，不拖泥带水，活动效率高；

胆怯——不争强好胜，少冒险行为，可以增强生活的安全感；

多疑——自我保护意识较强，不易受欺骗和伤害。

（4）结合本章内容，思考如何最大程度地改变这些不良人格特征，以促进人格优化。

_____

_____。

● 视野拓展

推荐图书：《24个比利》

推荐理由： 1977年，美国连续强暴案的嫌疑犯比利·米利根被逮捕，但警察却发现他对犯下的罪行竟毫无记忆。在大多数人都怀疑他在撒谎的情况下，他的律师发现了一些异常之处：他身上竟然有24个人格存在，这些人格的年龄、性别、性格、智商等都不尽相同。这些不可思议的多重人格是如何产生的呢？原来比利在年幼时遭遇了父亲自杀和继父的百般虐待，这让比利一方面很渴望逃避这个世界，他曾多次尝试自杀；另一方面求生的本能又来安慰、保护自己，这两种力量纠结在一起，将比利撕成碎片，形成了24种不同的人格。比利的身体被轮番占领，当他闭上眼睛，会有守护者出来击退施虐者，会有承受者在哭泣，还有流氓、骗子、小丑、工作狂……他们仿佛是一个队伍，每个人承担着不同的任务：有人承受痛苦，有人表现快乐，有人保护身体，有人享受他人的关爱，有人学习逃脱……

77

扫一扫

推荐电影

第五章

规划人生赢未来
——大学生职业生涯规划

● **心灵引领**

　　凡事预则立，不预则废。

——《礼记·中庸》

　　我们的决定，决定了我们。

——让·保罗·萨特

　　记住拼板玩具的诀窍，如果你能先看清整个图案，拼板就变得容易多了。

——珍妮特·沃斯

● **学习导航**

　　职业不仅是人赖以生存的基础，更是自我实现的载体，正如艾默生所言："维持一个人的生命的事物，是他的事业"。合理清晰的职业生涯规划是职业生涯成功的前提和基础，但职业生涯规划并不是从事某一工作之后才开始的，而是从一个人出生开始，贯穿人的一生，占据了个体绝大部分时间的一项重要的人生命题。大学阶段不仅是学习知识和掌握技能，更是向职场过渡的关键时期，需要大学生主动进行生涯探索，有效地进行生涯抉择和解决生涯困境。相反，如果生涯探索的经验不足，对自我和外在世界缺乏清晰的认识，甚至对个人生涯发展的看法有偏差，就容易导致各种各样的问题和不足。本质上，职业生涯规划不仅是找工作，而是更好地认识自己、思考自己想做什么，以及自己能做什么的过程，这对个人、家庭和社会都具有非常重要的意义。

扫一扫

人生目标与成功

　　读者通过本章的学习可以达到以下目标：

　　●了解职业生涯和职业生涯规划的含义，树立对职业生涯规划的正确认识；

　　●了解大学生职业生涯规划的特点和问题，并对职业生涯规划状况进行自我评估；

　　●掌握与职业生涯规划相关的策略与方法，主动探索自己的职业兴趣，发掘自身潜能，并制订适合自己的职业生涯规划。

案例导入

张艺谋的逆袭人生

张艺谋，一个家喻户晓的导演，已经成为中国电影的一面旗帜。1968 年，初中毕业的张艺谋便在陕西农村插队劳动，后去咸阳国棉八厂当工人，但他仍坚持自己的梦想——成为一名导演。1978 年，张艺谋从 27 岁"高龄"进入北京电影学院，学习自己喜爱的摄影专业。虽然他的梦想是导演，但是他显然十分清楚自己要做什么，坚持在实践中学习、磨炼自己的摄影技巧，为自己未来的转型进行积累。1982 年，大学毕业后，他担任广西电影制片厂的摄影师，以摄影师身份拍摄了电影——《黄土地》，开始崭露头角。

此时，张艺谋面临两个选择：继续做一个很成功的摄影师，或转型做导演。他却做了一个让人意外的选择——成为一名演员，参演了影片《老井》，并获得了广泛好评。张艺谋清楚要成为一个有建树的导演，必须亲身体验做演员的感受，这样才能在拍片时和演员足够契合。1987 年，广获赞誉的电影——《红高粱》成了张艺谋从演员转型到导演的开山之作，成功地以一个导演的身份进入大众视野，并在之后拍摄了一系列成功的电影，包括《英雄》《十面埋伏》《满城尽带黄金甲》等，这不仅为他带来了声誉，也使他成了中国电影的一面新旗帜。2008 年，在北京奥运会的开闭幕式上，张艺谋以其独特的大手笔，向全世界展示了一部绝对中国风的完美"大片"，也使张艺谋站上了生涯的巅峰。从插队劳动的农民到工人到学生到摄影师再到演员，最后成为一名导演，一次次职业选择和转型造就了张艺谋的成功。

● 心理课堂

职业生涯规划是每一位大学生都必须面临的人生课题，同时也是大学生最容易感到迷茫的一个课题。作为大学生的你，是否也像张艺谋那样已经规划好未来发展的蓝图，准备展翅翱翔了呢？大学生涯是整个人生的重要阶段，选择学习某一专业是为未来职业做准备。大学生们面临职业定向和选择问题，每位年轻学子都要面临各种未来发展方面的决策问题："大学毕业是选择直接就业，还是继续读研呢？""是选择到大城市还是到小城市工作？""适合自己从事的职业又是什么呢？"随着我国社会的快速发展，当前职业生涯规划的焦点逐渐从"找到适合我的职业"转向"发展属于我自己的职业生涯"，更进一步的问题或困惑是：我是什么样的人？我的职业兴趣是什么？我期待成为什么样的人？为了我想要的生活，如何才能成就我自己等，对于这些问题的回答，需要大学生对自己的职业生涯进行积极探索和提前规划。本章将帮助大学生认识与职业生涯规划相关的问题，让大家更好地认识自己，了解自己的职业兴趣，探索职业选择的方向，实现自我价值，成就有价值的人生。

第一节

∥ 职业生涯规划概述 ∥

随着年龄的增长、社会阅历的增加以及知识水平的提高，个体对自己、社会和职业都有了更加深刻的认识和期望，但如何才能结合自己的实际情况，制订出切实可行的职业生涯规划呢？要回答这一问题，需要人们先理解什么是职业生涯、什么是职业生涯规划等一系列基本知识，为个体做好职业生涯规划提供坚实基础。

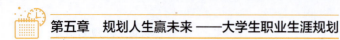

一、生涯与职业生涯的含义

生涯译自英文单词"career"，根据牛津词典的解释原有"道路之意"，后引申为个人一生的道路或进展途径。学者们从不同角度对生涯做出了界定，美国职业生涯规划学者萨伯提出的定义较为被人们所认可，认为生涯是指一个人终其一生所扮演角色的整个过程。它是各种职业和生活的角色，由个人对工作的投入而表现出独特的自我发展形态。它也是人生自青春期至退休所有有报酬或无报酬的职位的综合。除了职位之外，还包括任何与工作有关的角色，如学生、受雇者及领退休金者，甚至包括副业从事者、家庭成员和公民的角色。

生涯可理解为人一生的发展过程，由于工作占据了人们的大部分时间，所以职业生涯就成了生涯的重要组成部分。职业生涯是指个体职业发展的历程，它是一个人终生经历的所有职业发展的整个历程，是个人连续从事和承担的职业、职务、职位的变动及实现工作理想的整个过程。

萨伯把人职业生涯的发展看成一个持续渐进的过程，从童年时代开始一直伴随个人一生。他将人的职业生涯分为 5 个主要阶段：（1）成长阶段（0～14 岁），以幻想、兴趣为中心，对自己所了解的职业进行选择与评价；（2）探索阶段（15～24 岁），综合认识和考虑自己的兴趣、能力与职业社会的价值、就业机会，开始从事某种职业，对职业发展目标的可行性进行实验；（3）建立阶段（25～44 岁），在所选的职业中安顿下来，重点是寻求职业及生活上的稳定；（4）维持阶段（45～64 岁），在工作中已经取得了一定的成绩，更新知识与技能，维护已获得的成就和社会地位；（5）衰退阶段（65 岁以上），逐步退出和结束职业，计划并适应退休后的生活。

从本质上来讲，职业生涯是一个动态的过程，表示个体职业发展和变化的过程。它具有以下几个特点：（1）职业生涯的历程包含人的一生；（2）职业生涯的发展是连续不断的；（3）其整合了个体一生整体生活形态、生活角色与担任职务的发展；（4）强调与职业或工作活动有关的经验；（5）职业生涯是一种计划与管理。

二、职业生涯规划的含义

"凡事预则立，不预则废"。"预"就是规划、计划的意思，也就是说，个体在做任何事情之前，都要缜密思考，提前计划好，然后按照计划一步一步地完成目标，否则就可能会事倍功半，甚至半途而废。因此，如果想要过一个有意义的人生，个体就应该对自己的职业生涯进行规划，特别是对正站在人生岔路口，即将步入社会的大学生们而言。职业生涯规划，又称职业生涯设计，是英文单词"career planning"的意译，这一概念最初由管理学家诺斯威尔提出。职业生涯规划指个人在深入了解自身情况和全面客观地认识主客观因素与环境因素的基础上，进行自我定位，设定自己的职业生涯目标，选择既定目标的职业，制订相应的教育、培训和工作开发计划，并采取各种积极的行动去实现职业生涯目标的过程。

因此，职业生涯规划通常包含以下含义：第一，职业生涯规划的前提是全面客观地认识自我（如个人的性格、气质、兴趣和价值观等）和外在环境（如职业类型、时代和行业发展等）；第二，职业生涯规划的首要任务是确定个人的职业生涯发展目标；第三，职业生涯规划是一个连续系统的动态过程，包括自我剖析、目标设定、目标策略、反馈与修改 4 个步骤；第四，职业生涯规划的实现是渐进的，必须遵循一定的时间安排；第五，职业生涯规划的最终目的是要实现最初的职业目标。从这个角度来看，职业生涯规划不仅是帮助个体找到一个适合自身条件的工作岗位，更重要的是帮助个体真正了解自己，并能够按照自身条件积极规划自己未来的职业目标和职业定位，从而确定一生的发展方向。

第二节
大学生职业生涯规划的特点与问题

大学生正处于职业探索和职业准备的重要时期。随着阅历的增加和专业学习的深入，他们开始有意识地了解所学专业的职业发展前景，探索自己的职业理想、职业兴趣，以及思考自己的专业能力与未来职业选择问题，因而，大学生职业生涯规划表现出了自身独有的特征。同时，我国大学生职业生涯规划总体上还处于起步阶段，由于职业生涯规划意识淡薄以及缺乏完整的指导体系等，往往导致大学生在进行职业生涯规划时容易出现一些困扰。因此，清晰地认识当前大学生职业生涯规划的特点以及所存在的问题，将会为大学生职业生涯规划能力提升提供良好的开端。

一、大学生职业生涯规划的特点

1. 连续性

职业生涯规划应该贯穿个体的整个职业历程，个体正式步入工作岗位之前所有的时间都属于职业生涯的准备期。从这种意义而言，大学阶段的专业学习是职业准备期的重要组成部分，大学生职业生涯规划应该贯穿其整个大学阶段，而绝不仅仅是大学最后一学年的学习任务。所以，大学生从入学开始就应该探索自己的职业目标，根据自身的能力、兴趣和爱好等分阶段、分任务地逐级制订自己的职业生涯规划。

2. 前瞻性

职业生涯规划具有前瞻性的特征，是个体对未来职业生涯发展的一种心理预期。随着科技发展和时代进步，大学生的职业生涯之路和即将面对的职业世界是非常广阔的。从个体角度而言，大学生可以根据自身的能力、兴趣和爱好等制订适合自己的未来职业规划；从高校角度而言，大学教育应该着眼于大学生的未来发展，从未来职业发展的角度引导大学生准确地进行自我职业定位，合理地规划职业人生。

3. 个性化

职业生涯规划也具有个性化特征。由于个体的生活背景、成长环境、理想、能力、兴趣、价值取向和性格特征等方面都不尽相同，因此大学生在进行职业生涯规划时应客观地分析自身所处的外部环境和内在因素，要尽可能扬长避短，根据自身的兴趣和能力，制订个性化的职业生涯方案，从而使自己的职业定位更准确、更科学，更符合自身发展的需求。

职场中的德西效应

1971 年，心理学家爱德华·德西曾进行过一次著名的实验，他随机选取一些学生到实验室单独解决一些有趣的智力难题。实验分 3 个阶段，第一阶段，所有的被试者都无奖励；第二阶段，将被试者分为两组，实验组的被试者完成一个难题可得到 1 美元的报酬，而控制组的被试者和第一阶段相同，无报酬；第三阶段为休息时间，被试者可以在原地自由活动，并把他们是否继续解题作为喜爱这项活动的程度指标。结果发现，受奖励的实验组被试者在第二阶段确实十分努力，但在第三阶段选择继续解题的人数很少，表明兴趣与努力的程度在减弱，而无奖励的控制组被试者有更多人在休息时间继续解题，表明兴趣与努力的程度在增强。该实验说明，人们在外在报酬和内在报酬兼得的时候，不但不会增强工作动机，反而会减弱工作动机。这种现象被称为德西效应。

4．目标性

职业生涯规划具有目标性特征。职业生涯规划旨在引导大学生制订适合自己的职业发展目标，确定职业发展的路径，帮助大学生有计划、分阶段地实现预期目标，因此，职业生涯目标的设定是职业生涯规划的核心。这也意味着，一旦确立职业生涯目标，它就应该成为大学生追求职业发展和职业成功的动力源泉，不断促使大学生集中精力，排除各种外在干扰因素，充分激发自己的潜力，为实现职业发展目标而奋斗。

5．系统性

职业生涯规划还具有系统性特征。职业生涯目标的最终实现是社会、学校和家庭等多方面共同努力的结果，它们引导大学生明确自己的职业生涯发展路线，充分挖掘自身潜能，通过坚持不懈的努力，最终实现职业生涯的目标。所以，大学生职业生涯规划需要系统地整合社会、学校和家庭等多方面的力量和资源，以促进大学生职业生涯规划的发展和实现。

知识链接

大学生有关职业生涯的常见误区

（1）一个人一辈子只有一个适合他的职业。

（2）工作是我生活的一个部分，能够满足我所有的需求。

（3）我的工作职位越高，就显得我这个人越有价值。

（4）我相信有一份心理测量能够告诉我，我适合做什么。

（5）如果由父母替我做职业生涯规划，一定比我自己做的选择更好。

（6）如果对所从事的工作感兴趣，那么我就能够获得事业的成功。

（7）在家庭和事业之间，只能有一个重点。

（8）通常在职业发展中，一个人只能有一次最重要的决定。

（9）女性和男性的工作毕竟不同，工程师等工作不适合女性，服装设计等工作不适合男性。

（10）这个世界变化太快，生涯规划是很不现实的事情。

（11）如果未来的生涯发展没有按照自己原来的计划进行，那么我就很难成功。

（12）如果我现在不做决定，将来或许会有更好的决定。

二、常见的大学生职业生涯规划问题

1．职业生涯规划意识淡薄

职业生涯规划意识淡薄是当前在校大学生普遍存在的问题，大部分学生在高考志愿填报时是盲目的，并没有认真考虑专业选择和未来发展问题，也不清楚毕业后将从事何种职业。这导致很多大学生不清楚自己的职业兴趣，不明确自己的职业理想，从而对自己的未来发展茫然无知。有调查显示，真正了解职业生涯规划的大学生为数不多，仅有27.3%的同学认为自己了解职业生涯规划，57.7%的大学生只是听说过职业生涯规划，有15%的大学生不了解职业生涯规划。比如，有的大学生完全忽视职业生涯规划，抱着"随波逐流""听天由命"的想法，毕业时能找到什么工作就做什么工作；有的学生认为，现在还处于学习阶段，未来还很遥远，不确定的因素太多，计划赶不上变化，所以现在进行职业生涯规划为时过早；还有学生认为职业生涯规划是毕业生才需要考虑的事情，其他年级的大学生做职业生涯规划完全是浪费时间（有调查显示，高达59%的学生选择到大三、大四制订职业生涯规划）。这些态度造成的后果就是大学生的学习缺乏目的性，对自己的人生没有规划，容易陷入"随大流"式的盲目择业的困境中。

何必杞人忧天

舒雅来自一个富庶的家庭，父母对她要求严格，从小学到中学都在父母的规划中成长。进入大学后，舒雅尽情地享受大学生的自由生活，觉得大学生应该按照自己的兴趣来安排。于是她一会儿热衷于忙活社团，一时兴起又去玩玩音乐……前段时间，辅导员提醒舒雅不要太贪玩，需要规划一下自己的未来，为未来早做准备。但舒雅从未认真考虑过自己真正的兴趣与特长，自己希望从事什么样的职业，以及未来想过怎样的生活等问题。舒雅认为完全没有必要考虑这些规划，这个社会变化太快，计划永远赶不上变化，又何必杞人忧天呢？

2. 将职业生涯规划等同于职业选择

职业生涯规划并不是职业选择，而是一个循环往复的动态过程，其核心是达到职业目标的步骤、方法和时间安排，该过程包括确定志向、自我评估、生涯机会评估、职业选择、职业生涯路线选择、确定目标、制订行动计划、评估与反馈等步骤。显然，职业选择是职业生涯规划中的一个重要环节。有不少大学生将职业生涯规划简单地等同于职业选择，认为职业生涯规划就是找一份好工作，既然还在大学学习，还没有参加工作，就没必要进行职业生涯规划。

跳槽 3 次的名牌大学博士生

耀辉博士毕业于名牌大学，此后短短的 3 年间，已连续换了 3 份工作，这令他苦恼不已。在外人眼中，耀辉的成绩一直非常优秀。他本科学习计算机专业，硕士选择跨专业到法律专业，博士时他再一次选择跨专业，成为新闻传播专业的博士生。有同门师兄告诫他好好规划未来的发展，但他觉得不就是找份工作么，找工作时再考虑也不迟。直到毕业时，耀辉都还没有实际思考到底什么样的工作更适合自己的问题。刚毕业时，耀辉匆匆应聘入职一家影视公司做编导，过了一段时间发现编导工作挺累人，自己又不擅长与人打交道，老感觉太受委屈；随后耀辉便辞职去做自由撰稿人，不久就发现写稿子的工作挺枯燥郁闷；于是，耀辉又去应聘大学老师，高校对科研能力的要求比较高，他觉得对自己有很大挑战。同门都觉得耀辉频繁跳槽，活得十分潇洒。但耀辉却有自己的苦衷：我都跳槽 3 次了，但还是没有找到一份让自己想一直从事的工作，要不与自己的性格不匹配，要不没有兴趣，要不就是觉得工作起来很吃力，很是令人发愁。

3. 自我认识的盲目性

自我认识是职业生涯规划的起始环节，是科学地进行职业生涯规划的前提，可以提高职业自我规划的针对性、科学性和前瞻性。每个人的生理、心理特点不同，适合的职业领域也有所差异。许多大学生在职业发展问题上遇到困扰或问题，最主要的原因是缺乏对自我的正确认识，不了解自己的能力、兴趣、价值取向、性格、气质、学识与技能，以及自身的优势和不足等，从而无法树立正确的职业理想。调查显示，在回答"职业目标选择依据"时，29% 的学生是源于兴趣和个性，48% 的学生源于所学专业，13% 的学生依据父母的期望，另有 5% 的学生依据相关工作经验。还有些学生因未能全面、客观地认识自己，有时会过高地估计自己，盲目乐观，将目标定得过高，脱离自身的实际能力和社会需求；或者对自己的职业前景不自信甚至自卑，将自己的目标设定得过低，难以形成奋斗的动力，从而无法充分发挥自身潜能。

跨踌不定的未来

佳琪是某重点大学大二学生，她学习一直很认真，却很少关注课本以外的事情。从小到大，佳琪所接受的教育就是只要好好读书，每一步踏踏实实，以后就会有好前途。但她并不了解什么才是好工作、好前途，甚至从来没有认真考虑过毕业以后做什么这个问题。进入大二，佳琪发现同学们都对自己的未来变得关心起来，开始准备考研、出国以及未来找工作的事情。有些同学立志出国读博而早早就报考了雅思学习班；有些同学开始收集与考研相关的信息；还有些同学积极参加社会实践，找机会去单位实习……这不禁让佳琪产生了困惑，她此前一直认为大二就考虑这个问题有点早，现在又如何能决定以后做什么呢？即使现在计划好了，以后也不一定能按计划实行。所以，最近佳琪感到一阵迷茫。

4. 职业生涯规划急功近利

当前有些大学生在面对职业生涯规划的时候表现出急功近利，缺乏长期规划。有的同学为了增加找工作的砝码而盲目考证或参加培训，有的同学盲目将收入、地位和职务等个人利益的实现作为评价工作好坏的唯一标准，很少将工作与自己的理想、能力、兴趣和社会责任等结合在一起。这种急功近利的职业生涯规划忽视了个体内心真正的需求以及个体实际所具备的基础，不仅不能帮助大学生找到一份合适的工作，反而会适得其反，失去前进的动力。

"考证达人"

鹏飞是某财经大学的学生，还有一个学期才本科毕业的他拥有各类职业、从业和等级证书 17 项，每次考证都是高分一次性通过，因此被身边的人称为"考证达人"。鹏飞在踏进大学校门之前，就开始从网上了解大学期间能考取的证书有哪些，而后制订了详细的考证计划。大学 3 年下来，鹏飞都处在不停歇地疯狂考证中，陆续拿到了会计从业资格证、期货从业人员资格证书、证券从业人员资格证书、基金从业人员资格证书、初级会计师证、剑桥商务英语登记证书、理财规划师、证券分析师、初级经济师、全国商务英语专业四级、普通话二级乙等、硬笔书法六级证书和阿里巴巴电商人才证书等。接下来，他准备挑战更难的"注册会计师"……鹏飞一心想着用这些证书找一个好工作，但他却从未认真地思考过自己都有哪些特长，以及将来适合从事什么样的职业等问题。

5. 职业生涯规划可行性弱

在大学生群体里，有一部分学生对职业生涯规划有一定程度的了解，具有制订职业生涯规划的意识，并且也制订了自己的职业生涯规划。但由于所制订的职业生涯规划的可行性太弱，没有办法促使他们将行动与规划统一起来，规划完了却并没有行动。有些学生的职业生涯规划过于理想化，未充分考虑社会环境条件和限制，往往眼高手低，好高骛远，缺乏实际行动；还有些大学生把职业生涯规划视为静态的过程，认为制订了职业生涯规划就万事大吉了，而没有意识到职业生涯规划是连续的、动态的过程，需要不断地审视自己的优势与不足，适时修正自己的目标和规划，并对职业目标达成和实施策略进行动态的评估，这样规划才切实可行。

成长案例

努力 ≠ 收获

　　沐雨是一名某大学大三的学生，刚上大学时，她对舍友说："大学期间，我要参加100个社会实践活动！"她的舍友问她："为什么要参加这么多社会实践活动？"，沐雨说："我从小就是一个爱社交、喜欢结识朋友的人，以后也想从事与人打交道的工作，因此去参加这些活动是为了锻炼自己的能力，好为自己以后的职业打好基础"。但在大学二年级的时候，沐雨就对参加社会实践活动感到厌倦了，参加各种各样的社会实践活动太累了，导致沐雨的学习和休息时间严重不足，也严重影响了她的学习成绩和身心健康。这让沐雨不禁陷入了迷茫中，为什么自己目标明确、努力锻炼而到最后却事与愿违呢？

三、大学生职业生涯规划的自我评估

　　指导语：同学们，对于未来将从事的事业，你有过什么样的打算？做过什么样的准备？请根据你的实际情况，对表5-1中所列各项进行选择。

表 5-1　大学生职业生涯规划问卷

序号	题目	符合	不确定	不符合
1	我已经确定了自己的职业理想	3	2	1
2	一个人的职业理想可能有多种选择	3	2	1
3	我从来没有想过自己10年或20年后会是什么样子	3	2	1
4	我不大关心自己所选定的职业的动态	3	2	1
5	我有意识地加强和我的职业理想相关的素质与能力的训练	3	2	1
6	虽然有个职业理想，但它对我现在的生活影响不大	3	2	1
7	我的职业理想鼓舞着我学习	3	2	1
8	我有意地为将来想从事的职业做各方面的准备	3	2	1
9	我不知道接下去的岁月我该做些什么	3	2	1
10	我清楚我追求的职业目标离我目前的状态有多远	3	2	1
11	我对我的一生有一个规划，并不断调整这个规划	3	2	1
12	我对大学期间的学习和生活有个大体计划	3	2	1

● **评分说明**

　　【计分】第3、第4、第6、第9题为反向计分题，先将这些题目得分3变为1，1变为3。

然后把 12 道题的总分相加，就得到你的职业计划准备的总分。你的总分是＿＿＿＿＿＿。

【解释】如果你的总分远高于 24 分，说明你对自己和自己将来想要从事的职业正在做选择和各方面的准备；若远低于 24 分，则说明你还没有慎重考虑过怎样实现你的职业理想。

第三节
大学生职业生涯规划的策略训练

对于自己究竟适合从事什么样的职业做出清晰的判断，并非一朝一夕就可以决定的事情。大学生职业选择会受到自身价值观、兴趣爱好、个性心理特征和社会环境等多重因素的影响，而且这些影响因素并不是一成不变的，它们是发展变化的。因此，职业生涯规划过程实际上是一个持续的自我认识和自我判断的过程。在这个过程中，大学生需要明确职业价值，探索职业兴趣，评估职业生涯机会，科学设定目标与路径，为实现自己的职业理想和未来发展做好准备。

一、探索职业兴趣

孔子曰："知之者不如好之者，好之者不如乐之者。"许多研究证明，兴趣是衡量职业满意度和维持职业稳定的重要因素之一，职业兴趣对个体从事职业的稳定性、满意程度和职业效率的提高起重要的作用，也能够提高人的耐挫折能力。即便某个职业在旁人看来枯燥、辛苦或没有意义，但如果自己乐在其中，这就是你的兴趣之所在，就成了你为之奋斗、努力、坚持的不竭动力。在纷繁复杂的职业世界中，要找到符合个人特点的职业，科学地认识自己，科学地选择职业，就必须对自己的职业兴趣有全面深入的了解。大学阶段的课程专业性强，学习起来难免会有枯燥和乏味的感觉，但是如果能够注意所学专业的特点及其社会应用价值，结合自己的职业理想和职业兴趣，往往能够克服学习中的困难，并在学习过程中不断地加深对专业的理解，在更高的层次上产生强烈的职业兴趣。

生涯规划理论早期开创者约翰·霍兰德认为："虽然我们做了几十年的研究，但预测个人职业选择最为有效的方法却是询问这个人自己想做什么。"不同的职业兴趣对应不同的职业，职业兴趣如果可以与职业类型相匹配，可以有效激发工作的动力，最大限度地发挥个人潜能，做到"人尽其才，才尽其用"。霍兰德将职业兴趣分为 6 大类型：每一种兴趣类型具有不同的人格倾向，对应适合的职业类型，从而可以使个体根据自己的职业兴趣进行职业选择（见表 5-2）。

表 5-2　兴趣类型与职业选择

兴趣类型	人格倾向	典型职业
现实型 R	具有顺从、坦率、谦虚、自然、坚毅、实际、有礼、害羞、稳健、节俭的特征，表现为：（1）喜爱实用性的职业或情境，以从事所喜好的活动，避免社会性的职业或情境；（2）用具体实际的能力解决工作及其他方面的问题，较缺乏人际关系方面的能力；（3）重视具体的事物，如金钱、权力、地位等	工程师、技术员、工人、木工、电工、司机、测绘员、描图员、农民、渔民等

续表

兴趣类型	人格倾向	典型职业
研究型 I	具有分析、谨慎、批评、好奇、独立、聪明、内向、条理、谦逊、精确、理性、保守的特征，表现为：（1）喜爱研究性的职业或情境，避免职业性的职业或情境；（2）用研究的能力解决工作及其他方面的问题，即自觉、好学、自信，重视科学，但缺乏领导方面的才能	科研人员、化学/冶金/电子/飞机等方面的工程师或技术人员、飞行员、计算机操作人员等
艺术型 A	具有复杂、想象、冲动、独立、直觉、无秩序、情绪化、理想化、不顺从、有创意、富有表情、不重实际的特征，表现为：（1）喜爱艺术性的职业或情境，避免传统性的职业或情境；（2）富有表达能力和直觉、独立、具创意、不顺从（包括表演、写作、语言），并重视审美的特点	诗人、演员、设计师、广播节目的主持人、编辑、作者、绘图人员、书法家、摄影家等
社会型 S	具有合作、友善、慷慨、助人、仁慈、负责、圆滑、善社交、善解人意、说服他人、理想主义等特征，表现为：（1）喜爱社会型的职业或情境，避免实用型的职业或情境，并以社交方面的能力解决工作及其他方面的问题，但缺乏机械能力和科学能力；（2）喜欢帮助别人、了解别人，有教导别人的能力，且重视社会与伦理的活动与问题	教师、保育员、行政人员、医护人员、服务行业经理/管理人员、服务人员、社会工作者、咨询人员等
企业型 E	具有冒险、野心、独断、冲动、乐观、自信、追求享受、精力充沛、善于社交、获取注意、知名度等特征，表现为：（1）喜欢企业性质的职业或情境，避免研究性质的职业或情境，会以企业方面的能力解决工作及其他方面的问题；（2）有冲动、自信、善社交、知名度高、有领导和语言能力，缺乏科学能力，但重视政治和经济上的成就	项目经理、企业家、政治家、行政部门的领导者、推销员、营销管理人员等
常规型 C	具有顺从、谨慎、保守、自控、服从、规律、坚毅、实际、稳重、有效率但缺乏想象力等特征，表现为：（1）喜欢传统性质的职业或情境，避免艺术性质的职业或情境，会以传统的能力解决工作及其他方面的问题；（2）喜欢顺从、规律，有文字和数学能力，并重视商业与经济上的成就	出纳、会计、统计人员、办公人员、文书、秘书、图书管理员、保管员、邮递员、审计人员、人事职员等

请思考：初入大学的你在第一次召开班会进行自我介绍的时候，是怎么介绍自己的兴趣爱好呢？而这些兴趣爱好又为你带来了什么呢？

_____

_____。

除了自我反思之外，大学生还可以通过测验来了解自己，如《霍兰德职业兴趣测试》等，了解自己的兴趣爱好，选择自己最感兴趣的职业，并以此为基础不断挖掘自身潜能，提升自己的职业能力。

在择业时，虽然很多人爱"做自己最感兴趣的工作"，但大学生择业时也不能过于强调从兴趣出发，应该将兴趣与社会现实情况相联系。有些兴趣爱好经不住时间的考验，若是一味专注于兴趣爱好的引导，也可能会走偏方向。

扫一扫

职业能力的培养

二、明确职业价值

"知己知彼，百战不殆"，这不仅仅是行军打仗的战术，更是大学生职业生涯规划之道。大学生职业生涯规划需要明确自己的职业价值。价值观是个体在生活和工作中所看重的原则、标准和品质。价值观指向个体内心最重要的东西，是引导个体前进的方向，是驱动个体前进的动力，是自我激励的机制。价值观在个体一生的发展中起极其重要的作用。大学生的职业价值观是其价值观的重要组成部分，它对大学生的职业生涯规划过程产生决定性的影响。因此，大学生进行职业生涯规划的前提是要认清自身的职业价值观。

想一想 ⚬⚬⚬⚬⚬⚬⚬⚬⚬⚬⚬⚬⚬⚬⚬⚬⚬⚬⚬⚬⚬⚬⚬⚬⚬⚬⚬⚬⚬⚬⚬⚬⚬⚬⚬⚬⚬⚬

假如在平行世界中有另外一个"你"，这个"你"的人生是由你来决定的，你可以自由安排"你"的各种人生项目，使"你"的人生过成你想要的样子。表5-3中有20项人生项目清单，请按照你的真实想法进行排序。

表5-3　我的人生项目清单

序号	人生项目	排序
1	有一个幸福美满的家庭	
2	赚大钱	
3	身体健康而无大病痛	
4	继续进修	
5	有一些知己朋友	
6	找适合自己又可发挥专长的职业	
7	有舒适又漂亮的房子	
8	考公务员	
9	有钱又有闲	
10	谈一场完美的恋爱	
11	和喜欢的人长久相处永不分开	
12	担任公司的主管	
13	到处旅游	
14	成立慈善机构、救助他人	
15	享受结交朋友的乐趣	
16	工作挑战性高、不单调	
17	成为有名气的人	
18	随心所欲地生活在自己喜欢的城市	
19	没有太多纪律的约束	
20	担任社会声望高的职位	

请思考：

（1）你选择排在首位的人生项目是_____；

（2）选择原因是_____。

三、评估职业生涯机会

社会职业多种多样，需要结合自己的职业兴趣，了解和评估各种职业信息。大学生可以充分利用学校的资源，比如通过学习职业规划课程、利用网络和图书馆资源、参加相关讲座、参加社会实践活动，以及接受职业心理培训等方式，了解更多的职业领域。对这些社会职业进行较为清晰的了解，有助于大学生发现自己感兴趣的职业领域。除了大学生自身的个性心理特征，各种职业也是随时代和社会发展而不断变化的，成功的职业生涯规划还需要大学生清楚地认识和评估各种社会职业的动态变化（见表5-4）。

• 做一做

以下描述符合你的看法吗？请选择。

表5-4　你对社会职业的了解程度

序号	题目	符合	不确定	不符合
1	职业选择主要是由人际关系决定的	A	B	C
2	我还没有想过今后从事什么职业的问题	A	B	C
3	对职业领域的划分相对较少	A	B	C
4	职业选择很少由个人来决定	A	B	C
5	我阅读书报时，会主动关注我选定的职业消息	A	B	C
6	我比较关注社会上各种职业的情况	A	B	C
7	干哪一行不好说，现在只管读书就行了	A	B	C

• 评分说明

第5、第6题选A则得1分，选B得2分，选C得3分，其他题选A得3分，选B得2分，选C得1分。把7题得分相加，就得到你职业思考的总分。你的得分是_____。

如果你的得分在14分以上，那么你就需要认真地了解一下社会职业行情了。

• 想一想

职业知多少

了解职业是职业生涯规划的基础。然而，当前大学生对社会职业的了解并不乐观。有研究表明，42.36%的大学生对自己将来所从事工作的具体内容并不了解。进行职业生涯规划的关键就是积极主动地收集职业信息，以下是收集职业信息的一些途径。

A. 专业书籍　　　　B. 朋友　　　　C. 家人　　　　D. 老师、同学

E. 求职网站、论坛　　F. 人才市场　　G. 学校就业指导中心　　H. 企业网站、出版物

I. 电视　　　　J. 报纸杂志　　　　K. 其他_____

（1）上述途径中，你最可能运用的有_____。

（2）你觉得最可靠的途径是＿＿＿＿＿＿＿，原因是＿＿＿＿＿＿＿＿＿＿＿＿。

（3）你可曾使用过以上任何一种途径来了解你所感兴趣的职业的发展前景？如果有，请写下来。

＿＿＿＿＿＿＿＿＿＿＿＿＿＿＿＿＿＿＿＿＿＿＿＿＿＿＿＿＿＿

＿＿＿＿＿＿＿＿＿＿＿＿＿＿＿＿＿＿＿＿＿＿＿＿＿＿＿＿＿＿。

　　除了了解各种社会职业，更关键的，还在于清楚知道哪些职业对你来说是合适的。了解和探索自己职业生涯规划的起点，包括自己的兴趣、特长、学识、技能、气质、性格以及组织管理、协调、活动等方面。

想一想

畅游兴趣岛

　　同学们，想象一下，你的面前有6个不同风情的岛屿（见图5-1），它们各具特色、异彩纷呈。现在，我们要出发去美丽的岛屿旅游了，但是因为时间有限，我们只能选择去某一个岛屿，请你选出最喜爱的一个岛屿吧！

传统岛
这是一个井然有序的岛屿。居民冷静、一丝不苟，对于处理文字或数字很有耐心。大部分居民是会计、秘书和图书管理员

艺术岛
这个岛的居民：富有想象力、创造力，喜欢自由，追求理想。他们多半从事艺术、写作或设计方面的工作

实际岛
岛上的居民个性老实、做事勤劳，凡事喜欢自己动手做。他们大部分是农夫、机械师或工程师

法商岛
这里的居民能说会道、冲劲十足，喜欢接受挑战。他们大部分是律师、政治家或企业经理

研究岛
这里的居民很重视客观事实，擅长观察、思考、分析，喜欢研究各类事物。他们多半是科学家、医生或哲学家

社会岛
这里的居民温和友善，喜欢与人接触，热心助人。他们多半是老师、护士或社会工作者

图 5-1　美丽的岛屿

请思考以下问题。

（1）你最喜爱的岛屿是＿＿＿＿＿＿＿＿＿＿＿＿＿＿＿＿＿＿＿。

（2）你选择这个岛屿的原因是什么呢？你觉得这个岛屿适合你吗？

＿＿＿＿＿＿＿＿＿＿＿＿＿＿＿＿＿＿＿＿＿＿＿＿＿＿＿＿＿＿

＿＿＿＿＿＿＿＿＿＿＿＿＿＿＿＿＿＿＿＿＿＿＿＿＿＿＿＿＿＿。

（3）如果请你做旅游形象大使，你会如何宣传自己所在的岛屿呢？

＿＿＿＿＿＿＿＿＿＿＿＿＿＿＿＿＿＿＿＿＿＿＿＿＿＿＿＿＿＿

＿＿＿＿＿＿＿＿＿＿＿＿＿＿＿＿＿＿＿＿＿＿＿＿＿＿＿＿＿＿。

四、确定目标与路径

职业生涯规划的目标确定和行动计划的执行是成功进行职业生涯规划的关键，否则，前面所有的准备工作和努力全都付诸东流。初步确定适合自己的专业发展目标，这是职业生涯规划的核心。职业生涯目标按照时间段可以划分为短期目标（1～2年）、中期目标（3～5年）、长期目标（5～10年）和终生目标（贯穿一生）。设定目标过程需要遵循以下原则：（1）目标要明确、具体，比如"我要成为一名化学家"就比"我要做一个对化学领域有贡献的人"更具体；（2）目标是可以评估的，比如每天背20个英语单词；（3）目标难度适中，既要有挑战性，通过努力可以达到，又要具有可行性；（4）不同目标之间有相关性，长期目标指明了发展方向，而短期目标是实现长期目标的保障；（5）设定目标实现的具体期限，有一定的时间压力。

做一做

生涯幻游：遇见10年后的自己

活动目的：认清自己的职业价值，思考自己的生涯目标，树立自己的职业愿景。

活动准备：选择安静、不被打扰的环境，如教室，每人一把椅子，准备纸和笔。

活动过程：请其他同学为你阅读指导语，阅读时必须轻柔、缓慢和放松，可以配上轻柔的背景音乐；或者扫描右边的二维码，跟随音频展开生涯幻游活动。

扫一扫

生涯幻游

指导语：请你尽可能放松自己（停顿），尽可能舒适地坐在你的座位上。请注意跟随我的指导语，幻游过程中不要交谈或发出任何声音，将注意的焦点集中在你心中想象的画面上。

现在请你闭上眼睛，尽可能地放松自己，调整你的呼吸（停顿）：呼气（停顿）、吸气（停顿）、呼气（停顿）、吸气（停顿）。好，保持这样平稳的呼吸。接下来，放松身体的每一部分肌肉：放松（停顿）、放松（停顿）、放松（停顿）。

现在，我们一起坐上时光穿梭机，请系好安全带，我们马上就要起飞，一起来到未来10年后的世界。算一算，你现在是多少岁？（停顿）想象自己的容貌，周围的场景（停顿）。请你尽量想象10年后的情形，越细致越好。

现在，想象新的一天你刚醒来（停顿），是睡到自然醒还是被闹钟吵醒的？（停顿）现在是几点钟？（停顿）你在哪？（停顿）请观察下你的四周是什么样子的？（停顿）你看到什么？（停顿）闻到什么？（停顿）听到了什么？（停顿）和什么人在一起？（停顿）是谁？（停顿）现在，你准备下床？尝试感觉脚趾头接触地面的一刹那的温度，是温暖的还是凉凉的？（停顿）

梳洗之后，你来到衣柜前面，准备换衣服上班。今天你要穿什么样的衣服？（停顿）然后，你来到饭厅，早餐吃的是什么？（停顿）一起用餐的都有谁？（停顿）你和他们说了些什么话？（停顿）

现在7点钟了，你关上家里的大门，准备前往工作单位。你出门后回头看一下你的家，它是一栋什么样的房子？（停顿）当你走时，你将会搭乘什么样的交通工具？（停顿）有人和你一起吗？（停顿）如果有的话是谁呢？（停顿）当你走时注意周围的一

91

切（停顿），单位离家有多远？（停顿）

你即将到达你工作的地方，首先想象一下你的单位是什么样子的，它在哪里？看起来怎么样？（停顿）现在你走进工作的地方，那儿都有些什么人？多少人跟你一起工作？他们在做什么？单位的人都是如何称呼你的？（停顿）想象一下你的办公室是什么样子的？

接下来你要做什么？（停顿）想想你的工作都做了什么？你是跟别人一起工作还是独自工作？是在户外工作还是在室内工作？（停顿）你一天的工作结束了，这一天让你感觉到满足还是沮丧？为什么？（停顿）你对这种生活感觉究竟如何？（停顿）

过一会儿，我将要求你回到现在。请你走进时空穿梭机，系好安全带，起飞。我会由5数到1，当我数到1的时候，你将回到现在，回到我们的教室里……好，5，4，3，2，1，请睁开眼睛，看看周围的一切，欢迎你旅游归来。你喜欢幻游的生活吗？喜欢的话可以分享你的经历。

分享与讨论：请你花些时间思考下列问题，并与同学们进行分享。

（1）10年后你所从事的工作是＿＿＿＿＿＿＿＿＿＿＿＿＿＿＿＿＿＿＿。

（2）10年后你所从事的工作的具体内容是＿＿＿＿＿＿＿＿＿＿＿＿＿。

（3）10年后你所从事的工作的场所是＿＿＿＿＿＿＿＿＿＿＿＿＿＿＿＿。

（4）10年后你所从事的工作场所周围的环境如何？＿＿＿＿＿＿＿＿＿。

（5）该工作与你现在的学习有什么关系？＿＿＿＿＿＿＿＿＿＿＿＿＿＿。

（6）你可以通过何种途径获得那样的工作和生活？＿＿＿＿＿＿＿＿＿。

设定具体合理的职业目标之后，最为重要的是强有力的执行力。在大学期间，很多人每次谈起计划、目标和理想时，总是脱口而出、轻而易举，显得志向远大，但在要付诸行动时，他们却只是"明日复明日"，最终结果是"万事成蹉跎"。因此，大学生不要做"思想的巨人，行动的矮子"，而是要从现在就开始投入时间和精力，不断地探索安身立命的所在，并将其付诸具体的生涯规划的实践中。正如威廉·詹姆斯所说："播下一个行动，收获一种习惯；播下一种习惯，收获一种性格；播下一种性格，收获一种命运。"有研究发现，那些善于做计划和规划的人往往比较勤奋、坚韧和进取，他们对自己的生活有着较大的把握，因此自然也就更容易成功。

做一做

我的职业目标

（1）我的目标状态与当前状态的分析。

我的最终目标是＿＿＿＿＿＿＿＿＿＿＿＿＿＿＿＿＿＿＿＿＿＿＿＿＿＿。

对于这个目标,我所知道的是＿＿＿＿＿＿＿＿＿＿＿＿＿＿＿＿＿＿＿＿。

这个目标所要求的学历、知识、能力、特长是＿＿＿＿＿＿＿＿＿＿＿＿＿。

目前我所具备的条件是＿＿＿＿＿＿＿＿＿＿＿＿＿＿＿＿＿＿＿＿＿＿＿。

目前我所欠缺的条件是＿＿＿＿＿＿＿＿＿＿＿＿＿＿＿＿＿＿＿＿＿＿＿。

（2）为消除当前状态与目标状态的差异，我应该学习的是＿＿＿＿＿＿＿；我最大的障碍是＿＿＿＿＿＿＿＿＿＿＿＿＿＿＿＿＿＿＿＿＿＿＿＿＿＿。

（3）设计子目标。

制订5年计划：＿＿＿＿＿＿＿＿＿＿＿＿＿＿＿＿＿＿＿＿＿＿＿＿＿。

制订 3 年计划：_____。

制订 1 年计划：_____。

制订下月计划：_____。

制订下周计划：_____。

制订明日计划：_____。

● 反思践行

◎体验分享

SWOT 自我分析

请按照以下步骤进行自我分析。

第一步：请在表 5-5 的第一行填写自己的优势和劣势，主要是自己可以控制的内部因素，比如工作经验、教育背景、专业技能、人格特征等。

第二步：你最想从事的职业是什么？在表 5-5 的第一列中填写外部的机会和威胁，主要是自己不可以控制的外部因素，如国家政策、就业机会、竞争情况、专业前景、地理位置和人脉资源等。

第三步：面对自己的优势和劣势，你如何最大限度地运用你的优势，努力回避你的劣势？请将策略填写在表 5-5 的 SO、WO、ST、WT 的组合中。

表 5-5　SWOT 自我分析表

内部因素 / 外部因素	优势（S）	劣势（W）
	① _____ ② _____ ③ _____	① _____ ② _____ ③ _____
机会（O） ① _____ ② _____ ③ _____	SO 组合：大力发展 ① _____ ② _____ ③ _____	WO 组合：利用机会、回避弱点 ① _____ ② _____ ③ _____
威胁（T） ① _____ ② _____ ③ _____	ST 组合：利用优势、降低劣势 ① _____ ② _____ ③ _____	WT 组合：学习提升 ① _____ ② _____ ③ _____

◎沙场练兵

职业探索

阅读下面的材料，试着用从本章所学的策略对自己进行职业探索。

职业生涯规划意识淡薄是当前大学生普遍存在的问题，很多大学生不了解自己的能力、兴趣、价值取向以及自己的优势与不足，不清楚自己的职业兴趣与职业理想。其实，大学生应该尽可能早地制订职业生涯规划，规划做得越早，距离成功就越近。曾任北京宝洁技术有限公司高级人力资源经理的郑云端认为，大学生最好在大学一年级的时候就确定好自己未来的发展方向，分析自己的职业优势、职业特长和职业兴趣，再根据就业市场的变化趋势，让自己的优势与职业发展相匹配，然后制订职业生涯发展策略，并采取实际行动。

请结合个人和专业情况，试分析下列问题。

（1）你最喜欢的职业是什么？请结合自己的专业与兴趣，将你喜欢的职业写下来。

_____

_____

_____。

（2）你最适合做的职业是什么？运用专业的职业测评工具，或通过自我反省、他人反馈等，来了解自己的性格与气质，并以此探索适合自己的工作。请将最适合你的职业写下来。

_____

_____

_____。

（3）你能做什么？请结合自己的一般职业能力和专业职业技能，将自己有能力从事的职业写下来。党的二十大报告要求健全终身职业技能培训制度，请将你对职业能力提升的规划也写下来。

_____

_____

_____。

（4）将上述你喜欢的职业、你适合做的职业和你有能力从事的职业写下来，这三者之间的交集就可能是适合你的职业发展方向。

_____

_____

_____。

94

● **视野拓展**

推荐图书：《我的生涯手册》

推荐理由：我是一个什么样的人？我喜欢什么？我擅长做什么？我适合从事什么样的职业？在选择与被选择之间我该如何抉择？这本书将引导你认真规划一生，它涵盖了自我探索、工作世界探索、家庭期待与沟通、生涯选择与决定、生涯愿景与规划、生涯准备与行动等与个人生涯发展息息相关的重要议题。该书旨在通过循序渐进的个体或团体活动，帮助大家全面地了解自我、认识自我、厘清现状、明确目标，最终有步骤地实现自我职业生涯梦想。这是一本操作性较强的职业生涯规划自助手册，可以帮助你做更好的自己。

扫一扫

推荐电影

第六章

我的学习我做主
——大学生学习心理

● **心灵引领**

博学之，审问之，慎思之，明辨之，笃行之。

——《中庸》

我怕的并不是那艰苦严峻的生活，而是不能再学习和认识我迫切想了解的世界。对我来说，不学习，毋宁死。

——罗蒙诺索夫

● **学习导航**

"玉不琢，不成器；人不学，不知义"，学习不仅是个体生存和发展的必要手段，更是个体成长成才的基本条件。大学生学习环境优越，精力充沛旺盛，思维敏捷灵活，思想日趋成熟，绝大部分大学生都能顺利完成学业。然而，大学期间的学习跟义务教育及高中阶段的学习有着本质的区别，大学的学习环境、教学方式、教学内容和学习方式等都发生了巨大的转变，导致部分大学生在学习中可能会遇到诸多困惑和不适应，如学习适应不良、对专业不感兴趣、学习动力不足和考试焦虑等。当前大学生厌学、逃课、考试不过关等问题较为突出，甚至"混学历"成了某些学生的最终学习目标。如果不能及时化解这些心理问题，不仅影响学业的顺利完成，还会影响大学生的心理健康。

读者通过本章的学习可以实现以下目标：

● 了解学习的含义、学习的基本类型，科学地认识学习心理；
● 了解大学生学习的基本特征和常见的学习问题，并对学习适应状况进行自我评估；
● 掌握有效学习的策略与方法，寻找学习乐趣，进行高效率的学习。

案例导入

现代版"伤仲永"

致远，某高校大学生，读大学时仅14岁，被称为"天才儿童"。但进入大学后，致远的表现却令人大跌眼镜，他经常在课堂上睡觉，或者干脆旷课在宿舍睡觉、打游戏，学习成绩一落千丈，大一期末考试几乎每一门功课都亮了红灯。面对自己一塌糊涂的成绩，致远觉得愧对自己十多年的学习生涯，但由于缺少了高中那种浓厚而激烈的学习氛围，致远感到自己的学习失去了动力和目标，上课老打不起精神。大学期间，可自由支配的时间多了，致远却以上网聊天、打游戏来消磨时光。当辅导员批评他时，他觉得辅导员的教育非常有道理，想到含辛茹苦供自己上大学的父母，他也恨自己不争气，很想努力学习，但他总是觉得课程没有意思，对学习没有兴趣。他不禁感叹："进入大学，我反而不知道为什么学习了！"

● 心理课堂

进入大学，面对新的学习环境，你是否也像致远同学那样有过迷茫和彷徨？面对高手如云的大学，你是否感受到了压力，却又不知道该如何努力呢？学习是大学生熟悉得不能再熟悉的话题，每个大学生都经历了从小学到高中的12年寒窗苦读，通过自己不懈努力和拼搏，最终带着家人的殷切期望和对未来的美好憧憬坚定地迈入大学校园。然而，学习方式的转变使很多大学生在面对"我会学习吗"这一看似简单的问题时却感到茫然不已，不少学生感觉上大学后失去了学习目标，反而不知道自己为什么而学习了。学习是大学生的主要活动，学习中的负性体验和困惑会给大学生带来巨大的压力，甚至有可能使其产生心理问题。那么，什么是学习？大学生学习与之前的学习都有哪些不同？大学生常见的学习障碍又有哪些呢？怎样才能高效率地进行学习？本章将带领大学生踏上认识学习之旅，激发其学习兴趣，助其掌握学习方法，进行高效率的学习，做学习达人。

第一节
// 学习心理概述 //

学习是一项伴随人终生的活动，正所谓"活到老，学到老"。人类为了生存和发展必须学习，没有学习就没有人类的进步。同时，学习是个体生存和发展的根本手段，个体通过学习知识和技能，能够使自身不断地得到发展和提高。当代中国青年生逢其时，施展才干的舞台无比广阔，实现梦想的前景无比光明。学习既是时代的要求，也是大学生自身发展的需要。"学习"是我们最为熟悉的概念，但对于学习及其实质，目前学界尚未有统一的意见。现代心理学家认为，通常意义上的学习往往限于知识和技能的学习，而心理学上学习的内涵却远远超过了知识和技能的范畴。

一、学习的含义

学习有广义和狭义之分，广义的学习既包括人类的学习，也包括动物的学习。广义的学习是一种非常复杂的心理过程，指个体由经验引起的行为或心理相对持久的变化。这一概念有3方面的含义：其一，学习是动物和人类共有的现象。虽然人类的学习相对复杂，且与动物的学习有本质的区别，但我们并不能因此否认动物存在学习。其二，学习必须是由经验引起的，而非本能的活动，要排除由成熟或先天反应倾向导致的变化。比如生理上的成熟、疾病引起的体力减弱以及药物引起的行为减弱或增强，就不能称为学习。其三，学习引起的变化是相对持久的。有些变化，如由适应、疲劳和疾病引起的变化，就不能称为学习，因为这些变化是暂时的，经过条件改变或适当的休息、治疗，这种暂时的变化就消失了。

狭义的学习则特指学生的学习。这种学习是指学生在教师的指导下，有目的、有计划、有组织、系统地掌握前人所积累的知识、技能，发展智力和能力，培养个性和思想品德的过程。这里的学习既包括知识、技能和策略的学习，也包括态度和行为准则的学习。通常而言，学生的学习具有两个明显的特征：首先，学生的学习不是以学习直接经验为主，而是以学习间接经验为主，间接经验的学习可以避免学生在学习过程中走弯路，可以让学生直接学习到人类经过千百次实践获得的知识成果；其次，学生的学习是在教师指导下进行的有目的、有计划、有组织、系统地掌握知识和技能的活动，在这种教育情境中进行的学习活动更加系统、高效。

二、学习的主要类型

学习的内容非常丰富，学习的过程也非常复杂，目前还没有统一的学习分类方式。奥苏伯尔认为，根据学习的方式可以将学习分为接受学习与发现学习；而根据学习材料与学习者原有知识结构的关系，可以将学习分为有意义学习与机械学习。其中，有意义学习是奥苏伯尔学习理论的核心。

1. 接受学习与发现学习

根据奥苏伯尔的观点，接受学习与发现学习有着明显的区别。其中，接受学习是指讲授者将学习的内容以定论的形式传授给学生。换言之，接受学习不要求学生主动发现和思考，只要求学生把学习的内容内化为自身的知识，以便能在适当的时候把知识提取出来并加以运用。对学生而言，接受学习是学生被动"接受"知识的过程，就是传统课堂教学中教师讲、学生听的学习方式。与接受学习不同，发现学习是指讲授者不直接把学习内容教给学生，而是让学生自己去发现学习内容。换言之，学生学习的主要任务不是单纯地接受知识，而是需要经过自己的思考，自主发现知识，掌握原理和规律，然后再将所发现的知识进行内化，形成自己的知识。

2. 有意义学习与机械学习

有意义学习指通过符号、文字使学习者在头脑中获得相应的认知内容。也就是说，要在用符号代表的新知识与学习者原有的知识结构之间建立起一种"实质性的"和"非人为的"联系。所谓"实质性的"联系，是指人们可能会用不同的符号表达知识，但它们代表的意义是相同的。例如，在学习"等边三角形"这个新的数学概念时，学习者应该将头脑中已有的概念如"三角形"和"边"等，和当前的新概念联系起来，理解"等边三角形"就是"三条边长都相等的三角形"。所谓"非人为的"联系，是指新知识与认知结构中的有关观念，在某种合理或逻辑基础上的联系。例如，在学习"四边形的内角之和等于360°"这个新知识时，学习者可利用原有的观念"三角形内角之和等于180°"，来推导出任意一个四边形都可以分成两个三角形，进而就可以得出四边形的内角和等于360°的结论。这种联系就是合理的、非人为的。而机械学习与有意义学习恰恰相反。在机械学习中，学习者没有理解学习符号的真实含义，只是在学习内容与已有的知识结构之间建立一种非本质的、人为的联系。在课堂教学中，机械学习经常表现为一种死记硬背的学习。

第二节
大学生学习的特征与问题

大学学习具有很强的专业指向性和研究探索性，对于自主性、探索性和实践性的要求比较

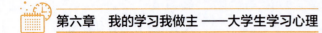

高，这使得大学阶段的学习在学习内容、方式上都与中小学阶段的学习有很大不同。同时，大学阶段的学习也不同于成年人的学习，因此大学生的学习表现出一些独有的特征。同时，由于一部分大学生不能适应新的阶段的学习，可能会遇到一些学习方面的挑战与问题，如学习动力不足、学习倦怠、考试焦虑等。

一、大学生学习的基本特征

1. 自主性

在中小学阶段，学生的学习活动主要是由家长、教师和学校进行安排的，学生不需要自主选课，只需要根据家长、教师和学校的安排进行学习，家长和教师的督促和检查也比较多。而在大学阶段，大学生的学习自主性日益增强，学会独立自主地学习是大学生的首要任务。除课堂学习之外，大学生还有很多可自己支配的自由时间。此外，课堂学习也不是唯一的学习途径，大学生随时可以利用图书馆和互联网上的丰富资源进行学习。与此同时，学校各种讲座、论坛、实习实践，以及丰富多彩的文体活动，都是有效学习的途径。这给大学生的学习带来一定的自主空间和自由时间，但也要求他们在学习活动中承担更多的责任。

2. 探索性

大学阶段的学习注重大学生自主学习能力的培养与提升，大学课堂教学过程更多是由教师引导学生带着问题和思考去进行学习。教师通常会留给大学生充足的思考空间和探索余地，也会布置一定的阅读任务和实践项目。例如，教师布置学习任务时，往往要求大学生通过课后查阅相关专业图书资料或通过查找网络资料的方式来完成。这种学习方式就要求大学生主动地对学习任务进行探索和思考，从而提升自己的问题解决能力和创新能力。这是大学生学习探索性的具体体现。另外，大学期间还会开展专门的职业生涯规划课程、职业规划大赛等系列活动，促进大学生进行主动思考，正确地认识自己，合理规划自己的大学生活，确立新的努力方向，并能够在学习与生活中主动实践、不断反思，以明确自己未来的职业方向，这也是大学生学习探索性的具体体现。

3. 实践性

知识是人类社会历史经验的总结，接受知识和经验是大学生学习的主要任务，但知识的掌握和应用又需要实践进行检验，因为实践是检验真理的唯一标准。大学生的学习活动不应该拘泥于书本，而是要走出课堂，在各种实践活动中学习。对大学生而言，他们需要学会利用各种社会实践活动来促进知识的应用，以达到锻炼自己、提高自己的目的。大学生也可以通过积极参加社会调查、暑期实践以及各种实习实践来增长见识，提高自己利用专业知识解决问题的能力，同时提高自己的人际交往能力、组织管理能力和团队合作能力等，这是大学生学习实践性的具体体现。

4. 开放性

与中小学相比，大学期间所要学习的知识不再拘泥于教材和书本内容，教师和学生需要了解和掌握的知识面更为广泛。在大学教学过程中，教师和学生之间不再是传统的"传授"与"被传授"的关系，而是转变为相互联系、相互补充的教学相长的过程。同时，大学生的学习更加趋向于社会化，更多注重与社会实际的结合，他们所学内容、学习方式、教学组织形式等都与社会发展密切相关，客观上反映了社会发展的要求，与社会发展水平和发展趋势相一致。当今社会是一个开放的、动态的和包容的社会，大学生的学习必然会带有明显的开放性特征。此外，网络时代的到来和科学技术发展的突飞猛进，极大地改变了学生传统的知识接受途径与方式，网络的开放性和互动性使其成了一种日益重要的信息与知识获取途径，数字出版技术、搜索引擎以及各种学术资源库等日臻完善，使学生知识获取的途径更加便捷和多元，这也是大学生学习开放性的具体体现。

二、大学生常见的学习问题

1. 学习动力不足

学习动力不足是许多大学生面临的一个较为普遍和严峻的问题。学习动力不足主要表现为：（1）抱有"做一天和尚撞一天钟"的消极态度，缺乏明确的学习目标和学习计划；（2）学习动力缺乏，学习兴趣索然，厌学情绪强烈，部分学生不愿上课，逃课成为家常便饭，甚至出现"必修课选逃，选修课必逃"的现象；（3）学习无成就、无抱负和期望，部分学生没有求知上进的愿望，缺少学习压力和紧迫感，将及格和"混"到毕业证作为大学学习的主要目标。

扫一扫
大学生学习目标

学习动力缺乏的原因较为复杂，主要包括两个方面：内部原因和外部原因。大学生学习动力缺乏的内部原因是指来自大学生自身的原因，主要表现在以下几个方面：（1）学习动机不正确，社会责任感不强；（2）对所学专业缺少兴趣；（3）不正确的归因方式；（4）对自己的能力缺乏正确的判断。大学生学习动力缺乏的外部原因，主要指来自社会、学校、家庭等方面的原因。比如，大学专业设置过细，就业口径过窄，专业知识在一定程度上脱离社会需要，导致择业就业困难；专业课程设置不合理，教学内容陈旧，教学方法单一，教学效果不佳；部分学生在进行专业选择时欠缺考虑，忽略了自身兴趣、能力和所学专业之间的适配度；大学阶段存在较多的外在诱惑，例如电子游戏、网上聊天等，当这些诱惑的吸引力远远大于学习活动的吸引力时，就会导致大学生的学习兴趣和学习动力大大降低。

成长案例

"混"毕业证

　　黄橙，某校大一学生。高考填报志愿时，黄橙在父母的强烈要求下选择了土木工程专业。进入大学后，黄橙对专业课没有多少兴趣，上课能不去就不去，遇到考勤严格的老师去也是在课上睡觉。期中考试给了他当头一棒：有两门成绩不及格，其余成绩也不理想。此后，黄橙便破罐子破摔起来，将时间都浪费在玩网络游戏上。辅导员找他谈心，希望他可以端正学习态度，黄橙不以为然，觉得上大学就是来"混日子"而已，自己的目标就是最后能在毕业时拿到毕业证。

2. 学习倦怠

学习倦怠给大学生的学习和生活带来一系列不利的影响，比如学习注意力不集中、学习效率低下、出现学习困难问题、学习动机缺失，还容易出现厌学现象，厌倦读书、学习和学校生活，被动地应付学习，责任心不强，行为散漫，经常迟到、早退、旷课，甚至逃学。如果这种学习倦怠得不到及时干预和有效改善，个体可能会彻底丧失学习兴趣和学习动力，面临学业理想破灭、学业失败，甚至有些学生会终身厌恶学习和读书。同时，学习倦怠也不可避免地对个体心理造成消极影响，个体容易出现情绪喜怒无常、急躁任性、心灰意冷、意志力薄弱和心理承受力差等不良情况，甚至

扫一扫
克服学习倦怠

99

产生抵触、厌恶和逆反心理。比如,学习倦怠者可能对一些正面宣传事件和榜样人物持无端的全盘否定态度,对老师、家长和周围事物抱以消极、冷漠、反感甚至对抗态度和行为,这种抵触和反抗往往表现为单纯地抗拒,只是为了反抗而反抗,不分对象,不辨是非,消极情绪较强,越是禁止碰触的事物越感兴趣,越是禁止做的行为越是要尝试。

疲惫的学霸

廷栋,大三学生,学习勤奋刻苦,连续两年获得专业第一名,同学们都称他为"学霸"。廷栋的成绩来源于苛刻的自我管理,他每天学习10小时以上,只要没有课,就跑去图书馆,没有其他业余爱好。然而,廷栋最近突然对这种紧绷的生活状态感到不适,上课时总是无精打采,不能集中注意力,看见课本就觉得烦,甚至连自己最喜欢的实践课都提不起兴趣。廷栋的情绪状态也不是很稳定,心情焦虑烦躁,晚上出现失眠症状,节假日都待在图书馆的"学霸"竟然也开始缺课了。对于辅导员和舍友的关心,廷栋表现出一副很冷漠的样子,甚至还在课堂上和任课教师产生了争吵。最终,和家里人商量以后,他决定休学回家调整状态。

导致大学生学习倦怠的原因很多,学习强度过大时,会导致大学生身体过度疲劳,进而使其产生焦虑,造成心理压力。此外,自信心缺乏、自我评价消极也是学习倦怠的重要原因。那些认为自己基础太差、能力不足的学生,容易悲观失望、自暴自弃。部分学生甚至会无端地自怨自艾,夸大自己的缺点,无视自己的优点,对未来没有热情和期待,一旦遇到挫折,就更容易丧失自信心和好胜心,陷于不良的情绪之中。还有一点,环境对人的情绪、情感的变化也具有重要影响。

习得性无助实验

1967年,心理学家塞利格曼以狗为被试对象做了一项实验。起初他把狗关在笼子里,只要蜂音器一响,就给狗施加难以忍受的电击。由于无法逃避电击,被关在笼子里的狗在笼子里狂奔,惊恐哀叫。在经过多次实验和电击后,只要蜂音器响起,狗就趴在地上,惊恐哀叫,不再试图逃跑。后来实验者在给电击前,把笼门打开,狗不但不逃,而且不等电击出现,就倒地呻吟和颤抖。它本来可以主动逃避,现在却绝望地等待痛苦的来临,这就是习得性无助。

3. 考试焦虑

考试焦虑是大学生群体中较为常见的一种情绪障碍,指考生在考试情境中(包括考试前和考试进行中)预感考试失利或消极结果而产生的焦躁不安的状态,表现出情绪、认知、行为和生理上的反应。具有过度考试焦虑的学生,有些会在考前出现明显的生理心理反应,如过分担忧、恐惧、失眠健忘、食欲减退、腹泻等;在临考时心慌气短呼吸急促、手足出汗、发抖、频频上厕所、思维肤浅、判断力下降、大脑一片空白等;有些会在考场上出现视力和肢体障碍,如看不清题目、看错题目、丢题落题、动作僵硬、手不听使唤、出现笔误等。显然,过度的考试焦虑会带来不利的影响,不但

扫一扫

如何应对考试焦虑

会分散个体的注意力，干扰正常的思维，影响学生正常发挥和考试成绩，还会引起一系列的心理问题，甚至会导致焦虑性人格。

为什么有些大学生会产生过度考试焦虑呢？首先是因为考试的重要性，考试成绩是考察大学生学习状况和学习能力的重要指标，它会影响大学生的自尊自信以及评优评奖等切身利益。其次是来自教师、家长和社会的压力。大学生的一些重大考试，如英语四六级考试、计算机等级考试、研究生入学考试等，甚至会引起整个社会的关注，这在无形中给大学生带来了压力。最后，考试焦虑还来源于大学生自身，过去失败的经历所带来的与失败相关的自我暗示，会使大学生产生紧张和焦虑感；有些学生对考试过于看重，期望过高，无意识地夸大考试相关的现实威胁和消极后果，从而造成过大的心理压力，产生考试焦虑；还有些学生因为考前准备不足，缺乏自信心，导致产生焦虑和紧张情绪。

难以承受的考试之重

悦然是某校大学生，平时学习刻苦努力，几乎把所有的精力和时间都用在学习上，但她的学习成绩一直不太理想。每到考试前几天她就莫名地紧张，害怕考不好，复习时老是走神，挑灯夜读复习到很晚。她每天早晨很早就醒了，不敢多睡，匆匆去教室看书，但她一进入教室就发抖、出汗、心慌，总想上厕所。考试时遇到难题她大脑就一片空白，明明会的东西也全忘光了，心慌得很厉害，脑子也不听使唤，平时会做的题目这时却做不出来。

101

三、大学生学习心理的自我评估

指导语：学习适应对整个大学的学习和生活都有很大影响。表6-1是关于大学生学习适应的量表，请仔细阅读每一条，然后在符合自己情况的数字上画"√"（1代表"很不同意"，2代表"不太同意"，3代表"不确定"，4代表"比较同意"，5代表"非常同意"）。每个人对自己的看法都有其独特性，因此答案无对错之分，如实回答即可。

表6-1 大学生学习适应量表

序号	题目	很不同意	不太同意	不确定	比较同意	非常同意
1	我感觉我适应大学的学习	1	2	3	4	5
2	大学教师的授课方式，总让我觉得不舒服	1	2	3	4	5
3	我有自己的学习方法和计划，并能付诸实践	1	2	3	4	5
4	我觉得失去了学习目标	1	2	3	4	5
5	上大学后，我的思维方式更成熟了	1	2	3	4	5
6	我认为上大学后自己更具灵活性	1	2	3	4	5
7	家庭经济条件好坏对我的学习有较大影响	1	2	3	4	5
8	上大学后，我的独立性显著提高	1	2	3	4	5
9	社会上对大学生的不良看法（如"读书无用"等）导致我荒废学业	1	2	3	4	5
10	上大学后，我明显变懒了	1	2	3	4	5
11	我觉得上大学后，认识更加宽广，前途更加清晰	1	2	3	4	5

续表

序号	题目	很不同意	不太同意	不确定	比较同意	非常同意
12	大学学习只凭个人兴趣，不需要什么方法	1	2	3	4	5
13	大学学习与中学脱节，我感到很不适应	1	2	3	4	5
14	大学对学生的管理方式不如中学	1	2	3	4	5
15	我上大学后，染上了不少不良嗜好	1	2	3	4	5
16	我常怀念以前的同学和事而不能自拔	1	2	3	4	5
17	上大学后，我的实践能力明显提高	1	2	3	4	5
18	要不是为了学分、毕业证，我早就不学了	1	2	3	4	5
19	由于对专业课不感兴趣，我的学习积极性受到了影响	1	2	3	4	5
20	大学生活条件不好对我的学习有较大影响	1	2	3	4	5
21	将来就业情况严重影响我的学习	1	2	3	4	5
22	大学人际关系处理得不好，对我的学习影响很大	1	2	3	4	5
23	我不会安排时间，学习无急迫感	1	2	3	4	5
24	上大学后，我的学习目标更加明确了	1	2	3	4	5
25	我感到自己知识上的不足，因而更加努力地学习	1	2	3	4	5
26	我的学习很有效	1	2	3	4	5
27	我不适应大学的作息时间	1	2	3	4	5
28	面对大学里激烈的竞争，我总是不懈地努力提高自己	1	2	3	4	5
29	何必太认真呢！睁只眼，闭只眼，你就适应了	1	2	3	4	5

102

● 评分说明

【计分】问卷共包括以下 5 个维度。

学习动机（第 1、第 3、第 4、第 10、第 23、第 24、第 25、第 26 题）。

教学模式（第 2、第 9、第 13、第 14、第 15、第 16、第 27 题）。

学习能力（第 5、第 6、第 8、第 11、第 17、第 28 题）。

学习态度（第 7、第 20、第 21、第 22 题）。

环境因素（第 12、第 18、第 19、第 29 题）。

其中，第 2、第 4、第 7、第 9、第 10、第 12～16、第 18、第 19、第 20～23 题为反向计分题，计分时需将得分 1 变为 5，2 变为 4，4 变为 2，5 变为 1。请计算自己的总分。

【解释】分数越高，表明学习的适应状况越好。

第 三 节

大学生学习能力提升的策略训练

进入大学后，大学生的学习发生了很多变化，大学里有更灵活的学习方式，有多样化的学习途径，有更多的自主学习时间和更优越的学习环境……面对这些学习中的"拦路虎"，大学生应如何有效调整学习方式，合理安排大学学习？又如何做到让学习更加轻松、更加有效率呢？下面就从学习兴趣、时间管理、目标设置以及学习策略等方面进行有针对性的训练，助你提升学习能力，变身学习达人。

一、激发学习兴趣

兴趣是最好的老师。兴趣是人们探究某种事物或从事某种活动的心理倾向，它以认识和探索外界的需要为基础，是推动人们认识事物、探求真理的重要动机。人们往往对有兴趣的东西表现出积极的关注，并且产生某种肯定的情绪体验。正如日本教育家木村久一所言："天才，就是强烈的兴趣和顽强的入迷"。若大学生对某学科有兴趣，他就会为此努力学习，广泛涉猎有关的知识。不仅如此，学习兴趣还可以提高其挫折承受能力。那么大学生应如何激发学习兴趣呢？

首先，大学生要善于发现自己的兴趣。大学生可以根据学校开设的不同课程，去发掘自己的兴趣；也可以充分利用自己的业余时间，积极参加各种社会实践活动，找到自己愿意投资时间和精力，并且能给自己带来快乐的事情。

其次，大学生要多进行跨专业领域交流。向不同专业的人士请教可以让自己受益匪浅，也可以深入了解不同专业所需要的能力，并和自己的现状进行对比，从而"对症下药"，寻找自己的兴趣点。

最后，大学生要切忌"三心二意"。任何领域想要获得一定的成就，都需要时间的累积和精力的付出，三天打鱼两天晒网是不会有收获的，培养兴趣爱好也是如此。

• 想一想

103

我的兴趣清单

兴趣是人们从事某种活动的驱动力。但有调查发现，14%的大学生对所学的专业不感兴趣，他们因此感到前途黯淡、心生懈怠。这可能源于大学生对所学专业不了解、对所学专业不喜欢、未能有效掌握学习方法，以及对就业前景感到悲观。每个人都有自己的兴趣和志向，试着思考以下几个问题，并与小组同学分享你对自己专业的认识和看法。

（1）你感兴趣的领域是什么？

_____

_____

_____。

（2）你的专业和你的兴趣是否一致？

_____

_____

_____。

（3）怎样把自己的兴趣和专业相结合？

_____

_____

_____。

（4）怎样培养自己的专业兴趣？你的行动方案是_____

_____

_____。

二、加强时间管理

时间是最宝贵的资源，"日月逝矣，岁不我与"。每个人都应当根据自己的总体目标，对时间做出总体安排，并通过阶段性的时间表来落实。相对于中学时期，大学生活更自主，这种自主在很大程度上体现于对时间的安排上。除了上课，大学生还有许多空余的时间。如何合理地安排学习时间和闲暇时间就成了大学生必须学会的技能。有些学生的学习自主性和自我管理能力很强，对时间管理比较合理。但是，有些学生却不能很好地管理时间，整天浑浑噩噩、放任自流，存在严重的拖延现象。

扫一扫

战胜拖延症

时间管理是一门重要的人生课程，合理的时间管理可以让学习更有效。

首先，高效利用最佳时间。在不同时间里，人的体力、情绪和智力状态是不一样的，因此对学习时间的要求也有所差异。大学生要根据自己的生物钟安排学习活动，可以根据一周或一天内学习效率的变化安排学习活动，如有些学生在早晨的学习效率较好，有些学生在上午学习效率较好，有些学生喜欢晚上学习。大学生可以根据自己的学习效率和时间模式，合理安排不同的学习内容，确保在自己状态最佳时学习最重要的内容。

其次，利用番茄工作法。长时间连续学习容易积累疲劳，学习效率受到一定影响。使用番茄工作法，选择一个待完成的任务，将工作时间设定为 25 分钟，这期间只专注工作，中途不允许做任何与该任务无关的事，直到计时结束，然后进行 5 分钟短暂休息，接着再启动下一个番茄时段。每完成 4 个番茄时段的任务可以多休息一会儿。这种简单易行的时间管理方法可以极大地提高学习效率。

最后，高效利用零碎时间。利用零碎时间学习一些必须熟记的生词、公式、规则等，有利于加深印象。利用零碎时间的技巧很多，例如，在起床、洗脸、刷牙、就餐等活动场所的墙上，钉上一个与视线等高的小夹子，夹上卡片，写上当天要识记的单词、公式等；准备可随身携带的便签本或平板电脑，记录知识点、关键词，空余时可随时翻阅。

● **做一做** ···

绘制时间馅饼

活动目的： 引导大学生对自身时间管理形成全面认识，懂得珍惜时间、合理安排时间，学做时间的主人。

活动过程： 整个活动共包括以下 4 个部分。

（1）绘制实际的时间馅饼。每个人在纸上画一个大圆圈（见图 6-1）。请尽量回忆在过去的一周中参加各项活动所花费的时间，包括花费在各项学习上的时间，花费在家庭、朋友等方面的时间，以及参加各种兴趣爱好、娱乐休闲、身体锻炼等活动的时间。然后根据每项活动所投入时间的多少按照百分比例分配在这张时间馅饼图中。

（2）分享交流。与同学分享自己的时间馅饼图，比较自己和别人的时间安排有什么不同。你对目前时间安排的状况满意吗？请推荐一个代表在班上发言。

（3）绘制理想的时间馅饼。每个人在纸上再画一个大圆圈（见图 6-2），请每位同学设计规划自己理想的时间馅饼，其中包括学习、实践、娱乐、休息等方面所花的时间。

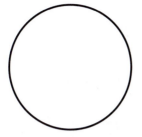

图 6-1 实际的时间馅饼图

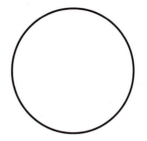

图 6-2 理想的时间馅饼图

（4）完成理想的时间馅饼图的绘制后，请思考下面的问题。

① 对照自己的两张时间馅饼图，分析理想时间馅饼图和实际时间馅饼图的时间分配状况有何区别。

_____

_____ 。

② 你认为是什么原因造成了这种情况？能不能进行改进？如何进行改进？

_____

_____ 。

③ 从绘制时间馅饼图活动中，你得到了哪些收获？

_____

_____ 。

105

三、设置合理目标

大学生在面对学习问题的时候，要设置合理的学习目标，把中长期目标和短期目标结合起来。对中长期目标来说，要点是设立自我和谐的目标，让自己做重要的事，那些按照自己的价值观和兴趣而选择去做的事情，也更能够实现。对于短期、小型和微目标进行管理需要遵循 SMART 原则。SMART 原则由管理专家彼得·德鲁克（Peter Drucker）于 1954 年在其著作《管理的实践》中最先提出，具体内容如下。

（1）目标必须是具体的（specific，S），比如把目标定为"读完这本书的第 30 ～ 40 页"比"对这本书进行学习"要具体得多，其可操作性也更强。

（2）目标必须是可以衡量的（measurable，M），可以通过核查来确定是否完成。

（3）目标必须是可以达成的（attainable，A），个体应根据自己的实力，设置中等难度的目标任务。

（4）目标必须与其他目标具有一定的相关性（relevant，R）。

（5）目标必须具有明确的截止日期（time-based，T）。

大学生在进行学习目标设置的时候，可以从设置小一点的目标开始，要尽可能做到从小处着手，最终完成大目标。而在目标实现过程中，每个人都要学会将学习目标具体化，将其转化为可操作的学习行为。不要只停留在每天对自己说"我今天要努力学习"，而是要对自己说"我今天要学习以下几件事，分别是……"学会让自己的目标具体化，在行动中逐渐明确、清晰、可触及，并让自己知道这个明确而具体的目标如何才能达到。这样，学习目标最终才能成为自己人生道路上的一个个里程碑。当具体目标逐一成为现实时，你就会为每个进步感到骄傲。

● 想一想 ●

我的目标计划

结合所学的知识和自己的实际情况，给自己未来一年制订一个学习目标。请按照以下步骤制订你的学习目标。

步骤一：列出未来一年中对你最重要的 3 个学习目标，填入表 6-2。

表 6-2　列出 3 个重要的学习目标

最重要的 3 个学习目标	目标对自己的重要性	实现目标的把握

步骤二：要完成目标，必须注意 3 个方面，如表 6-3 所示。

表 6-3　完成目标要关注的 3 个方面

目标要求	目标 1	目标 2	目标 3
目标具体生动			
目标完成的期限			
用肯定的语气来预期你的目标			

步骤三：列出你在实现目标过程中的有利条件和不利条件，以及你的应对措施，填入表 6-4。

表 6-4　目标实施的有利条件、不利条件和具体对策

目标对策	目标 1	目标 2	目标 3
有利条件			
不利条件			
具体对策			

四、掌握学习策略

1. 计划策略

计划策略包括设置学习目标、浏览阅读材料、提出待回答的问题、分析如何完成学习任务，以及对计划的实施进行评估和调整。计划策略主要包括以下 3 方面。

首先是制订学习计划。不论是日常课程学习，还是为了应对考试，学生都应制订自己的学习计划，并依据计划开展学习活动。

其次要能够及时评价自己的学习效果。在学习过程中，大学生要根据计划目标及时评

价、反馈学习活动的结果与不足，正确估计自己完成学习目标的程度，并且根据有效性标准评价各种学习行动、策略的效果。如阅读时对阅读材料进行自我提问、自我检测，及时考察自己的学习效果；在考试时合理安排自己的答题速度和答题时间，及时调整自己的作答时间等。

最后是根据对学习活动结果的检查，及时修正、调整计划，以矫正学习行为，补救理解上的不足。例如，在阅读困难或遇到不熟悉的材料时放慢速度进行反复阅读，以达到学会、学懂的目的；在考试测验时，暂时跳过某个难题，先做简单的题目；等等。

想一想

我的阅读计划

请回顾你之前制订计划的过程，回答以下问题，并制订一个关于阅读专业书籍相关的计划。

（1）每个新任务开始前是否都制订了长期计划？是否有相应的短期计划和具体时间节点？

_____

_____。

（2）在计划执行的过程中，是否曾因突发情况而调整自己的计划？是否有提前考虑过可能会遇到的一些意外情况？是否在完成每个小目标后及时评价，并对计划完成情况进行反思？

_____

_____。

（3）请根据自己的专业选择一本专业书籍，尝试制订一个具体的、可操作性的阅读计划。

_____

_____

_____。

107

2. 记忆策略

有效的记忆策略可以提高学习者的记忆效果。最为常见的记忆策略就是根据艾宾浩斯的遗忘规律，对学习材料进行反复背诵和及时复习，这可以有效减轻记忆的遗忘过程。

1885 年，德国心理学家赫尔曼·艾宾浩斯（Hermann Ebbinghaus）对记忆的遗忘现象做了系统研究，他用无意义音节（由若干音节字母组成，能够读出但无内容意义的音节，比如 taj、yic、huz、cex 等）作为记忆材料，用节省法计算保持和遗忘的数量。研究发现，人们在学习中的遗忘是有规律的。遗忘在学习之后立即开始，而且遗忘的进程并不是均匀的。最初遗忘速度很快，以后逐渐缓慢。他认为"保持和遗忘是时间的函数"，并根据他的实验结果绘成描述遗忘进程的曲线，即著名的艾宾浩斯遗忘曲线（见图 6-3）。

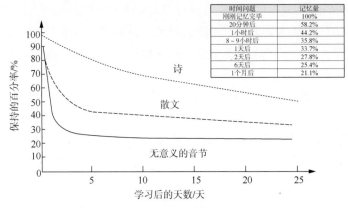

时间问题	记忆量
刚刚记忆完毕	100%
20分钟后	58.2%
1小时后	44.2%
8～9小时后	35.8%
1天后	33.7%
2天后	27.8%
6天后	25.4%
1个月后	21.1%

图 6-3 艾宾浩斯遗忘曲线

此外，以下策略也非常有效。

（1）多种感官协同记忆。研究发现，人们在识记时一般可以记住自己阅读的10%，自己听到的20%，自己看到的30%，自己看到和听到的50%，交谈时自己所说的70%。因此，面对一项学习任务时，对需要记忆的材料既看又听，既读又练，这样有助于增强记忆材料之间的联系，有助于保持和回忆识记内容。这充分说明多重感觉器官协同参与，记忆的效果会更好。

（2）整体识记与分段识记相结合。对于篇幅短小或内在联系密切的材料，适用于整体识记，即通篇阅读，直到记住为止。对于篇幅较长的学习材料，最好采取先分散记，后组合起来整体记忆的方法，效果更好。

（3）过度识记效果最佳。背诵能够减缓记忆的消退过程，但如果刚刚能够完全背诵材料就停止识记，那么识记的效果就会打折扣。相反，如果这时还能继续学习一段时间，就会有意想不到的效果。

（4）采用阅读和回忆相结合的方法。即可以先阅读一遍要识记的内容，然后尝试回忆一次，再阅读一次，然后再尝试回忆一次，这样有助于提升记忆的效果。

（5）及时进行复习。识记与遗忘是相伴随的过程。识记一结束，遗忘也就开始了，遗忘的特点是先快后慢。因此，学习结束后需要及时复习。

3. 复习策略

复习是巩固所学知识的必不可少的重要环节。利用组织策略进行复习，可以起到事半功倍的效果。组织策略是学习者按照学习材料的特征或类别，对学习材料进行整理、归纳或编码，以便于学习、理解的一种基本的学习策略。常用到的组织策略有以下两种。

（1）主题纲要法。主题通常就是学习材料的各级标题，有时也需要自己进行提炼。列出纲要时要注意：以简要的词语写下主要和次要的观点，每一个具体的细节都包括在高一级的类别中。该方法通常分为以下4个步骤：复习教材，再次思考这节课的主要学习目标；勾画或摘录出要点；考虑文中知识间的关系，可用数字表达它们之间的层级结构；记住提纲，在大脑中回忆具体知识。

（2）符号纲要法。符号纲要法也就是制作关系图，它用层次网络和流程图来呈现知识点之间的关系，所以比主题纲要法更加形象直观。层次网络法是用来表达不同性质关系的，它由节点和连线组成，节点主要用于排列分层，而连线具有不同的性质。流程图（见图6-4）着重说明某个过程之间的要素是如何联系的，它具有方向性和时间顺序，对于呈现有程序性的知识有其独特作用。

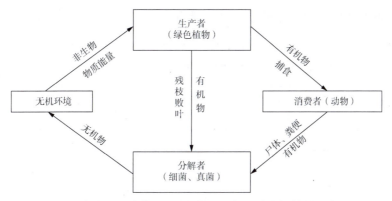

图6-4 生产者、消费者、分解者和无机环境之间的关系流程图

• **知识链接**

SQ3R 学习法

如何提高学习效率是一个很重要的问题。许多学生学习成绩不佳，究其原因，往往是学习效率不高。学习效率不高是由多种因素造成的，如较低的学习兴趣、不良的学习习惯和身体疲倦等，但最重要的是方法问题。下面介绍一种简单有效的学习方法——罗宾森提出的 SQ3R 法。SQ3R 是由 survey、question、read、recite、review 5个单词的第一个字母组合而成的。

（1）浏览（survey）。浏览即概要性地阅读。当要读一本书或一段文章时，必须借助标题和副标题知道大概内容，这样就有了一个比较明确的目标，有利于进一步学习。

（2）问题（question）。在学习时，把注意力集中到人物、事件、时间、地点、原因等基本问题上，同时找到自己有哪些不懂的地方，学会带着问题去学习。

（3）阅读（read）。阅读的目的是找到问题的答案，不必咬文嚼字，应注重理解。阅读的快慢根据具体情况而定。

（4）复述（recite）。用自己的语言做一些简单的摘要，找出关键的表达词语，采用精练的语言把思想归纳成几点，这样做既有助于记忆、背诵，又有助于提高表达能力，且能够使思维更有逻辑性。这种尝试复述的方法比单纯重复多遍的方法效果更好。

（5）复习（review）。在阅读了全部内容之后，回顾一遍所学的内容是非常有必要的。复习时，可参考笔记摘要，分清段落间每一层次的不同含义。复习的最主要作用是避免遗忘。一般来说，及时复习是最有效的，随着时间的推移，复习可逐渐减少。但经常性地复习有助于巩固学习效果，所谓"拳不离手，曲不离口"，即是此意。

• **反思践行**

◎体验分享

审视我的学习状态

（1）请写下你高中时的学习成绩。你对高中学习成绩满意吗？

_____

_____

_____。

（2）与高中相比，你大学的学习状态是否有变化？具体有哪些变化？

_____

_____

_____ 。

（3）对照本章所学习的内容，谈谈自己学习中主要存在哪些问题。

_____

_____

_____ 。

◎沙场练兵

如何学习更有效

大学所开设的专业众多，每个专业都有其自己的特点，不同专业又需要不同的学习方法。请与小组同学一起，采取访谈或调查法，调查自己所学的专业都有哪些特色和独特的学习方法，填写在表6-5中。

表6-5　我的学习方法

我所学的专业是	
我所学专业的特色是	
独特的学习方法有	
通过与同学讨论，我的收获是	

● 视野拓展

推荐图书：《思维导图》

推荐理由：东尼·博赞是大脑和学习方面的世界顶尖演讲家，被称为"智力魔法师"。思维导图是其受到文艺复兴时期的著名画家达·芬奇的笔记的启发，根据人的大脑的记忆模式并结合人大脑的神经细胞进行信息存储的方式研制和开发的思维工具，它可以充分调动人的左脑和右脑的积极性与创造性，极大地开发人的大脑潜能，被誉为"大脑瑞士军刀"。思维导图的核心思想，就是把形象思维与抽象思维很好地结合起来，将思维痕迹在纸上用图画和线条形成发散性的结构，把传统的语言智能、数字智能和创造智能结合起来。目前思维导图被广泛地应用于生活和工作的各个方面，包括学习、写作、沟通、家庭、教育、演讲和会议等方面。

扫一扫

思维导图

扫一扫

推荐电影

第七章

解读人际交往的密码
——大学生人际关系

● 心灵引领

人生最美好的东西，就是他同别人的友谊。

——林肯

成功来自 85% 的人脉关系和 15% 的专业知识。

——卡耐基

友情在过去的生活里，就像一盏明灯，照彻了我的灵魂，使我的生存有了一点点光彩。

——巴金

● 学习导航

人际交往是人的基本需求，也是每个人必备的社会生存能力。良好的人际关系是个体健康成长和获得幸福的重要因素，犹如空气之于人、水之于鱼一般不可或缺。大学校园是个浓缩的小社会，存在形态各异的人际关系，如同学关系、朋友关系、师生关系等。同时，大学生处于由学校向社会过渡的时期，此时更需要发展人际交往能力，消除人际困扰，掌握人际交往的智慧，以便将来更好地融入社会。大学生正处于人生发展的关键期，大学期间的人际交往直接影响着他们的学习与生活，不良的人际关系则会引起大学生心理失衡，引发焦虑、抑郁，甚至出现更严重的情况。因此，学会与人和谐相处是大学生的"必修课"，对大学生人际交往能力的培养至关重要。

读者通过本章的学习可以达到以下目标：

- 理解人际交往的含义、功能、原则以及人际交往中所存在的心理效应；
- 了解大学生人际交往的特点，以及大学生人际交往中常见的困扰；
- 掌握人际交往的策略与技巧，提高人际交往的能力，学会建立良好的人际关系。

案例导入

宿舍里的"隐形人"

某高校新生晓宇，读高中时埋头学习，他性格内向，和同学来往不多，也没有自己的兴趣爱好。起初，晓宇与3位来自天南地北的舍友相处得还算融洽，但随着时间的推移，他渐渐发现一些问题：他喜欢熬夜打游戏，舍友却普遍早睡早起，早上洗漱时多次吵醒了他；他睡眠比较浅，但舍友有打呼噜的、有磨牙的，他很难睡得安稳，第二天起床也没有精神；他比较爱干净，舍友却喜欢乱丢乱扔，宿舍也被他们搞得乱七八糟。久而久之，他越来越难以忍受，并且与舍友多次沟通无果。在某次争执中，他怒不可遏，动手打了与他吵架的舍友，幸亏其他舍友及时阻止。自此，他开始刻意与舍友保持距离，不主动和他们说话，也不主动参与他们的活动。渐渐地，晓宇变成了宿舍里的"隐形人"。

● 心理课堂

在大学生活中，你是否也遇到过和晓宇类似的人际关系方面的困扰呢？你当时的感受如何呢？你又是如何处理的呢？人际关系是反映个体心理健康的重要指标。人是社会性动物，人的本质属性是社会属性。没有人是一座"孤岛"，任何人都不能脱离人际关系而生活，而且人们也在与他人互动的过程中不断发展自己的个性和社会性。进入大学后，建立和谐的人际关系是人在青年时期的主要任务，了解人际关系中可能遇到的困扰、掌握人际交往的技巧、提高人际交往能力是大学生的"必修课"。然而，大学生社会阅历不足，又缺乏足够的人际交往的策略和方法，这导致他们经常会遇到各种人际交往困扰。比如有些学生感到孤独、离群索居；有些学生人际关系处理不当，整日郁郁寡欢、心情沮丧；也有些学生人际关系紧张，精神压力很大，从而产生不同程度的心理障碍……那么，什么是人际关系？人际交往的原则有哪些？大学生又面临哪些人际关系困扰？如何获得人际交往的策略和技巧？本章将帮助大学生掌握人际交往的技巧，帮助大学生缓解内心的焦虑与苦闷，排解孤独与空虚，建立良好的人际关系。

第 一 节

// 人际交往概述 //

人在社会中生活，离不开与他人的交往，个体的成长与发展都是伴随着人际交往实现的。从小到大，从小学到大学，人们每时每刻都处在与他人的交往之中。最早是与父母、家人的交往，然后是在学校中与老师、同学的交往，再后来是在社会上、网络上与各种不同的人进行交往，其中有快乐的感受，也有痛苦的体验。那么，什么是人际交往？人际交往有哪些功能？人际交往中需要遵循的原则以及心理效应都有哪些？

一、人际交往的含义

人际交往也称为人际沟通，是指个体通过语言、文字、动作、表情等表达手段，将某种信息传递给其他个体的过程。人际交往表现为人与人之间的心理距离，是社会生活中人与人之间的信息交流、心理交流及其相互作用的过程，反映着人们寻求需要满足的心理相互作用形成的情感联系。在日常生活中，一个人除8小时的睡眠时间以外，其余时间中约70%的时间在进行着人际交往。人际交往大致分为 4 个层面：（1）个体心理层面，指个体在人与人的相互交往中寻求满足的状态；（2）社会关系层面，指人与人之间相互交往，进而构建关系的需要；（3）信息传播层面，指信息传输或人际交流的过程，沟通是人际交往中的重要部分，良好的沟通往往是双向的沟通过程；（4）精神文化层面，从深层次而言，人际交往也反映了个人的文化素养和社会的文化底蕴，以及个人的精神追求等。

二、人际交往的功能

1. 获取信息

人际交往的首要功能是获取信息的功能。自个体出生起，从懵懂孩童到长大成熟，一言一行都离不开父母的言传身教。进入学校后，课本上的知识经过老师们的悉心教导，被学生理解吸收，并进一步运用发展。随着年龄的增长，个体人际交往的范围不再局限于家人、老师，个体人际交往的范围在不断扩大，随之个体会认识更多的人，获得更多的信息，知道更多的事，了解更多的思想。人际交往是一种直接的、迅速的信息获取的重要途径。可能很多人有过类似的体验：自己百思不得其解的问题，却因一次偶然的交谈而豁然开朗。

2. 完善自我

人际交往的第二个功能是完善自我的功能。个体的自我认识和自我评价是在与他人的不断交往、比较中逐渐清晰和完善的。一个人如果总是处于自我封闭的状态，不与他人交流，那么他就永远不可能得到别人的反馈，无法知道自己的缺点和不足，也就无法进一步完善自己。古人云："以人为镜，可以明得失。"在日常生活中，每个人都需要学会去倾听别人的声音，了解别人的看法，见贤思齐，以他人之长补自身之短，不断地自我完善与发展，并通过他人对自己的评价重新认识自己的形象。在这种人际交往范围的拓展和交往深度的增加中，个体会对自己的认识越来越深刻，对他人和环境的认识越来越完整，这样有利于形成良好的自我概念，塑造健全的人格。

3. 保障健康

人际交往的第三个功能是保障健康的功能。心理学研究显示，人的心理疾病往往与人际疏离有密切关系。人作为社会性的动物，有着强烈的合群需要。个体能够通过人际交往，拉近彼此的距离，增进情感共鸣，从而产生强烈的安全感和归属感。个体如果经常与他人沟通交流，就可以获得更多的情感支持、信任和友谊，有更充足的安全感和更多的幸福感；相反，个体如果缺少与他人的沟通交流，就会缺少情感的支持，缺乏安全感，甚至产生焦虑、恐惧等不良情绪。如果不及时向别人表达自己的不良情绪，不向外界寻求帮助，不良情绪长期郁积在心中，就可能导致身心疾病的发生。

扫一扫

人际关系与幸福生活

4. 推动发展

人际交往的第四个功能是推动发展的功能。人们在交往过程中既可以看到他人的长处，也可以看到自己的不足，从而激励自己奋发向上，在一定程度上推动人格的发展和完善。在同龄人之间，由于彼此间具有强烈的情感共鸣，因而会对彼此产生巨大的影响。比如大学生人际交往中的优秀朋友，会激励大学生见贤思齐。在积极向上的群体中，虽然许多大学生可能会感受到来自同学的压力，但如果在可控的范围内，压力就会成为进步的动力。那些善于协调人际关系、善于与他人合作的人，更容易取得生活和事业的成功。

经典研究

可怕的孤独

1954 年，加拿大心理学家贝克斯顿领衔实施了一项感觉剥夺实验。在实验中，他付给被试者每天 20 美元的报酬，让他们待在一个封闭的、缺乏刺激的环境中。贝克斯顿给被试者戴上半透明的护目镜，使其难以产生视觉；用空气调节器发出的单调声音限制被试者的听觉；给被试者的手臂戴上纸筒套袖和手套，用夹板固定其腿脚，限制其触觉。实验一开始是非常愉快的，许多被试者开始阶段都是呼呼大睡，或者利用这难得的闲暇时光考虑学期论文的写作思路。然而，两三天后，他们感到无聊、焦躁不安和恐慌……决意要逃脱这单调乏味的环境。在实验过后的几天里，被试者仍会感到紧张、焦虑、恐惧，他们注意力涣散，思维受到干扰，不能进行明晰的思考，甚至出现幻觉等。这个实验说明，正常个体不能独处太久，人际交往不仅是个体所必需的，而且对维系个体机体的正常运行至关重要。

三、人际交往的原则

1. 平等尊重

古人云：敬人者，人恒敬之。人际交往中的平等是指人格的平等。在平等的前提下，人际交往还需要遵循尊重的原则。在现实生活中，由于大学生的家庭背景、个人信仰及性格特点等各方面都存在很大的差异，因此，大学生在人际交往的过程中要注意尊重个体的差异性和个体人格上的平等性。随着年龄的增长，大学生的自我意识逐渐成熟，自尊心日益增强，追求平等的意识和愿望也更加强烈。因此，大学生在人际交往过程中要遵循平等尊重的原则，要平等地尊重他人，不对他人的生活加以评判或带有偏见。除此之外，大学生在人际交往中要自尊自爱，能够正确认识自己、评价自己，欣赏自己的优点，接纳自己的不足；同时也要学会尊重他人独特的个性特点和价值，多欣赏他人的优点，包容他人的缺点。当你尊重他人时，他人也会尊重你，从而彼此之间就可以建立起信任。

2. 宽容理解

常言道："金无足赤，人无完人。"宽容和理解是建立良好人际关系的"法宝"。宽容是指在一定的原则和限度内，以容忍和谦和的态度对待他人。理解是指了解和领会他人的言行，主要应用于问题解决方面。大学生的成长经历、生活习惯和个性特点各有不同，难免会与他人意见相左，甚至产生矛盾或冲突。在人际交往的过程中，有的人面对分歧求同存异，面对矛盾化敌为友，从而拥有良好的人际关系；有的人选择以牙还牙，与人为敌，进而造成人际交往的失败。所以，大学生在面对人际冲突和矛盾的时候，要学会宽容和理解每个人的缺点与不足，多看别人的长处和优点，不要因为别人的偶然失误就一味指责。

3. 诚实守信

诚实守信不仅是中华民族的传统美德，也是社会主义核心价值观的重要内容。诚实是做人的基本品质，是人们相互信赖和友好交往的基石。守信是讲信用，对事诚信，对人诚实，信守承诺，做到"言必信，行必果"。诚实守信被视为人际交往中最重要的原则。1968 年，美国心理学家约翰·罗伯特·安德森以大学生为被试者，进行了一项影响人际关系的人格品质的调查研究。他列出了 555 个与人格品质相关的形容词，让被试者选出哪些是其最喜欢的形容词，哪些是最不喜欢的形容词。结果发现，被试者最喜欢的 6 个形容词是"真诚、忠诚、诚实、信赖、可靠和真实"，均直接或间接地与诚信有关；最不喜欢的形容词是"不可信、虚假、不真诚"，也与诚信有关。可见，诚实守信是建立和维持良好人际关系的重要原则。

4. 真诚热情

古人云："以诚感人者，人亦诚而应。"在人际交往中，真诚热情也是交往的重要原则。真诚是指真心实意、坦诚相待，从心底感动他人，获得他人的信任。热情是指对待他人时所表现出来的积极、主动的情感或态度，是一种强烈的人际吸引力。双方在交往过程中需要做到以诚相待，彼此之间有了信任感，才有可能建立亲密关系。在人与人的沟通过程中，要适时适度地自我表露，用智慧的语言分享自己的感受和想法。这样别人才可以通过言谈举止感受到你的真诚，对方才有可能进行真诚的沟通。在日常生活中，真诚是心与心沟通的桥梁，是人际关系得以延续和深化的基础；而热情是人际交往的钥匙，拥有这把钥匙的人，才能开启人际关系的成功之门。

四、人际交往中的心理效应

1. 首因效应

首因效应是指人们在初次接触时，对交往对象的直觉判断，也就是人们常说的"第一印象"。人们会根据对方的表情、仪态、穿着等，形成一个关于对方的个人印象。在现实生活中，首因效应所形成的第一印象，常常影响着人们对其以后言行的看法和评价。第一印象一旦形成，要改变它并不容易，即使后来的印象与最初的印象有所差别，很多时候人们还是会自然地服从于第一印象。第一印象在人际交往中扮演着重要角色，因此，人们应该重视与人交往时留给他人的第一印象。首先，人们应该注意外在仪表，做到服饰整洁、搭配得体；其次，人们应关注自己的言谈举止，提高交谈技巧，掌握基本的社交礼仪。

115

经典研究

第一印象的重要性实验

1957年，心理学家卢钦斯做了一个实验，他以一个小故事作为实验材料。故事描述了一个名叫吉姆的小学生的生活片段，由上下两段组成。上半段把吉姆描写成一个热情外向的孩子，下半段把吉姆描写成一个冷淡内向的孩子。然后卢钦斯把这两段故事按照4种组合方式念给随机编排的4组被试者听，请他们回答吉姆是一个什么样的人。结果发现，先呈现上半段再呈现下半段，有78%的被试者认为吉姆是外向的；先呈现下半段再呈现上半段，则只有18%的被试者认为吉姆是外向的，63%的被试者认为吉姆是内向的。这个实验说明人们比较重视最先得到的信息，并据此对他人做出判断。

2. 近因效应

首因效应一般在交往初期显得尤为重要，而在交往后期双方已经十分熟悉的情况下，近因效应则往往会发挥更大的作用。近因效应指在总体印象的形成过程中，新近获得的信息比原来获得的信息影响更大的现象。研究发现，近因效应一般不如首因效应作用明显且普遍。在印象形成的过程中，当不断有足够引人注意的新信息或者原来的信息已经被逐渐淡忘时，新近获得的信息的作用较大。比如人们对于多年不见的朋友，印象最深的往往是临别时的情景，这也是一种近因效应的表现。因此，人们在与他人进行交往时，既要注意平时对对方留下的印象，也要注意给对方留下的第一印象和最后印象。

3. 互惠效应

互惠效应是指在人际交往中，人们会尽量以相同的方式回报别人为自己所做的一切。概括

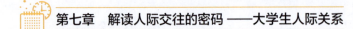

起来就是对一种行为应该用一种类似的行为来回报，即"投之以桃，报之以李"。在现实生活中，人们往往在不知不觉中按照"互惠效应"为人处世。例如，当收到朋友的生日礼物时，我们也会去记住对方的生日，在对方的生日来临时，我们会想着回赠他一件礼物。《礼记》有曰："礼尚往来，往而不来，非礼也。"互惠效应虽然具有一定的功利性和现实性，但却是大多数人在社会交往中必须遵循的行为准则。有来有往，人际关系才会得以维系，彼此才可能形成和谐融洽的关系。相反，那些不遵守该准则的人，比如只知索取却不知回报的人，容易遭到别人的厌烦。

4. 晕轮效应

晕轮效应是指人们在对别人做出评价时，常常喜欢从局部印象出发，进而扩散形成整体印象。就像月晕一样，从一个中心点逐渐向外扩散，成为一个越来越大的圆，因而晕轮效应也被称为月晕效应。社会心理学家戴恩曾做过这样一个实验：他让被试者看一些照片，照片上的人有的很有魅力，有的中等魅力，有的无魅力，然后他让被试者以与魅力无关的特点评定这些人。结果表明，被试者对有魅力的人比对无魅力的人赋予更多理想的人格特征。晕轮效应常使人陷入"爱屋及乌""以偏概全"的错误，在对不太熟悉的人进行评价时，这种效应体现得尤其明显。但同时，人们也可以在人际交往中利用晕轮效应的影响，增加自身的人际吸引力。比如，人们可以采用先入为主的策略，让对方先了解自己的优点，以使对方获得对自己的更积极的认识和评价。

5. 自我暴露效应

自我暴露是指向别人说心里话，坦率地表达自己，即一个人自发且有意识地向另一个人透露自己真实且重要的信息。心理学家认为，如果想和别人建立比较密切的关系，一定程度的自我暴露是不可缺少的。当一个人真诚地向你袒露心扉时，会让你感受到对方的信任和沟通情感的渴望，这无形中会拉近彼此之间的心理距离。而那些从不自我暴露的人，也就很难建立密切的和有意义的人际关系。

通常人们对陌生人、对熟悉的人和对亲密朋友，在自我暴露的广度和深度上是明显不同的。社会心理学家鲁宾（Z.Rubin）提出自我暴露的 4 个层次：第一层次是关于兴趣爱好方面的，如生活习惯、饮食好恶等；第二层次是关于态度方面的，如对某人、某事、某个组织的态度或看法等；第三层次是关于自我意识和个人人际关系状况的，如自己的情绪或者个人的社会关系等；第四层次是关于隐私方面的，如自己的不为人知的秘密、不被社会所接受的想法等。人们在交往中，通过了解别人在怎样的层次上暴露自己，就可以很好地了解别人对自己的信任和接纳的程度，也就了解了同别人关系的亲密程度。同时，人们要想与别人成为知心朋友，就需要适当地表露自己的真实情感，向别人讲心里话，坦率地表达自己、陈述自己，甚至推销自己。

6. 刻板印象效应

刻板印象是指人们对某个群体所产生的一种固定的看法和评价，并对属于该群体的个人也给予这一看法和评价。刻板印象作为一种固定化的认识模式，简化了个体的认识过程。人们在知道某人的一些信息后，常常会根据其所属人群的特征，来推测其所有的其他典型特征。这样虽然可以在一定程度上帮助人们简化认识过程，但也容易使人产生先入为主的偏见，阻碍人与人之间的深入了解。

扫一扫

消除刻板印象

大学生人际交往的特点与困扰

大学生青春洋溢、充满活力，他们往往具有强烈的人际交往需求，希望能与他人分享自己的喜怒哀乐，也希望能与他人和睦相处，因而大学生人际交往有其鲜明的特点。同时，由于人际交往的复杂性以及社会交往经验与人际交往技巧的不足，大学生在人际交往过程中不可避免地存在一些困扰或问题，常见的人际交往困扰表现在不愿交往、不敢交往、不懂交往和不善交往等方面。

一、大学生人际交往的特点

1. 交往动机多元

从交往动机来看，大学生人际交往的出发点包括让自己生活愉快和向他人寻求情感支持两个方面。由于自我意识的增强，大学生人际交往的自主性增强，他们善于独立思考，不愿顺从他人，在交往方式和对象选择上具有独立性，在沟通中也愿意展示自我的独特性。同时，大学生正处于感情懵懂又丰富多样的年龄，他们对人际交往有强烈的动机，希望能够在人际交往中获得知己。大学生在人际交往中非常关注情感的交流，看重情投意合和心灵的共鸣，从中寻找更多的生活乐趣；另一方面，随着社会的发展和变化，大学生的交往目的也表现出"世俗化""功利化"倾向，他们开始注重交往中的互惠互利，看重交往的后果与效益，选择与那些能促进自身发展的人交往。因此，大学生人际交往动机复杂多元，呈现出情感性交往和功利性交往并存的特征。

2. 交往心态矛盾

大学生在人际交往中，往往存在渴望和困惑交织的矛盾心态。一方面，大学生对人际交往处于十分渴望的阶段。其主要原因在于：首先，大学生正值青年时期，希望从人际交往中获得尊重和信任，收获理解和认同；其次，在全新的环境下，大学生对人际交往的需求也更为强烈，他们期待从交往中获得友谊，减缓孤独；最后，大学时期是很多人进入职场的准备阶段，大学生良好的人际交往也是未来职业发展的基础，通过人际交往，大学生既可以学会如何与人相处，又可以积累起一定的人脉资源。另一方面，大学生对人际交往又充满各种各样的困惑，一些大学生因为缺乏人际交往经验和人际交往技巧，对人际交往存在一定的恐惧心理；还有一些大学生因为自身的性格特征等方面的原因，在人际交往中饱受困扰，存在不愿、不敢、不懂和不善与人交往的现象。大学生要注意交往应心态平和，在实际交往中既不能以自我为中心，不考虑他人的需要，也不能居高临下、盛气凌人，使别人感到难以忍受，而是要在双方平等的前提下与他人积极交往，解决困惑，互相帮助，这样有利于大学生心理的健康发展。

3. 交往范围扩大

进入大学后，随着大学生社会阅历的不断增加，人际交往的范围也在不断扩大。与中学时代相比，大学生的人际交往正在发生着质的变化。随着年龄的不断增长，大学生的自我意识逐步成熟，很多大学生从空间距离上远离了父母的管辖，他们也渴望从心理上摆脱对父母的依赖。这主要是因为大学生与同龄人具有更多的共同特征和共同爱好，更倾向于与同龄人交往和

117

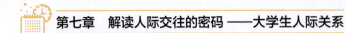

交流，进而建立和谐的人际关系。所以，大学生交往对象的选择范围也变得更广泛了，由以前的亲属、朋辈转向更加广泛的生活交往群体，不仅包括家人、同学、教师，还包括同辈群体和其他社会角色群体。此外，随着信息技术的迅猛发展，利用网络与他人进行交流已经成为当代大学生人际交往的重要方式，网络交往突破了时间和空间的限制，扩大了大学生人际交往的范围。

4．交往内容丰富

随着大学生人际交往的发展，大学生人际交往内容也更加丰富多彩。大学生的许多交往活动都是围绕学习展开的，共同的兴趣爱好、相互促进和帮助，使很多学生获得了友谊。大学生的知识面不断增加，他们不再局限于只了解本专业的知识，很多同学开始自主学习诸如文学、历史、经济等各个方面的知识，培养自己多种多样的兴趣爱好，进而拓展了自己的人际交往范围。同时，由于大学生生活空间的拓展，他们既可以参与校内活动，也能参与到社会上的各类社会实践活动中去，这些活动不断丰富着大学生的交往内容。当然，大学生阅历尚浅、思想单纯，面对纷繁复杂的人际交往情境时需要加强自我保护意识，警惕社会上的一些欺诈行为和不良诱惑。

5．交往方式多样

在信息技术迅猛发展的时代，大学生的交往呈现出现实与虚拟相结合、形式多种多样的特点。大学生进行人际交往不仅可以采取聊天、互访等传统手段，还可以通过参与社会团体、聚会、体育活动、结伴出游以及其他集体互动结识朋友、发展友谊。随着科学技术的不断发展，人际交往的新媒介不断涌现，当代大学生的人际交往方式不再局限于面对面的语言交流，他们通过手机、QQ、微信、抖音、微博、论坛、电子邮件等新媒介进行交流，组建新的朋友圈，编织人际关系网。当前，大学生通过手机和计算机网络等进行人际交往的现象已经非常普遍，新媒介使大学生的人际交往更加便捷，扩大了大学生人际交往的范围，增进了大学生人际交往中的互动性和开放性。但是，虚拟的人际交往终究无法取代现实中的人际交往。如果过度沉迷网络，过分投入网络交往，反而会降低个体的社交水平，甚至使个体逐渐丧失现实交往能力，造成人际交往障碍，引发人际关系失调，从而导致一系列身心问题的出现。因此，大学生既要学会运用网络进行适度的人际交往，又要注重现实生活中的人际沟通。

二、大学生常见的人际交往困扰

1．不愿交往

不愿交往是大学生人际交往中的常见问题。大学生不愿交往的原因主要有两类：一是以自我为中心、孤芳自赏，认为周围人都不如自己，很少顾及他人的感受，对周围的人和事漠不关心；二是由于自卑、害羞、多疑和敏感等，从小不善言辞，总认为与人交往是比较麻烦的事情，对他人缺乏必要的信任与理解，怕别人瞧不起自己，不愿与人沟通交流。以下成长案例中的霏霏就属于第一类，由于性格过于内向，或是成长环境的影响，导致这类人在现实中缺乏交往的愿望和兴趣。也有一部分人特别敏感，尽管内心具有与人交往的愿望，但不肯或不能接受别人伸出的"橄榄枝"。在现实生活中，大学生是选择坚持独来独往的生活方式，还是勇于突破自我，最关键的是能否正视自己的内心，做出适合自己的人际交往选择，必要时大学生可以求助专业人士。

形单影只的霏霏

霏霏，某校大一女生，从小性格内向，沉默寡言，不善与人交往。作为独生子女，她一直在家里有属于自己的房间，也从来没有住过校。进入大学后，她与5名同学同住，在优渥生活环境中长大的她，既瞧不起舍友的穿着打扮，也看不惯她们的卫生习惯，尤其不喜欢她们在宿舍里高谈阔论。总之，她好像看谁都不顺眼，因此选择了独来独往，总是一个人吃饭、一个人自习、一个人逛街，尽量不和舍友交流。最近，她病了，没有人来关心她，这让她第一次感到了脆弱，但又不知如何是好。

2. 不敢交往

在大学的人际交往，特别是与异性的交往中，有些同学会面临不敢与人交往的困扰。他们虽然有强烈的与人交往的愿望，希望自己能有些知心朋友，但由于性格、家庭背景和生活环境等多方面的因素，导致他们缺乏交往的勇气和信心。有部分同学在人际交往中会特别紧张，脸红心跳，甚至不敢正视对方；有的人与人交谈时显得语无伦次，词不达意；有的人在一对一的交往中表现正常，但十分恐惧群体交往，甚至在人多的场合根本说不出话来，严重者可能导致社交恐惧症。下面成长案例中的嘉杰，因为一次自己想象中的嘲笑，担心不被人接纳，就再也不敢与周围的同学交流了。面对这样的情况，大学生应该树立自信，正视自己，勇敢地迈出与人交往的第一步，这样才能拥有良好的人际关系。

扫一扫

克服社交恐惧

119

带口音的普通话惹的祸

嘉杰，北京某高校大一新生。开学一周了，他还没有主动和班上的同学说过一句话。在与辅导员的谈心中，他表露了自己的想法："我来自偏远山区，家境贫困。高中读的是理科班，班上几乎没有女生，从小也只知道埋头学习，很少与周围的同学特别是异性交往。由于高考失利，我选择了调剂到我们学校的英语专业。开学第一天，我发现班上全是女生。我用带着家乡口音的普通话自我介绍时，可能因为语调生硬，班上的同学笑了好几次，我感到自己受到了莫大的侮辱。从那天起，我不敢和她们说话，不敢直视她们的眼睛。"原来如此。辅导员开导了他，还专门安排了一次用家乡话介绍自己的班会，打开了嘉杰的心结，此后，嘉杰慢慢变得开朗了。

3. 不懂交往

在现实的人际交往中，有些大学生不肯轻易相信别人，对他人怀有很深的戒备心理，也不知道如何与人推心置腹、向别人表达自己的真实想法，久而久之，就很难与周围的人建立良好的人际关系。还有的学生对人际交往带有浓重的理想色彩，以友谊的理想模式来要求生活中的人际关系，总希望别人主动关心自己，而自己却总是处于被动地位。以下成长案例中的志毅在面对学业挫折和现实人际交往失败的双重打击下，选择了通过虚拟的友谊来提高自己的自信心，满足自己的人际交往需求。部分大学生因为不懂交往而陷入人际关系的误区，他们虽然在网络交往中游刃有余、如鱼得水，但是虚拟的人际交往始终无法替代现实中的人际交往，特别是在需要帮助的时候，网络上的朋友很难提供实际的帮助。所以，大学生要学会人际交往的方式和方法，理解交往的意义，掌握交往的技巧，为建立良好的人际关系奠定基础。

虚拟的友谊

志毅因为专业课考试接连不及格，面临延期毕业的问题。学业上的挫折使他变得很内向，无法融入同学们中去。从大三上学期开始，他便整日在宿舍里上网。他说："我喜欢泡在网上，因为在网上没人问我成绩，也没人知道我留级了。我游戏打得好，交了许多朋友，甚至还成了'盟主'。我似乎找到了我要的友谊，但又担心这会使我更加脱离现实。我已经逃课一段时间了，我怕这样下去我没法毕业了，但我又很害怕走出宿舍。"

4．不善交往

人际交往是一门学问，更是一门艺术。很多大学生愿意与他人交往，希望多一些朋友，但却不善于与他人交往，他们在人际交往中缺乏必要的人际交往技巧和方法，往往导致事与愿违。以下成长案例中的诗雨的情况就是一个比较极端的案例。在人际交往过程中，很多学生或多或少地面临着某种问题，由于交往方法欠妥、交往能力有限、人格缺陷或交往心理障碍等，在交往中既不了解自己，也不了解别人，最终导致交往失败。比如，有些学生在交谈的过程中显得过于生硬、木讷、刻板，不知如何表达；有些学生不注意沟通的技巧、方式和原则，显得过于殷勤热情；有些学生不注意区分时间和场合，乱开玩笑，不懂得给人留面子，对别人不够尊重；还有些学生言语粗鲁，伤了他人的自尊心。这些都是不善与人交往的具体表现。因此，大学生要学会人际交往的基本技巧和技能，做到与他人互相尊重、相互理解，这样才能一步步建立起融洽的人际关系。

不善交往的诗雨

自从读大学以来，诗雨和班上的同学相处得一直很不融洽，跟舍友也发生过几次冲突，关系相当紧张。后来她搬出宿舍，住在校外，基本上不和班上的同学来往，也很少参加集体活动，与同学的感情淡漠，这导致她与班上同学的隔阂进一步加深。她认为自己没有一个知心朋友，常常感到特别孤独。长期的苦恼和焦虑使她患上了神经衰弱症。她的心境和体质越来越差，开始厌倦学习，厌恶同学和班集体，甚至一天也不愿在学校待下去了。她听不进老师的劝告，也不顾家长的劝阻，坚持要求休学。

三、大学生人际交往能力的自我评估

指导语：表 7-1 是一个人际交往能力自测表，共有 30 道题，你可以选出一个符合自己实际情况的选项并画"√"。每题只选择一个选项，请不要多选或漏选。

表7-1 人际交往能力自测表

序号	题目	完全符合	基本符合	难以判断	基本不符合	很不符合
1	我上朋友家做客,首先要问有没有不熟悉的人出席;如有,我的热情就会明显下降	2	1	0	-1	-2
2	我在陌生人面前常常觉得无话可说	2	1	0	-1	-2
3	在陌生的异性面前,我常感到手足无措	2	1	0	-1	-2
4	我不喜欢在大庭广众面前讲话	2	1	0	-1	-2
5	我的文字表达能力远比口头表达能力强	2	1	0	-1	-2
6	在公共场合讲话,我不敢看听众的眼睛	2	1	0	-1	-2
7	我不喜欢广交朋友	2	1	0	-1	-2
8	我的好朋友很少	2	1	0	-1	-2
9	我只喜欢与同我谈得来的人接近	2	1	0	-1	-2
10	到了一个新环境,我可以接连好几天不说话	2	1	0	-1	-2
11	如果没有熟人在场,我感到很难找到彼此交谈的话题	2	1	0	-1	-2
12	如果要在"主持会议"与"做会议记录"这两项工作中挑一样,我肯定是挑选后者	2	1	0	-1	-2
13	参加一次新的集会,我不会结识多个人	2	1	0	-1	-2
14	别人请求我帮助而我无法满足对方的要求时,我常感到很难对人开口	2	1	0	-1	-2
15	不到万不得已,我决不求助于人,这倒不是我个性好强,而是感到很难对人开口	2	1	0	-1	-2
16	我很少主动到同学、朋友家串门	2	1	0	-1	-2
17	我不习惯和别人聊天	2	1	0	-1	-2
18	领导、老师在场时,我讲话特别紧张	2	1	0	-1	-2
19	我不善于说服人,尽管有时我觉得自己很有道理	2	1	0	-1	-2
20	有人对我不友好时,我常常找不到恰当的对策	2	1	0	-1	-2
21	我不知道怎样与嫉妒我的人相处	2	1	0	-1	-2
22	我同别人的友谊的发展,多数是别人采取主动态度的	2	1	0	-1	-2
23	我最怕在社交场合中碰到令人尴尬的事情	2	1	0	-1	-2
24	我不善于赞美别人,感到很难把话说得亲切自然	2	1	0	-1	-2
25	别人话中带刺揶揄我时,除了生气外,我别无他法	2	1	0	-1	-2
26	我最怕做接待工作、与陌生人打交道	2	1	0	-1	-2
27	参加集会时,我总是坐在熟人旁边	2	1	0	-1	-2
28	我的朋友都是同我年龄相仿的人	2	1	0	-1	-2
29	我几乎没有异性朋友	2	1	0	-1	-2
30	我不喜欢与地位比我高的人交往,我感到这种交往很拘束、很不自由	2	1	0	-1	-2

● **评分说明**

【计分】完全符合得 2 分，基本符合得 1 分，难以判断得 0 分，基本不符合得 –1 分，很不符合得 –2 分，最后计算总分。

【解释】如果你的总分在 30 分以上，那么你的人际交往能力存在一定的问题；如果总分小于 30 分，大于等于 0 分，说明你的人际交往能力还有待进一步提高，你在人际交往中还有些拘谨和尴尬；如果总分小于 0 分，大于等于 –20 分，则意味着你人际交往能力一般；如果总分低于 –20 分，则说明你是一个善于交往的人。

第三节
大学生人际交往能力提升的策略训练

大学生具有强烈的与他人交往的美好愿望，渴望拥有和谐的人际关系，渴望拥有更多的朋友，一起分享学习与生活的乐趣，也渴望彼此分担成长的压力。但是，大学生往往由于自身人际交往经验的不足，以及人际交往策略和方法上的不足，可能会在人际交往中遇到这样或那样的问题。大学生可以运用以下的策略训练来提高人际交往能力。

一、矫正认知偏差

人际交往是交往双方的互动行为，包括自我认识和对他人的了解等复杂的心理活动。交往中的认知偏差会影响自己与他人的沟通与交往。交往中的认知偏差主要有两个方面：一是自我认知误区，部分大学生由于对自我缺乏深刻的理解与认识，在人际交往中缺乏自尊自信；二是对他人的知觉偏差，人际交往中除了"知己"还要"知彼"，有些大学生在人际交往中存在猜疑、刻板印象和偏见，常常对他人产生误解而影响与他人的交往。所以，矫正认知偏差是人际交往能力提升的关键步骤，大学生可以通过参与一系列的社会交往活动，学会换位思考，矫正认知偏差。

● **想一想**

角色对垒

PAC 人际交往理论认为，个体的个性是由 3 种不同的心理状态构成的，即父母（parent，P）、成人（adult，A）、儿童（child，C）状态。"父母"状态以权威和优越感为标志，表现为统治、训斥、责骂等家长制作风；"成人"状态表现为注重事实根据和善于进行客观理智的分析；"儿童"状态指像婴幼儿一样冲动，表现为服从和任人摆布。

这 3 种状态在每个人身上都交互存在，没有优劣之分。个体只有协调好三者的关系，避免角色固定，才能保持心理健康，促进人际沟通。如果你处于下面的场景中，你会怎么处理？

（1）周六晚上，你正沉浸于音乐世界中，舍友看完电影回来谈兴甚浓，这时你该怎么办？

（2）好友想找你倾诉苦闷，而你恰好有紧急的事情需要处理，这时你会怎么做呢？

_____

_____。

（3）奖学金评定时，你和另一位同学并列，但名额只有一个，结果辅导员把名额给了你同学。你想知道辅导员的理由，你准备怎样与他交流？

_____

_____。

（4）你和某同学有矛盾，因工作需要，你又必须与他（她）合作，这时你该怎么做呢？

_____

_____。

3人一组，选择其中一个问题，每人选择一个角度（父母、儿童和成人）给出处理方式。3人相互交流，寻找异同，再进行反思。

二、克服心理障碍

在人际交往中，个体的情绪会影响人际关系的建立与发展，如果个体不能恰当地调节自己的情绪，让自己的情绪经常处于失控状态，就会导致与他人交往的障碍。大学生人际交往中的不良情绪主要包括嫉妒、孤独、偏执、怯懦、戒备、恐惧、容易愤怒等。其中，社交恐惧是许多大学生会面临的问题。恐惧是个体在面对某些情境并企图摆脱而又无能为力时产生的情感体验。克服社交恐惧可以从以下3个方面着手。

首先，寻找恐惧的原因，增强心理承受能力。要找出社交恐惧的真正原因，有针对性地进行人际交往挫折的教育与锻炼，提高心理承受能力，克服交往恐惧感。

其次，了解自己的个性特征。不良的个性常常是导致人际交往恐惧感的罪魁祸首，了解自己的个性缺陷并加以改善，是克服人际交往恐惧感的根本途径。

最后，积极行动，提高人际交往能力。要督促甚至强迫自己行动起来，积极参与人际交往的活动，在活动的实践中培养和提高与人交往的能力。

· 做一做

系统脱敏法

系统脱敏法是根据条件反射学习原理，使个体对由某种平常刺激习得的异常反应转变为正常反应。系统脱敏法包括以下4个步骤（以异性社交恐惧为例）。

（1）掌握放松训练的技巧。放松训练是系统脱敏法的重点之一，用于帮助自己养成随时可以进行放松以抵制外在干扰的习惯。最常用的是循序渐进紧张放松法，把身体某一部位的肌肉先紧张、后放松，两者结合进行，然后逐一对身体的其他部位也施以同样的方法，最后达到全身放松的效果。

（2）确定对异性的焦虑层级。确定对异性的焦虑层级就是将对不同的异性的焦虑程度按从轻微到强烈依次进行分类，排列出若干个等级。例如，对父母、异性老师焦虑程度最弱，把这种焦虑程度归为第一类；把对陌生异性的焦虑归为第二类；把对班上异性同学的焦虑归为第三类；最紧张的是面对自己最崇拜的异性同学，将这种焦虑程度归为第四类。分类的目的就是从弱到强地依次解决紧张焦虑感。

123

（3）实施脱敏。首先进行放松训练，可以先使肌肉紧张然后放松。接着想象层级中最轻的焦虑场面，仔细设想这一场面，包括所有感官的反应，在这一过程中，必须身临其境。这样，在一段时间后，如果还是会有紧张、焦虑的感觉，那就停止想象，再进行放松训练。收缩全身肌肉，然后一下子放松，接着深呼吸 30 ~ 60 秒。松弛下来后，再重复那个场面，并重复进行放松训练，直到不再焦虑为止。然后，再对第二个层级进行放松训练，依次脱敏，直到对最强烈层级的刺激也能适应。

（4）在现实中验证。让自己放松去面对现实中原来引起自己紧张反应的异性，从而达到由"看到就紧张"淡化到"看到不再紧张"的治疗效果。

三、提升人际交往效能感

提升人际交往效能感是改善人际交往的重要途径。自我效能感是由班杜拉提出的概念，是指人们对自身能否利用所拥有的技能去完成某项行为的自信程度。有心理学家将这一理论运用在人际交往的领域中，提出了人际交往效能感的概念。大学生人际交往效能感要求学生在人际交往中增强自信心，认识和欣赏自己的优点和长处，改善和接纳自己的缺点和不足，这样才能进一步发展良好的人际关系。人际交往效能感的提升可以通过 3 种途径实现：其一，回顾自己以往成功的人际交往的经验；其二，学习善于进行人际交往者的交往表现，并进行模仿练习；其三，主动寻求专业人士的指点和帮助，保持积极的情绪状态。

做一做

优点"大轰炸"

活动目的：让大学生认识和欣赏自己的优点与长处，改善并接纳自己的缺点和不足。在客观认识自己的基础上，明确哪些性格是积极的，哪些性格是不良的，从而有意识地培养自己的优秀品质。

活动过程：整个活动过程共包括以下 5 个环节。

（1）每位学生在纸上写出认为自己所拥有的优点或长处。然后请一位学生到前面，其他学生轮番说出该学生的优点。这样，每位学生可以轮流接受优点的"大轰炸"。

_____

_____。

（2）学生讨论：对比自我评价与他人对自己的评价的异同，有哪些评价让你感到新颖、好笑又符合自己？有哪些自己潜在的优势或特长是自己从未觉察到的？你感觉自己的收获是什么？

_____

_____。

（3）表演日常生活中体现自己的缺点或不足的情境。

（4）学生讨论：情境中自己的缺点或短处是否可以改变？如果可以改变，应该如何改变？

_____

_____。

（5）教师总结：每个人都不是完美无瑕的，也不是一无是处的，重要的是学会取长补短，努力改进不足，充分展现自己的长处，形成良好的品质。

四、掌握人际交往的技巧

大学生要建立良好的人际关系，除要了解人际交往的特点、原则和问题外，还必须掌握一定的人际交往技巧。大学生人际交往必备的技巧包括以下5个。

扫一扫

人际交往技巧

（1）认识自己。只有了解自己、欣赏自己，才能树立自信，更好地与他人交流。

（2）学会倾听。良好的人际沟通离不开真诚的聆听，先要倾听对方，听清对方所要表达的信息，然后才能准确地进行沟通。

（3）友善微笑。笑容是一种令彼此愉快的面部表情，它可以迅速拉近人与人之间的心理距离。

（4）真诚赞美。赞扬能释放一个人身上的能量，调动人的积极性，真诚的赞美也能增进彼此之间的吸引力。

（5）适时自我暴露。向别人适时适度地暴露自己，可以使对方获得信任感和接纳感，进而可加深彼此之间的了解，为双方的进一步交往打下基础。

在与人交往的过程中，大学生可以不断练习进步，掌握交往技巧，领悟人际交往艺术。

做一做 ·

倾听大比拼

活动目的：了解倾听的重要性，训练学生的倾听技能。

活动过程：整个活动过程可分为3个阶段，即活动阶段、分析阶段和活动反思阶段。

1. 活动阶段

（1）相邻的同学两两组合，用"剪刀、石头、布"的方式决定赢的一方为讲述者，输的一方为倾听者。

（2）讲述人说出任何想要说的话，包括自己的想法和情感，可以与倾听者讨论经历的困难或问题。讲述者需在30秒内完成第一次表述。之后，倾听者可以发问，与讲述人对话，也可以不发问。讲述完成后，倾听者尽可能准确地总结概括刚才听到的内容，包括讲述人的情感。

（3）讲述人评价倾听者的倾听行为和倾听效果，包括倾听者概括的准确程度（内容和情感），对其进行百分制打分，并说明打这个分数的理由。

（4）讲述者说一说自己与对方说话的过程中心情怎样，以及有什么感受。

（5）更换角色，重复练习。

2. 分析阶段

在听他人说话的过程中，听者总是会有意无意地做出一些反应，这些反应直接影响交谈的时间和效果。因此，想一想，当你讲述的时候，对方的哪些表现会让你更乐意继续讲下去？哪些表现会让你不想继续？请写在表7-2中。

表7-2　对方的表现

好的表现	不好的表现

3. 活动反思阶段

综合分析以上两个阶段的训练活动，你会发现，倾听需要注意很多方面。想一想，未来进行倾听时，你应该怎么做呢？

_____

_____。

五、保持适当距离

保持适当距离也是大学生必须了解的人际交往准则，正所谓"距离产生美"。大学生在人际交往中，不仅要注意主观上人际交往技巧的提升，客观上也要注意在人际交往中与他人保持适当的距离，把握恰当的分寸，这就是人们常说的社交距离。社交距离是指每个个体都需要一个自己能够把握的自我空间，这个自我空间距离具有一定的伸缩性，并不是固定不变的，会因个体的文化背景、交往双方的关系、具体情境、性别、社会地位、情绪和性格特征等的不同而有所差异。当人们进行人际交往时，交往双方所保持的空间位置距离具有重要的意义，它不仅体现了人际交往过程中交往双方的关系程度、社会地位、情绪状态以及性格特征，同时也反映出交往主体的民族特点和文化背景。因此，在与他人的交往中，对于不同的交往对象，如果能够有意识地选择合适的社交距离，那么交往双方会更加轻松愉悦。

● **知识链接** ···

人际交往距离

交往双方的人际关系以及所处情境决定着相互间自我空间的范围。美国人类学家爱德华·霍尔划分出了4种区域距离：亲密距离、个人距离、社交距离和公共距离，如表7-3所示。

表7-3 4种区域距离

名称	距离	适用范围
亲密距离	0～45厘米	夫妻或情人之间、父母与子女之间或很亲密的朋友之间
个人距离	45厘米～1.2米	亲戚、朋友或熟人之间
社交距离	1.2米～3.5米	个人关系的社交活动
公共距离	3.5米以上	公共场合的空间需求

● **反思践行**

◎体验分享

我的人际关系图

心理学研究发现，每个成年人通常需要与120个人维持不同程度的人际关系，其中包括2～50个关系比较密切的人。人际关系过疏或过密都容易引发心理问题，或孤独无助，或自我迷失。你的人际关系现状如何呢？试着整理一下自己的人际关系图，反思自己在人际交往中的表现和特点。

活动：准备一张纸和一支笔。首先在白纸的中央画一个圆圈代表自己，然后尽量回忆进入大学后你的人际关系网，用不同的圆圈代表不同的人际交往对象类型（见

图 7-1），并予以注明（如父母、恋人、朋友、老师、同学、熟人、偶尔联系的人和陌生人等）。同心圆上任意一点到中心的距离表示心理距离，用于表示彼此关系的亲疏。将亲朋好友的名字写在图上，名字越靠近中心点，表明他（她）与你的关系越亲密。

图 7-1 人际关系图

完成人际关系图后，请思考以下问题。

（1）审视自己所绘制的人际关系图，判断自己的人际交往圈是否合理。是什么造成了你目前的这种交际圈？

_____

_____。

（2）你的人际交往圈是否需要改进？如果是，如何改进？

_____

_____。

（3）思考一下，你有几种不同类型的人际交往关系网？你与不同对象的人际交往方式有何区别？

_____

_____。

◎沙场练兵

角色扮演——空椅子技术

活动目的：站在他人的视角思考问题，更好地理解别人、认识自己。

活动过程：放两张椅子，当学生坐到其中一张椅子上时，就扮演自己；坐到另一张椅子上时，就扮演别人，两者开展对话（见图 7-2）。

针对自己在人际交往中遇到的问题（如和老师、同学、舍友等的交往中），利用空椅子技术展开对话。

请思考以下问题。

（1）请分析对比扮演两种角色时内心的变化。

_____

_____。

（2）通过这些变化，你认为如何才能更好地去理解他人？

_____

_____。

127

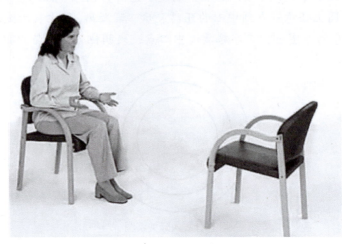

图 7-2　角色扮演——空椅子技术

● **视野拓展**

推荐图书：《赢得朋友》

　　推荐理由：卡耐基是 20 世纪著名的人际关系学家之一，《赢得朋友》是他最受关注和畅销的著作，销量达到 1 500 万册。该书的写作目的是帮助人们在日常生活、商务活动与社会交往中高效地与人打交道，并有效地影响他人。卡耐基提出了与人相处的基本技巧：不要去批评、指责或埋怨他人；发自内心地赞赏别人，同时激起他人强烈的渴望。此外，他还提出了 6 条让别人喜欢你的方法：真诚地关心他人；经常保持微笑；千万不要忘记他人的姓名；做一个好的倾听者，并鼓励他人多多谈论自己；讨论他人感兴趣的话题；真诚地赞美他人，让他人觉得自己很重要。这本书以通俗易懂的语言、生动形象的故事，为读者解读人际交往的成功秘诀。

扫一扫

推荐电影

第八章

问世间情为何物
——大学生恋爱与性心理

● **心灵引领**

关关雎鸠，在河之洲；窈窕淑女，君子好逑。

——《诗经》

爱情不是一颗心去敲打另一颗心，而是两颗心共同撞击的火花。

——伊萨科夫斯基

爱是一种能力，也是一种艺术，只有掌握了爱的艺术、具备了爱的能力，才会正确地面对和处理爱情。

——弗洛姆

● **学习导航**

扫一扫

树立健康的爱情观

爱情的神秘和浪漫吸引着每个年轻人，他们渴望拥有心目中完美的爱情。作家司汤达写道："没有以热情恋爱过的人，人生的一半而且是人生美好的一半对他来说是被掩藏的。"爱情不再是大学生的禁忌，爱与被爱成为大学生正常的情感需求，爱之关系的建立可以促进大学生成长与人格完善，成为大学旅程中的美丽风景。但是，恋爱这件事并非如年龄增长一般天生自然，爱与被爱并不是人与生俱来的能力。彩虹般炫丽的爱情在拨动大学生心弦的同时，也常常给他们带来困扰。爱情可能给人带来快乐，也可能给人带来痛苦。甜美的爱情是需要人们通过不断修炼爱的能力来维系的，如果处理不当，恋爱也可能会带来一些挫折、痛苦、失望，甚至创伤。

读者通过本章的学习可以达到以下目标：

● 了解爱情的基础知识，包括爱情的含义、要素、类型以及健康爱情的特征；

● 熟悉大学生恋爱的发展阶段、特征、性心理，以及大学生常见的恋爱心理问题，并对恋爱类型进行自我评估；

● 掌握恋爱能力提升的策略和方法，树立健康的爱情观，提升爱的能力。

案例导入

琪琪，20岁，大三女生。最近琪琪心情非常不好，因为男友移情别恋，向自己提出了分手。这种打击让琪琪感到很受伤，她痛恨男友的背叛和抛弃："我们在一起这么长时间了，以前他是那么爱我，现在竟然狠心抛弃我！"琪琪连续几天都是以泪洗面，睡不着觉、吃不下饭，整个人萎靡不振，常常一个人发呆。思考良久之后，琪琪决意放下过去，重新开始生活。她曾多次向好友、同学倾诉，也给自己安排了各种各样的活动，试图转移自己的注意力。可是很多天过去了，琪琪发现自己仍难以放下，触景生情，胡思乱想，倍感压抑，情绪低落，对身边的人和事兴趣索然。失恋这件事让琪琪感到很烦恼，她该怎样才能走出失恋的阴影呢？

● **心理课堂**

爱情是人类永恒的主题。正值花样年华的大学生，也在经历着爱情的悄然生长、逐渐繁茂。在大学生心中，爱情是无限美好的。爱情总会让人心中涌现出美好的情感，如温暖、甜蜜、纯洁、浪漫、陪伴、激情、支持、鼓励等，但如果处理不当，爱情也可能会带来苦涩，让人陷入无尽的纠结和痛苦之中。爱情是人们青春期的一门必修课，但要说清楚爱情是什么，如何才能得到令人向往的、美丽动人的爱情，却并不是一件容易的事情。显然，爱不仅仅是一种情感，也是一种能力和艺术。甜美的爱情是需要不断培养和发展爱的能力进行维系的。因此，正处于爱情萌动时期的大学生必须掌握关于爱情的一些基础知识。那么，究竟什么是爱情？如何被爱与爱人？又应该如何在爱情中保护自己不受伤害？本章将带领读者一起破解爱情密码，认识爱情的真谛，了解爱情的魅力和爱的艺术，提升爱的能力，体验爱情的美好。

130

第 一 节

// 爱情心理概述 //

爱情是人类最原始也最美好的情感，是人类亘古不变而变幻莫测的主题。古往今来，无数人为之挥毫泼墨，从诗经的"青青子衿，悠悠我心"到舒婷的"我如果爱你——绝不像攀援的凌霄花，借你的高枝炫耀自己"，再到夏目漱石的"今晚月色真美"，似乎每一个人对爱情都有自己独特的理解与感受。那么爱情到底是什么呢？都包括哪些类型？健康的爱情又表现出哪些特征？本节将为读者一一进行解答。

一、爱情的含义

爱情是现实生活中双方基于一定的客观物质基础和共同的生活理想，在各自内心形成的最真挚的相互倾慕，并渴望拥有对方甚至成为终身伴侣的强烈的、持久的、纯真的感情。它是人类的基本需求之一，具有社会性与生物性，源自人类对于情感的需要与性爱的需要。情与性是爱情必不可少的两个部分。情爱是由两人之间的依恋感及理想、情操、价值观、个性追求等复杂因素混合升华而成的，情爱是爱情的本质表现。性爱则是以性欲为基础的对于他人的倾慕、怜惜的感情体验，具有排他性、冲动性与直觉性，这是爱情产生的重要前提。简单来说，爱情包括思想与生理两方面的互相吸引。

二、爱情的要素

自古以来，关于爱情的话题历久弥新，不同的人对爱情有着不同的诠释。美国心理学家斯滕伯格提出的爱情三角形理论认为，爱情由 3 个基本成分组成：亲密、激情和承诺。

1. 亲密成分

亲密是指爱情关系中能促进恋爱双方亲近、结合等体验的情感，它能引起亲近和温暖的情感体验，是爱情中的情绪成分。亲密成分包括如下内容：改善所爱的人的福利的愿望；与所爱的人体验到快乐；高度关注所爱的人；在需要帮助时能指望所爱的人；互相理解；与所爱的人分享自己所拥有的；接受来自所爱的人的情感方面的支持；对所爱的人提供情感上的支持，能与所爱的人进行亲密的沟通交流；重视对方在自己生活中的价值。

2. 激情成分

激情是指基于身体吸引之上的性冲动和性兴奋，这是爱情中的性欲成分，是爱情中的情绪成分，也是爱情的主要驱动力。它包括一种强烈地渴望与另一个人成为一个统一体的状态。其中，性需要是引起激情体验的主导形式。这里的激情可以是积极的，也可以是消极的。积极的激情能激励人们克服艰险，攻克难关；消极的激情常常对正常活动具有抑制作用或引起冲动行为。具有正确的思想认识、高尚的道德品质和坚强意志的人能控制自己消极的激情。

3. 承诺成分

承诺是爱情中的理智成分，不仅是短期内一个人做出了爱另一个人的决定，还包括长期内那些为了维持爱情关系而做出的承诺、担保、投入以及个体的忠心、责任心。以上两个方面不一定同时具备。爱的决定并不意味着做出了承诺，有时候承诺也并不一定意味着做出决定。然而，无论是在时间上还是在逻辑上，大多数的情况都是决定成分优先于承诺成分。承诺成分大体相当于人们在日常生活中所说的"海誓山盟""忠贞不渝"之类。

131

三、爱情的类型

根据斯滕伯格所提出的爱情三角形理论，亲密、激情和承诺 3 个成分组成了 8 种不同类型的爱情，如图 8-1 所示（图中未绘制无爱）。

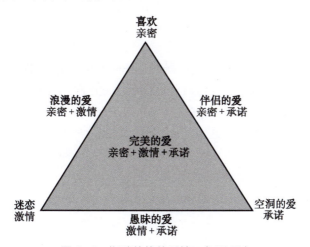

图 8-1　斯滕伯格的爱情三角形理论

1. 无爱

无爱就是 3 个成分都不具备。如果亲密、激情和承诺都缺失，爱就不存在，则两个人也许仅仅是熟人而不是朋友，彼此的关系是随便的、肤浅的、没有承诺的。

2. 喜欢

喜欢指两人之间只有亲密成分，两人在一起感觉很舒服和快乐，但是缺少爱情中的激情和承诺成分，也不一定具有厮守终生的意愿。比如友谊，友谊双方之间会彼此喜欢，但两人之间却不具有激情和承诺，所以喜欢并不等于爱情。尽管友谊还是有可能发展成爱情的，可是也不排除有人因为恋爱不成连友谊都丢了的情况。

3. 迷恋

迷恋是指个体只有激情体验，认为对方有强烈的吸引力，沉迷其中而无法自拔。除此之外，双方彼此了解并不多，也没有考虑过双方的未来。这种双方只有激情，没有亲密和承诺的迷恋行为也不是爱情的最好模样。比如初恋，初恋是美好的，令人向往的，但男女双方第一次恋爱多是充满激情，缺少亲密和承诺，是一种受到本能驱动和导向的青涩爱情。

4. 空洞的爱

空洞的爱即只有承诺，缺乏亲密和激情，如纯粹为了结婚的爱情。此类"爱情"看上去丰满，却缺少必要的内容。

5. 浪漫的爱

浪漫的爱有亲密关系和激情体验，但没有承诺。这种"爱情"崇尚过程，不在乎结果。

6. 伴侣的爱

这类爱情有亲密关系和承诺，但缺乏激情。

7. 愚昧的爱

这类爱情只有激情和承诺，没有亲密关系。没有亲密的激情顶多是生理上的冲动，而没有亲密的承诺也只不过是一张空头支票。

8. 完美的爱

这类爱情同时具备激情、承诺和亲密 3 个成分。人们只有在这一类型中才能看到爱情的庐山真面目。

经典研究

爱情吊桥实验

1974 年，加拿大心理学家阿瑟·阿伦请一位漂亮的女性作为研究助手，让她站在长450 英尺（1 英尺 ≈ 0.3 米）、宽 5 英尺、高 230 英尺，仅靠两条粗麻绳悬挂于卡皮诺拉河谷上空的吊桥上，等待 18 ～ 35 岁没有女性同伴的男性过桥，并告诉那些过桥的男性，她希望他们能够参与正在进行的一项调查。她向他们提出了几个问题，并给他们留下了电话。同样的实验在另一座横跨了一条小溪但只有 10 英尺高的普通石桥上进行了一次。结果发现，走过卡皮诺拉吊桥的男性认为这位女士更漂亮，大概有一半的男性后来给她打过电话。而从石桥上经过的 16 位不知名的男性受试者中，只有两位给她打过电话。实验说明，对生理唤醒状态的认知评价也是促进恋爱的因素。

四、健康爱情的特征

爱情的开始与表现是多种多样的，有人爱得轰轰烈烈、浪漫奢华，有人却爱得平平淡淡、长相厮守。现实中的爱情可以像罗密欧与朱丽叶那样一见钟情，矢志不渝，可以像居里夫妇那样为着共同的理想，互相扶持，也可以像钱钟书夫妇那样在人间烟火中相濡以沫。但爱情最美好的样子是健康，它就像一棵需要双方共同养护的树苗，而只有健康的爱情才能长成参天大树，为双方遮风挡雨。作为人与人之间的一种特殊的生活关系，爱情具有鲜明的特征。

1. 自主性

爱情花朵的灿烂绽放需要双方的互相爱慕，是由两颗心灵弹拨出来的和弦，彼此相互倾慕，两情相悦，情投意合。真正的爱情必须建立在双方自愿的基础上，是不可强求的，不能受到其他外在因素和势力的干涉。同时，爱情是人生的重要内容，但却不是人生的全部，个体需要摆正爱情在人生中的位置。恋爱既是与他人的融合，又是个人成长的重要契机。在恋爱关系中，除了需要与自己所爱的对方互相接纳和融合，还需要保留足够的自主性和独立性，而非依赖攀附对方，需要在亲密中探索自己与对方、自己与生活的关系，逐渐发现自己的独特生命，发挥自己的潜力，成为更好的自己。

2. 互爱性与平等性

相互爱慕是爱情的首要前提，爱情需要建立在双方相互爱慕的基础上才能健康发展，恋爱中的双方既是爱者又是被爱者。单相思、暗恋，以及放下自尊乞求来的感情，都不能成为爱情。同时，在爱情发展中，男女双方必须始终处于平等的地位，没有高低贵贱之分。这里的平等是指恋爱双方在地位上是平等的，并非简单的社会地位、经济状况、家庭背景等方面的平等，而是需要尊重和关爱对方的平等，需要宽容和理解对方的平等，需要彼此诚实和承担责任的平等。那些因感激、同情、金钱或权势攀附而来的爱情都蕴含着不平等的因素。此外，爱情中的平等性还体现为双方的感情付出相对平衡，恋爱双方在感情上享受的权利与履行的义务是对等的。如果恋爱中的一方总是付出过多，而另一方总是安然享受，这种不平等也会给双方情感带来伤害。

133

致橡树

——舒婷

我如果爱你——
绝不像攀援的凌霄花，
借你的高枝炫耀自己；
我如果爱你——
绝不学痴情的鸟儿，
为绿荫重复单调的歌曲；
也不止像泉源，
常年送来清凉的慰藉；
也不止像险峰，
增加你的高度，衬托你的威仪。
甚至日光。
甚至春雨。

不，这些都还不够！
我必须是你近旁的一株木棉，
作为树的形象和你站在一起。
根，紧握在地下；
叶，相触在云里。
每一阵风过，

我们都互相致意，
但没有人，
听懂我们的言语。
你有你的铜枝铁干，
像刀，像剑，也像戟；
我有我红硕的花朵，
像沉重的叹息，
又像英勇的火炬。

我们分担寒潮、风雷、霹雳；
我们共享雾霭、流岚、虹霓。
仿佛永远分离，
却又终身相依。
这才是伟大的爱情，
坚贞就在这里：
爱——
不仅爱你伟岸的身躯，
也爱你坚持的位置，
足下的土地。

3. 专一性与排他性

爱情是恋爱双方相互爱慕的关系，需要双方情感专一，排斥第三者的介入。双方一旦确立了恋爱关系，都希望自己是对方唯一的恋人，容不得对方与其他人有任何暧昧的关系。所以，爱情既是无私的，也是自私的。双方在为对方无私奉献的同时想要自私地独占对方，产生"别人碰一下我都觉得是抢"的感受。这不仅体现在反对恋人与他人产生感情关系，同时也体现在把握自己与其他人的交往尺度。这种感情专一、忠贞不渝的特征不仅是恋人之间交往的基本准则，也是维系爱情稳定长久的必要条件。

4. 持久性

爱情里最美好的模样就是"我能想到最浪漫的事，就是和你一起慢慢变老"。爱情固然需要令人心驰神往的梦幻与浪漫，需要使人心潮澎湃的激情与跌宕，但繁华过后最令人安心的还是"前路有你，未来可期"。对于未来的展望是热恋过后的必经之路，这不仅会给情侣双方提供安全感，同时也更加有利于双方感情的稳定与发展。因此，真正的爱情不仅有强烈的、深厚的情感基础，还应有相伴永久、共度一生的愿望与追求。这就需要恋爱双方相互支持，坚守承诺，彼此担当，不断地丰富、深化和充实双方的感情，让爱情随时间的流淌而意笃情深。恰如莎士比亚所言："真正的爱，非环境所能改变；真正的爱，非时间所能磨灭。"

五、性心理

（一）性心理的形成与发展

性心理是指在个体性生理成熟的基础上所形成的与性特征、性欲、性行为有关的心理状况和心理过程。简言之，就是与性生理和性心理相关的心理现象。人类的性心理在儿童期就开始萌生，幼儿时期的"过家家"为青春期的性心理发展埋下了伏笔，游戏中的爸爸、妈妈和孩子都处于模仿状态，此时的拥抱或亲吻都还没有任何性意识的色彩，即处于"青梅竹马，两小无猜"时期。进入青春期后，性生理的成熟和性意识的觉醒，使青少年意识到"男女有别"，逐渐分化为男女两个群体。人类性心理的发展过程大体可分为性疏远期、仰慕年长异性期、性接近期和恋爱期 4 个时期。

1. 性疏远期

在青春发育初期，随着性意识的萌动，少男少女开始关注异性，不过这种关注不是以肯定、接近的态度出现，而是表现为总想远远地避开异性，采取了"避而远之"的方式。青春期的女生会因为第二性征的身体发育变化而变得羞涩；青春期的男生则感觉好像一夜之间成了男子汉，会做出嘲笑女生胆小与羞涩等行为。青春期第二性征的出现引起青少年强烈的性冲动，但这种身体的变化和性冲动也让青少年产生不安、害羞或忸怩的感觉，甚至是罪恶感，使其表现出对异性的疏远和反感。

2. 仰慕年长异性期

青春发育中期，性发育给青少年带来心理上的不安，少男少女往往对某些在体育、艺术、学识以及外貌等方面特别突出的年长者（老师、父母、演员、歌手等）产生仰慕崇拜之情，从中体验相应的性别角色，这种崇拜对安抚青少年内心的焦虑和负罪感有相当程度的补偿作用。比如有的青少年会仰慕或暗恋有风度、有能力或漂亮的年轻教师。通常这段时间持续不会太长，也非每个青少年都必须经历。

3. 性接近期

在青春发育后期，随着性特征的成熟，青春懵懂的男女生开始对年龄相仿的异性产生兴趣，并希望在接触过程中吸引异性。这段时期的青少年常常以欣赏和友好的态度来对待异性，喜欢在异性面前表现自己，以博得异性的好感。比如，女生开始关注自己的外在容貌，注重着装打扮，希望男生能被自己的美丽打动；男生也开始褪去青涩，注意自己的言谈举止，尤其是在心仪的女生面前，努力展示自己的男子汉气质，希望女生能被自己的潇洒和气质吸引。这一阶段的男女生喜欢经常性地聚集在一起，这样的氛围使大家都感到非常快乐，但还没有形成一对一的恋人关系。

4. 恋爱期

随着性生理发展的逐步成熟，恋爱和选择伴侣的性意识开始萌发，此时的青年男女逐渐有了自己单一的爱恋对象，并且喜欢与自己选择的异性单独相处，开始单独约会。但此时的恋情具有冲动性和单纯性的特征，双方做事往往凭一时冲动而不计后果，恋爱时海誓山盟，恋情受挫时又会大起大落，甚至会导致严重的过错行为。大学生正处于从性接近到恋爱期的过渡阶段，还存在成熟的性生理与不成熟的性心理之间的矛盾。因此，大学生更应该加强对自身性心理的了解与学习。

（二）性心理健康的标准

性心理健康是心理健康的重要组成部分，指个体具有正常的性欲，能够正确地认识和理解与性有关的问题，并且具有较强的性适应能力，能正确地处理与异性交往中产生的问题，使自身免受性问题的困扰，养成健康的性心理。具体而言，性心理健康可以概括为以下 6 个方面。

扫一扫

健康性心理

1. 能正确认识和接纳自己的性别

性心理健康的人对自己的性别角色能够正确认识并接纳，同时能够成功地扮演好自己的性别角色，对自己的性别角色有相应的自尊感和自豪感。

2. 具有正常的性欲望

性欲望是个体获得性爱和性生活的前提，因此，一个性心理健康的人必须具有性欲望，否则就不会有正常和谐的性生活。性欲望的对象要指向成熟的异性个人，而非其他物品等替代物。

3. 具有科学的性知识

掌握科学、系统的性知识是维护性心理健康的重要基础，比如从正当途径了解和学习男女性生理结构、性心理反应、生殖健康以及预防性病等知识。

4. 合理的性认知

性心理健康的人能正确认识与性有关的性问题，不对性感到神秘或羞耻。

5. 具有正常、健康的性行为方式

性心理健康的人能正确认识和理性调节自己的性梦、性幻想、性冲动，不去追求新鲜、刺激，能做到相互尊重并为对方负责。

6. 具有与异性和谐相处的能力

在交往过程中，性心理健康的人能与异性自然和谐地交往，保持独立而完整的人格，彼此尊重，相互信任。

大学生恋爱心理的特点与问题

根据埃里克森的社会心理发展阶段理论，大学生正处于成年早期，在这一时期面临的最主要的冲突是亲密对孤独的冲突，即是否能够获得亲密感。这一冲突能否成功解决，决定着大学生是否可以满意地进入社会。然而，由于我国特定的文化环境与教育环境，大部分大学生在大学之前对恋爱、爱情等并没有明晰的概念与切身的体验，这使他们在追求爱情的过程中可能会遭遇各种困惑与挑战。

一、大学生恋爱的发展阶段

爱情是一种特殊的人际关系，其本身有一个建立、发展、变化的过程，从陌生到熟悉，从喜欢到爱恋，从朋友到情侣，情感的程度是逐渐加深的。对于爱情发展过程的理解，可以帮助大学生更好地认识爱情。恋爱发展过程大致可分成以下 5 个阶段。

1. 萌芽期

大学生正处于青春期的中后期，性意识已经完全觉醒。他们情不自禁地开始关注异性，表现出对异性的兴趣。同时，大学生变得愿意与异性接触和交往，也希望引起异性对自己的注意，异性的面容、身材、声音等任何有关信息，似乎都有一种说不清的魅力。在这个阶段，大学生会将注意力集中在某一个异性对象的身上，感受到对方特殊的人格魅力，被对方的言谈举止、外貌仪表或才华气质等深深吸引，希望与对方在一起，于是爱情开始萌芽。

2. 酝酿期

一旦被某个异性的魅力所折服，大学生便会浮想联翩，在心中开始酝酿一份美好的爱情。由于种种外界条件所限，或是一时还没有直接接触的机会，大学生会不断在自己内心猜测、揣摩和设想，对自己的意中人充满期待和渴望，想象对方的兴趣、人品、性格、家庭、对自己的态度等，也会更多地想象如何接近对方、如何寻找机会和对方见面以及可能的后果等。在美好想象的基础上，大学生开始想办法与对方接近，如通过看电影、旅行、散步以及共同参加活动来促进感情的升温。此阶段的个体很敏感，对方的一言一行、一笑一颦都会对自己有影响。此时个体处于既不了解对方的态度，本人也还未进入恋爱角色，只是充满浪漫想象的"辗转反侧"阶段。

3. 表白期

随着双方的感情在接触过程中越来越深，双方对对方的人格特点和个人生活圈子有了较为深入的了解，交往逐渐频繁密切，双方明确感受到彼此之间存在的强烈的爱慕情感，无法抑制地向对方表明自己的爱慕之情。从一般意义上来说，发生爱情的标志就是表白，表白是为了向对方表明自己的爱意，同时希望得到对方的爱。在中国文化背景下，通常是男性主动地向女性表白。但随着人们观念的转变和开放，女性主动向男性表白的情况也在日益增多。在表白方式上，许多大学生喜欢以含蓄的方式表白，例如眼神、态度、言谈、举止，或通过写情书、互赠信物来表达自己的爱意。

4. 热恋期

经过彼此爱慕、表白成功之后，双方就确立了正式的恋爱关系，即进入热恋阶段。明确了恋爱关系后，恋人们的心情会发生明显的变化，由原来那种急切期待、焦躁或单相思式的想象，变成喜悦、兴奋、甜蜜，甚至是得意的心情。由于双方有了频繁且近距离的接触，感情迅速发展，几乎是形影不离，有"一日不见，如隔三秋"的眷恋之情。热恋期的情侣因为爱到深处，会对未来充满憧憬和向往，彼此渴望对方给予自己亲昵的行为表达，比如拥抱、拉手、亲吻等。此外，这个阶段的恋人很受"晕轮效应"的影响，往往会过于美化对方，用欣赏的眼光看待对方，认为对方所有的一切都是美的，甚至对方的缺点也有独特的美感。

经典研究

爱情中的积极错觉

2018年，浙江大学葛列众教授及其团队对"情人眼里出西施"效应和情人自我面孔高估效应进行研究，针对情侣和单身被试者各进行了一次实验。在第一项实验中，30对相互不相识的情侣中的每一位都独立评价了自己、恋人以及其他被试者的面孔吸引力，结果发现，恋爱中的被试者不仅明显高估恋人的颜值，也明显高估自己的颜值；在第二项实验中，被试者为60名单身男女，每人都进行了自我和他人的面孔吸引力评估，结果发现，单身被试者也会高估自己的面孔吸引力，但情侣被试者的高估程度更高。

5. 平稳期

经过热恋期的激情之后，新奇感消失，炽热的感情逐渐降到常温状态，爱情趋于理性。双方开始冷静地思考两个人在性格、价值观、生活方式等方面是否匹配，彼此相互适应，相互磨合，开始共同面对现实生活中的问题，规划双方未来的生活和亲密关系的发展方向。经过爱情平稳期的考验之后，恋爱双方更有可能步入婚姻的殿堂。

二、大学生恋爱心理的特点

1. 自主性与浪漫性

大学生由于自身的成熟以及脱离了家庭的束缚，自主意识明显增强，在确定恋爱对象时更多是听从自己的观点与想法，很少征求家长的意见或接受家庭的安排，不再受"父母之约，媒妁之言"等传统婚恋观的限制。但由于大学生人生经验不足，思想观念也还相对幼稚单纯，因此这种自主性往往会带来随意性。另外，大学生的恋爱也非常注重浪漫性。恋爱时，双方都追求两个人的心心相印及恋爱过程的梦幻与热烈，向往爱情的花前月下、甜言蜜语与如胶似漆。只要两个人互相吸引，只要"你有故事我有酒"，就可以如影随形，畅谈人生理想，分享诗与远方。但也正因为大学生的恋爱带有浓厚的浪漫色彩，很少涉及经济和今后的婚烟、家庭等现实问题，所以毕业季常常成为"分手季"。

2. 开放性与多样性

随着社会的发展以及外来文化的影响，大学生的恋爱观念与行为显得更为开放，恋爱方式热烈洒脱。对于婚前性行为、婚前同居等现象，大学生的态度趋于宽容和接受。恋爱行为也比较公开，经常有学生在公共场合（如教室、图书馆、楼道、食堂、宿舍门口等）举止亲昵，有时甚至会影响到他人。同时，大学生恋爱的目的与方式也越来越多样化。有的因为"空虚寂寞"，有的因为外貌，有的因为"水到渠成"或"日久生情"，还有的因为"想要甜甜的恋爱"。此外，网络的便捷也使恋爱方式出现了各种变化，比如异地恋、网恋、游戏恋等。然而，近年各种恋爱（尤其是网恋）受骗案例频发，大学生在享受恋情时也要时刻擦亮双眼，保护好自己的人身与财产安全，以免遭受不必要的损失。

"霸道总裁"的真面目

田某，无业男子，只有高中学历，却自称自己是清华大学和北京大学的双硕士，经营奢侈品、红木等生意。自2010年起，田某利用QQ等通信软件与受害人相识，并利用上述说辞与被害人建立男女朋友关系，骗取被害人的信任。在随后的交往中，他以做生意周转、偿还债务等理由骗取被害人钱财。4年间，田某先后从8名被害人处骗得钱款共计35万余元，其中最多的为14.9万元，最少的为2000元。而受骗的女性远不止8名，据调查，共有15名女性和田某确定了恋爱关系，其中14人是大学生，甚至不乏研究生。

3. 盲目性和冲动性

从高中压抑紧张的学习环境中解离并进入大学之后，大学生心理上存在对爱情的极大期望，希望能够在大学好好放松的同时体验甜蜜的爱情。一方面，这是由于我国特定的文化环境并不赞成甚至极力反对学生在中学阶段恋爱，从而极大地压抑了青年人的天性；另一方面，是因为大学环境十分包容，社会、校园还有家庭，都默许大学生恋爱。因此，大学生往往迫不及待想要"脱单"，并以此为荣。这也使部分大学生仅凭借一时的冲动与好感就草率地表白并确立关系，而忽略了理性的思考与评判，同时在选择对象的标准上也偏向于重外表而轻内在。还有一部分人甚至无法区分好感、友情与爱情，简单地把对对方的好感、友情当作爱情。这说明很多大学生对恋爱的认识还不成熟，有的就是为了谈恋爱而去谈恋爱，没有理解恋爱的本质和意义，这容易造成大学生恋爱的盲目性和冲动性。

救命稻草式的爱情

佳豪认识了本校一女生，并对她印象不错，遂主动追求。有一天，佳豪突闻姥姥去世，悲痛欲绝，找到该女生向其倾诉从小与姥姥共同生活的情景，以及对姥姥所给予关爱和呵护的深深眷恋。该女生听后十分感动，遂答应与他在一起。他像抓住了救命稻草，立刻把全部感情投入其中。在以后的交往中，他的感情越陷越深，不能一日不见。可该女生自从答应与他交往后，就十分后悔，觉得自己欠考虑，特别是她父亲非常反对他们之间的交往，因此多次表示想要结束恋爱关系。可佳豪不同意断绝关系，他曾威胁要用伤害自己等极端方式阻止分手。他的情绪一直处在极度的波动中，当该女生表示与他只能做一般的朋友，希望他不再打扰她，并退回了他给她的所有东西时，他一时冲动打了她。即便如此，佳豪内心仍觉得自己是真心爱她的，不想失去她，控制不住自己的感情。特别是到了节假日，他经常打电话给该女生，甚至到该女生的家门口或在她回家的路上等她，他内心感到非常痛苦。

4. 不稳定性与不成熟性

大学生生活阅历较浅、思想相对单纯，人生目标还没有清晰和准确的定位，对爱情的认识也不够深刻，其恋爱心理也就表现出不稳定和不成熟的特点。大学生恋爱动机和目的不明确，对待恋爱的态度和行为较为盲目，很多大学生其实是为了恋爱而恋爱，这在很大程度上导致大学生恋爱关系的不稳定，使大学生的爱情往往经不起挫折和困难的考验，为后续分手埋下了隐患。还有些大学生责任意识不强，在恋爱的时候并不能承担起对对方的责任，认为恋爱不需要承诺和责任，只在乎此时此刻的快乐，并没有为恋爱双方的将来做长远的打算。"毕业就意味着分手"成为很多大学生恋爱的"常态"，他们在自己的未来规划中，并没有将对方考虑到自己未来的工作和生活中。这种对待恋爱责任与承诺的缺失，使大学阶段的爱情根基不牢，抗风险能力较弱，稳定性较差。同时，很多大学生的爱情可以共享乐，但不能同患难，大学象牙塔里的青涩爱情往往因经不起时间考验而以分手告终。在现实生活中，当恋爱过程中遇到问题时，很多大学生常常缺乏妥善处理恋爱问题的能力，表现出不成熟的一面。

三、大学生常见的恋爱心理问题

1. 恋爱动机不良

随着社会的发展和外来文化的影响，我国人民的恋爱与婚姻观念出现了极大的转变，这一方面使得人们从传统的婚恋观中解放出来，另一方面也使得感情的严肃性与珍贵性下降。在这种社会氛围下，当代大学生的恋爱动机也受到了诸多的影响。一项调查显示，大学生的恋爱动机整体上是积极向上的，以情感型、成长型、婚姻型为主，但也有相当一部分大学生的恋爱动机为游戏型、功利型、人生体验型和性爱型等不良恋爱动机。以良好恋爱动机为出发点的大学生更有可能拥有积极的恋爱体验，使恋爱发挥积极作用；相反，则是不良的恋爱体验，使恋爱发挥消极作用。

2. 爱情错觉和单相思

每个人都渴望在大学期间与美好的爱情相遇，在人生最美的季节与那个特别的他（她）亲密邂逅。然而，有时候自己的"一见倾心"可能只是一厢情愿的错觉，自以为的"爱情"只不过是一场"美丽的误会"。大学生之间有共同的兴趣、爱好和话题，很容易互生好感，发展成友谊，但友谊并不等于爱情。在异性交往过程中，有些同学可能会模糊爱情和友谊的界限，产生自己爱上对方的错觉。如果这种错觉持续下去，就可能形成单相思，给自己造成较大的情感伤害。

扫一扫

爱情与学业的平衡

3. 恋爱与自我的平衡

恋爱意味着将对方纳入自己的世界里，成为自己所关注的一部分，对方的喜怒哀乐、恋爱中的酸甜苦辣都会直接而强烈地影响到自己。双方在恋爱中都会投入大量的时间与精力，而这又恰好与大学生正值奋斗与成长的时期相冲突，所以有时候爱情初期的美好会转变成恋爱与自我发展之间的冲突与矛盾。很多大学生在二人世界与独处时光、爱情与学业的时间分配上体会到极大的困惑，一方面抱怨对方陪伴自己的时间太少，对自己的关注度不够，觉得对方不在乎自己，不够爱自己，希望能有一个二人世界；另一方面又抱怨对方因为爱情占用了自己大量的时间，导致自己学习的时间和独处的时间减少，既没有时间致力于学业，也没有时间做自己喜欢做的事情。所以恋爱与自我发展既有矛盾冲突的一面，也有相互促进的一面。如果恋爱关系处理得当，爱情就可以成为学业和事业的催化剂，大学生中也不乏学业与爱情双丰收的例子。

4. 情感纠葛

每个人都希望自己的恋爱一帆风顺，但恋爱过程中却容易出现"相爱简单，相处太难"的情况，恋爱中可能出现纷繁复杂的情感纠葛。比如，恋人之间可能出现冲突，双方在价值观和行为方式等方面的差异决定了双方必然会在一些问题上产生分歧，若双方不懂得如何处理冲突矛盾，就可能出现分分合合的感情纠葛；恋人之间还可能出现三角恋或多角恋，如一个人同时被两个人或两个以上的人追求，或者同时喜欢上了两个或多个人。由于爱情的排他性和专一性，多角恋爱会给当事人带来心理负担或巨大的痛苦，影响其正常学习与生活。

5. 失恋挫折

失恋已成为大学生在校期间可能遇到的最大挫折。爱情是两个完全不同的生命在差异中不断求同而又不断求异的过程，在这个过程中双方纠结万分而又缠绵悱恻，甚至彼此间你中有我，我中有你。所以，恋爱过程中如果一方提出终止关系，将会给另一方带来严重的挫折感，比如痛苦、颓废、冷漠、焦虑和抑郁等。一部分学生可以有效地对自己的情感和行为进行调控，从而逐渐能让自己摆脱失恋的痛苦。但也有一部分学生无法将自己的不良情绪进行排解和转移，使自己陷入痛苦的深渊而不能自拔。

大学生跳江殉情

博阳，某名牌大学学生。女友提出分手后，不堪情感痛苦重负的博阳选择纵身跳入珠江。博阳家境贫困，但他聪明、懂事、学习成绩优异，是家人的骄傲与希望。在爱心人士的资助下，博阳进入大学读书，他很争气，大学期间获得国家励志奖学金、优秀学生奖学金等。然而，自幼背负重担的博阳性格内向、自卑、敏感，不善与人交往。突如其来的分手成为压倒他生命的最后一根稻草。在他最后一篇日记中，他用近似控诉的方式诉说了他对爱情远去的不甘与绝望："我爱你，也爱这个世界，但是你自私、冷漠、无情地抛弃了我！在我生命的最后，我恨你！我那么努力地去实现我们的未来，去实现对你的承诺，你竟然可以这样说不爱就不爱了。你说人生就是这样失去和接受的过程，我只想说凭啥一定要失去？为什么不能坚持？"

四、大学生恋爱类型的自我评估

指导语：请完成表8-1所示的斯滕伯格爱情三角量表，确定你与恋人之间的感情，哪一个成分含量最高。以下共有45句描述，用1～9分来表示你对每一句描述的赞同程度，1分表示"完全不同意"，5分表示"一般"，9分表示"完全同意"。

表8-1　斯滕伯格爱情三角量表

序号	亲密成分	得分/分								
1	我很支持他/她的幸福	1	2	3	4	5	6	7	8	9
2	我和他/她之间关系很好	1	2	3	4	5	6	7	8	9
3	在我需要时，我很信赖他/她	1	2	3	4	5	6	7	8	9
4	他/她也能在需要时信赖我	1	2	3	4	5	6	7	8	9
5	我愿意和他/她分享我自己以及我所拥有的东西	1	2	3	4	5	6	7	8	9
6	我从他/她那里得到许多情感支持	1	2	3	4	5	6	7	8	9
7	我给他/她许多情感支持	1	2	3	4	5	6	7	8	9
8	我和他/她沟通良好	1	2	3	4	5	6	7	8	9
9	在我的生活中，我非常看重他/她	1	2	3	4	5	6	7	8	9
10	我感觉与他/她亲近	1	2	3	4	5	6	7	8	9
11	我和他/她之间的关系让我感觉舒服	1	2	3	4	5	6	7	8	9

续表

序号	亲密成分	得分/分								
12	我感觉我真正理解他/她	1	2	3	4	5	6	7	8	9
13	我感觉他/她真正理解我	1	2	3	4	5	6	7	8	9
14	我感觉我能真正信任他/她	1	2	3	4	5	6	7	8	9
15	我可以向他/她分享我自己内心深处的个人想法	1	2	3	4	5	6	7	8	9

序号	激情成分	得分/分								
1	只要见到他/她就会让我兴奋	1	2	3	4	5	6	7	8	9
2	我发觉一整天我都会频繁地想到他/她	1	2	3	4	5	6	7	8	9
3	我和他/她的关系非常浪漫	1	2	3	4	5	6	7	8	9
4	我发现他/她非常具有个人魅力	1	2	3	4	5	6	7	8	9
5	我认为他/她很理想	1	2	3	4	5	6	7	8	9
6	我无法想象另一个人可能会带来他/她带给我的快乐	1	2	3	4	5	6	7	8	9
7	和其他人相比，我更愿意和他/她待在一起	1	2	3	4	5	6	7	8	9
8	没有什么比我和他/她之间的关系更重要了	1	2	3	4	5	6	7	8	9
9	我特别喜欢和他/她保持身体接触	1	2	3	4	5	6	7	8	9
10	在我和他/她的关系中有一种"魔力"的东西	1	2	3	4	5	6	7	8	9
11	我崇拜他/她	1	2	3	4	5	6	7	8	9
12	我不能想象我的生活中没有他/她的状况	1	2	3	4	5	6	7	8	9
13	我和他/她的关系充满激情	1	2	3	4	5	6	7	8	9
14	当我看到爱情题材的电影和书时我都会想到他/她	1	2	3	4	5	6	7	8	9
15	我对他/她充满了激情	1	2	3	4	5	6	7	8	9

序号	承诺成分	得分/分								
1	我知道我关心我的他/她	1	2	3	4	5	6	7	8	9
2	我保证我会和我的他/她保持关系	1	2	3	4	5	6	7	8	9
3	因为我已经对他/她做出了承诺，我不会让其他人干扰我们的关系	1	2	3	4	5	6	7	8	9
4	我相信我和他/她的关系是稳定的	1	2	3	4	5	6	7	8	9
5	我不会让任何事情干扰我对他/她的承诺	1	2	3	4	5	6	7	8	9
6	我期望我对他/她的爱一直到永远	1	2	3	4	5	6	7	8	9
7	我会常常感觉对他/她有强烈的责任感	1	2	3	4	5	6	7	8	9
8	我认为我对他/她的承诺不会变化	1	2	3	4	5	6	7	8	9
9	我无法想象我与他/她关系结束的情景	1	2	3	4	5	6	7	8	9
10	我能确定我对他/她的爱	1	2	3	4	5	6	7	8	9
11	我认为我和他/她的关系会长久	1	2	3	4	5	6	7	8	9
12	我认为我和他/她的关系是我做出的一个好决定	1	2	3	4	5	6	7	8	9
13	我感觉对他/她有一种责任感	1	2	3	4	5	6	7	8	9
14	我打算继续和他/她保持关系	1	2	3	4	5	6	7	8	9
15	即使在与他/她很难相处时，我也会维持我们的关系承诺	1	2	3	4	5	6	7	8	9

● **评分说明**

【计分】将每个成分内每道题的分数加起来，再将每个成分的得分除以 15。此时，每个分量表都会得到一个平均分。

【解释】通过 3 个分量表的平均分来衡量你的爱情，3 个成分的含量。若你在分量表上的平均分是 5 分，则说明你处在中等水平。平均分越高，说明在你的爱情中，此成分的含量越高。

第 三 节
//大学生恋爱能力提升的策略训练//

恋爱是学习与另一个人建立和发展亲密关系的过程，恋爱不是人与生俱来的能力。荷尔蒙、多巴胺与肾上腺素是大自然通过演化赐给每一个人的礼物，是爱情产生的生物基础。但仅有这些，远远不够。恋爱过程中，人们需要学会经营亲密关系，学习如何去爱一个人。由此，恋爱是一种需要后天学习的能力，每个人都应该学会如何与他人由表及里、从浅入深地建立亲密关系。大学生需要学习理解爱的真谛，学习发展爱的能力，学习接纳痛苦、失望与不满，并在这个过程中学会更好地认识自己。

一、学会鉴别爱

爱情固然令人心驰神往，但在产生爱情之前，个体对于他人还会存在其他的特殊感情，比如欣赏与喜欢，这两者虽然与爱情接近，但又与爱情有着天壤之别。人与人之间的关系发展总是循序渐进的，如果把爱情比作金字塔上的塔尖，那么欣赏与喜欢则是到达金字塔顶端的基石。欣赏多存在于朋友之间，喜欢多存在于与潜在恋人的暧昧阶段，而爱情则通常发生在与恋人的热恋阶段。所以，正确鉴别自己是喜欢还是爱一个异性，是决定两个人是成为朋友还是成为恋人的关键。一个人虽然可以同时喜欢与欣赏很多人，但在一定时期内只能爱上一个人。因此，人们要学会正确地鉴别爱，否则"失之毫厘，差之千里"。如果在未确定是否真的是爱情的情况下就急忙过于密切地与对方交往，则对双方来说都不公平。

> **爱情错觉**
>
> 志鹏和嘉欣是大学的同班同学，刚开始两人接触并不多，互相也没有太多的感觉。由于班上女生寥寥无几，到了大一下学期后，志鹏渐渐觉得嘉欣人还不错，又因同宿舍男生的撺掇，他开始主动与嘉欣接触，两人很快确立了男女朋友关系。但嘉欣是一个刻苦努力的女孩，平时主要精力用于学习，没有太多娱乐活动，本来觉得嘉欣勤奋可爱的志鹏渐渐觉得无话可聊，热情降低。嘉欣发现异样之后质问志鹏，志鹏才辩解说感觉和嘉欣在一起缺乏激情，不像是在谈恋爱。两人大吵一架之后分手。

那么，如何才能识别爱情错觉呢？齐克·鲁宾所编制的爱情与喜欢量表可以帮助读者区分到底是喜欢还是爱。

小测试：爱情与喜欢量表

指导语：请根据自己的实际情况，对以下陈述做出判断，符合计 1 分，不符合计 0 分。

（1）在他（她）情绪很低落的时候，我觉得很重要的职责就是使他（她）快乐起来。

（2）在所有的事件上，我都可以信赖他（她）。

（3）我觉得要忽略他（她）的过失是一件很容易的事情。

（4）我愿意为他（她）做所有的事。

（5）对他（她）我有一种想占为己有的想法。

（6）若我不能和他（她）在一起，我会觉得非常不幸。

（7）假使我孤寂，首先想到的就是要去找他（她）。

（8）在世界上我的事也许很多，但最重要的事是他（她）幸福不幸福。

（9）不管他（她）做错了什么，我都愿意宽恕他（她）。

（10）我觉得他（她）的幸福是我的责任。

（11）和他（她）在一起时，我发现自己什么事都不想做，只想用眼睛看着他（她）。

（12）若我也能让他（她）百分之百地信赖，我觉得十分快乐。

（13）没有他（她），我觉得难以生活下去。

（14）我和他（她）在一起时，我发觉好像两人都有相同的心情。

（15）我认为他（她）非常好。

（16）我愿意推荐他（她）去做为人尊敬的事。

（17）在我看来，他（她）特别成熟。

（18）我对他（她）有高度的信心。

（19）我觉得大部分人和他（她）相处，都会对他（她）有很好的印象。

（20）我觉得和他（她）很相似。

（21）我愿意在班上或团体中，做什么事都投他（她）一票。

（22）我觉得他（她）是许多人中，容易让别人尊敬的一个。

（23）我认为他（她）是十二万分聪明的。

（24）我觉得他（她）是我认识的所有人中，最讨人喜欢的。

（25）他（她）是我很想学习的那种人。

（26）我觉得他（她）非常容易赢得别人好感。

上述题目中，与自己相符合，计1分；不符合，计0分。前13个题目的得分合计后得到爱情分量表总分，后13个题目的得分合计后得到喜欢分量表的总分。如果爱情分量表的总分高于喜欢分量表的总分，那么你对对方爱的成分多于喜欢，你们之间是爱情而非友谊；反之，则是友谊而非爱情。

二、果断拒绝爱

每个人都有表达爱与追求爱的权利，但同样也具有自由选择爱的权利和拒绝爱的权利。当向自己示爱的人并非自己所爱时，要有拒绝爱的能力，及时做出拒绝的选择。现实中，"落花有意，流水无情""爱而不得，忘而不舍"的情形在大学生群体中也较为常见。也许"其情也真，其意也切"，但就是无法在对方心中唤起同样的感受。在这种情况下，不管是"落花"还是"流水"，双方都需要合理表达或理智接受，这既是对双方的尊重，也能展现各自良好的品格与风度。拒绝爱也是一种能力，常常有因害怕伤到对方自尊而优柔寡断者，有简单直接将对方拒于千里之外者，也有对示爱来者不拒者，这些都是缺乏拒绝爱的能力的表现。那么，如何委婉又明确地拒绝他人呢？

1. 拒绝暧昧

暧昧是两人之间态度含糊、不明朗的关系，是一种"朋友以上恋人未满"的关系，常表现为行为举止称呼等较为亲昵，日常生活也互有较多联系，但并未确定恋爱关系。如果一方已经决定不愿意接受对方的爱，就应该及时拒绝暧昧，减少不必要的私下联系，委婉拒绝对方的礼物，避免亲昵的身体接触，防止给予对方错误信号，不要让对方误以为还有希望和可能性，否则只会让对方越陷越深，造成更大的伤害。

2. 选择合适的场合

拒绝爱需要选择合适的场合。有些大学生出于浪漫与惊喜的目的，可能会在告白时让朋友、舍友帮忙助阵或者选择在公开场合进行告白；被告白的一方如果当面直接无情拒绝，则会让对方的感情和自尊心受到极大打击。这个时候，被告白的一方可以选择自己"需要一段时间考虑"作为缓冲，然后再选择一个安静且相对安全的场合跟对方心平气和地说清楚。

3. 使用温和而坚定的语言

在拒绝爱的时候，要使用温和而坚定的语言表达自己的拒绝。在拒绝的时候，一定要尊重对方。在尽可能保护对方自尊心的同时，感谢对方对自己的欣赏，肯定对方的优点与长处。但也一定要果断、坚决、毫不含糊地说明自己并不想进一步发展双方关系，如果可以的话，给出自己的理由。如果优柔寡断或屈服于对方的穷追不舍，发展下去对双方都不利。

4. 采取恰当的方式

虽然每个人都有拒绝爱的权利，但拒绝爱的方式要恰当。针对性格不同的人应该采取不同的方式。如果对方较为敏感脆弱，则委婉说明，尽可能找自己的原因；如果对方性格外向活泼，则可以在尊重对方的基础上明确说明自己的真实想法；如果对方较为执着偏激，则在保证自己安全的前提下，明确拒绝并温和地告知对方给自己造成的困扰，表达希望两人关系恢复正常朋友关系的愿望；如果对方有威胁到自己安全的语言或行为，则要及时寻求朋友、家人甚至警察的帮助。

· 想一想 ···························

巧妙地对不爱的人说"不"

我们在生活中有时会遇到对自己钟情，可自己却无法接受对方爱情的情况。设想一个你不喜欢的人向你求爱的情境，请在头脑中想出至少10种不同的方法拒绝对方。前提是不伤害对方的自尊心，使你们的友谊可持续发展。

（1）＿＿＿＿＿＿＿＿＿＿＿＿＿。　　（6）＿＿＿＿＿＿＿＿＿＿＿＿＿。

（2）＿＿＿＿＿＿＿＿＿＿＿＿＿。　　（7）＿＿＿＿＿＿＿＿＿＿＿＿＿。

（3）＿＿＿＿＿＿＿＿＿＿＿＿＿。　　（8）＿＿＿＿＿＿＿＿＿＿＿＿＿。

（4）＿＿＿＿＿＿＿＿＿＿＿＿＿。　　（9）＿＿＿＿＿＿＿＿＿＿＿＿＿。

（5）＿＿＿＿＿＿＿＿＿＿＿＿＿。　　（10）＿＿＿＿＿＿＿＿＿＿＿＿＿。

三、学会发展爱

有人说，世界上有3种东西是无法隐藏的：咳嗽、贫穷与爱。爱就是一种捂住了嘴巴也会从眼睛里跑出来的东西。但尽管它难以隐藏，爱也仍需要表达，只有表达出来，才能让他人明确接收到你的信息，并做出回应。因此，学会发展爱的能力，首要的是敢于用正确的方式表达爱。当然，爱的表达方式多种多样，要选择适合的爱的表达方式，不恰当的表达方式会引起误解甚至反感，反而弄巧成拙。所以，爱的表达也需要采取合适的方法与技巧。心理学家盖瑞·查普曼提出了以下5种表达爱的方式。

1. 肯定的言词

心理学家威廉·詹姆斯说："人性深处，无不渴望被赞美。"无论地位高低、个性如何，每个人的内心都希望被他人肯定、尊重和理解。适当真诚的赞美与欣赏等会使对方得到极大的激励，增强对方的自我价值，从而给予对方强烈的自信，使双方的相处愉快而自然。情侣间真诚的欣赏与鼓励是表达"我爱你"的有效方式之一，也是爱情保鲜的重要秘诀。

· 想一想 ···

学会赞美

以下情境中的两种表达哪种更好呢？为什么？遇到类似情境你应该怎么做呢？

情境一：女孩子本来答应了要一起看电影，结果因为其他事情在电影开场前爽约。

表达1："你怎么能这样呢？说不来就不来？能不能提前说？"

表达2："虽然我理解你有其他很重要的事情……不过下次见面时乖乖让我摸头作为补偿哦。"

注：发生冲突的时候，温和的语言更能显示你对对方的理解与支持，在表达出爱意的同时显示自己的修养和大度。

情境二：喜欢的女孩子每次和我一起出门总是会让我等待很久。

表达1："你知不知道守时是做人的基本准则？每次都让我等这么久。"

表达2："你知道吗？你每次见我都会花很长的时间打扮得美美的，你真是人间难得的小仙女呢。"

注：真诚而具体的赞赏总会让他人心情愉悦，并下意识地想要回馈，在该情境中，如果你对着女孩子说出第二种表达的内容，对方不仅会对你有极大的好感，而且会意识到迟到的问题。

2. 精心的时刻

精心的时刻指此时双方的注意力完全集中在对方身上，并在这个过程中倾注情感。两个人在友善甚至浪漫的环境中，分享内心深处的渴望、快乐、思想、愿望以及生活中的点点滴滴，专注倾听对方的话语，体验彼此的关心与爱，这要求双方都拥有倾听的技术与交谈的能力。

· 做一做 ···

学会倾听

活动目的：培养学会倾听的能力和技巧，提升人际沟通能力。

活动过程：和你的小伙伴或者朋友以自己的兴趣爱好为主题进行一次对话，并练习以下几种原则。

（1）当对方说话时，保持目光的接触。

（2）给予对方你全部的注意力。如果你无法集中精神，马上告诉对方实情。

（3）注意并感受对方的情绪。询问自己："现在他（她）心里是什么样的感觉？"

（4）观察肢体语言——眉头、眼睛、四肢等来帮助判断对方在想些什么。

（5）不要贸然打断对方。抱着了解对方的想法的态度认真倾听。

3. 接受礼物

礼物所代表的并不是其金钱上的价值，而是心意，是一个写着"我心里有你"的标志。礼物最重要的并不是其价格，而是对方是否喜欢。礼物可以是价值昂贵的钻戒，也可以是清晨路边的一朵小雏菊，只要在个人的可承受范围之内，而对方又刚好喜欢或者需要，那么一份贴心的礼物就是可以看见的爱。送礼物需要了解对方的喜好，接受礼物也要表达自己的感谢与欣喜。

想一想

（1）你曾经送给心仪的人什么样的礼物呢？

_____。

（2）尝试早上送他（她）一块巧克力，晚上送他（她）一束鲜花，观察他（她）的反应。如果他（她）又惊又喜，恭喜你，他（她）的爱语就是接受礼物。

（3）一定不能忘记一些特殊的日子，如恋爱纪念日、情人节、生日等。在特殊日子送对方礼物，对方一定会非常开心。

（4）不妨自己制作一个浪漫的小礼物，可以选择一些留有你们恋爱甜蜜记忆的照片，自己粘贴在活页相册里，照片搭配上你的文字，相信他（她）会感动。

4. 服务的行动

人们往往将关系最亲密的人视为安全的港湾，这个港湾不仅能让人们展现最真实的自我，同时还能帮助人们渡过难关。因此，人们在遇到挫折和困难时，总会第一时间向亲近的人寻求帮助。在这种时候，恋爱双方应该主动且积极地帮助对方，这会让受帮助的一方在无形中建立起强大的安全感，提供帮助的一方也会感受到自我能力得以体现，从而拉近双方的距离。另外，有时候对方的陪伴、支持与一些贴心的细节就是对自己最大的帮助。比如，在过马路的时候，男生可以主动走到车开过来的一面；一起去餐厅吃饭时，男生可以主动为女生挪动椅子；男生还可以携带纸巾以备女生的不时之需；女生在约会时也要做到准时与守信等。

想一想

（1）你可以为对方提供什么样的帮助呢？

_____。

（2）你希望得到对方的哪些帮助呢？

_____。

（3）你觉得还有哪些细节是良好品质的体现呢？

_____。

5. 身体的接触

恋人之间的拉手、拥抱或者依偎都可以传达爱的信息。刚开始约会时，双方可以通过一些细微的接触来拉近关系，比如在过马路的时候靠得近一些，甚至可以自然地拉手，在较为难走的路上或人流量大的环境里可以拉住对方；较为熟悉之后可以摸头、牵手、揽肩、轻柔地拥抱；热恋期则可以吻手、吻面、拥抱等。

想一想

（1）你觉得在什么样的情况下，对方最有可能与你牵手？

_____。

（2）你觉得在什么样的情况下，你最有可能愿意被对方牵手？

_____。

（3）如果对方拒绝了你牵手的动作，你应该怎么做呢？

_____。

知识链接

恋爱中的性别差异

（1）**择偶标准**：男性选择恋爱对象时更注重女性的外貌、性情、趣味等；而女性更注重男性的才华、能力以及责任感、安全感等品质。

（2）**恋爱态度**：女性认为亲密是爱情最重要的因素，在爱情中渴望与男性建立亲密的关系，寻求彼此感情上的高度融合；而男性将吸引视为最重要的部分，期望女性对自己一往情深，但却担心柔情蜜意有失男子气概，不大愿意做出过分袒露的表示。

（3）**追求形式**：在追求爱情时，男性往往比较主动和强烈；而女性往往比较被动和矜持。

（4）**感情需求**：男性需要的爱的形式是信任、接受、感激、赞美、认可、鼓励；女性需要的爱的形式是关心、理解、尊重、忠诚、体贴、安慰。

（5）**情感表现**：男性通常反应迅速强烈、勇敢大胆、感情洋溢，但易起伏；女性则通常感情羞涩而少外露，表达爱慕喜欢用婉转、含蓄和暗示的方式。

（6）**爱情感受**：男性较为粗枝大叶，更多关注大的方面，不注意小的细节，常常不能细致体察对方心理；而女性往往情感细腻，善于体察对方心理。

四、从失恋中成长

爱情美好而令人迷醉，但恋爱的过程并不是只有阳光雨露，也可能会存在曲折和坎坷，很多人会因为失恋而伤心欲绝，这种痛苦也是难免的。就大学生而言，失恋是对大学生影响较大的生活事件，失恋的打击往往会使他们陷入巨大的心理挫折，感到心灰意冷、悲观失望，甚至产生强烈的耻辱感和嫉恨心，影响正常的学业与生活。大学生在承受这份痛苦时，需要学会正确地处理失恋，化解内心的不良情绪，学会从失恋中汲取经验，从失恋中获得成长。正如莫里哀所言："恋爱是一所学校，教我们重新做人。"坦然接受对方的离去，承认爱与不爱是每个人的权利，给对方以足够的尊重。恋爱时，要坦坦荡荡；分手时，也要洒洒脱脱。

1. 宣泄

大学生在面对失恋问题的时候要学会宣泄情绪。如果将情绪一直埋在心里，则情绪会发酵得更多。失恋时，应适当宣泄自己的情绪，比如向值得信赖的人（亲人、好友或心理咨询师）倾诉、写日记记录痛苦情绪、通过高强度的运动（拳击、打球、跑步等）抒发心里的阴郁、在安全隐私的地方哭泣或吼叫等。如果感觉心中积郁实在太深，自己无法排解，还可以求助于心理咨询师。但注意不要沉迷于酒精或其他不良活动，以免损害自己的健康。

2. 转移

大学生在面对失恋问题的时候要学会转移注意力，可以通过培养新的兴趣爱好或者开始一项新的活动来转移注意力。比如去风景优美的地方旅游散心、多结交朋友、积极参加集体文体活动、与家人一起度过一段时光，还可以学习跳舞或吉他、完成一项创意设计、参加比赛活动等。这些全新的体验都有助于心情的开阔，重新激发人的理性控制力，使生活逐渐回归到正常轨道上来。有的大学生可能认为忘记前任的有效办法是开启一段新的恋情，但带着伤口进入新的恋情只会加速恋爱失败，是对现任的不尊重与不公平，会再次带来伤害。

3. 理性归因

理性归因是正确处理失恋问题的重要途径。有些人出现在我们的生命中，只是为了陪我们走一段路，给我们上一堂课。失恋后，最重要的事情不是对往事追悔莫及或盲目寻找"下一任"，而是稳定情绪之后，学会理性地梳理，从而摆脱痛苦，并得到成长。细心思考一下感情失败的原因，如果责任在己，就要振作起来，努力改正自己的不足，使自己更加完善。如果责任在对方，也没有必要为这份感情而感到惋惜。爱情是双方互动、心甘情愿才会使人快乐的事情，任何一方没有了这份感情，爱情也就失去了意义。

> **想一想**
>
> **失恋的 10 大好处**
>
> 请尝试列举失恋的好处，以"因为我失恋了，所以我获得了……"句型为模板，写10句话。
>
> _____
> _____
> _____
> _____。

4. 升华

大学生在面对失恋问题的时候要学会正视失恋问题。失恋固然是一次痛苦的经历，但同时也是一个审视自己、发展自己、完善自己的绝佳机会。将失恋的痛苦升华为促使自己成长的力量，尽快投入事业和理想的追求中，这样既可使"自我"得到更新和升华，又可创造更好的择偶条件，可谓"失之东隅，收之桑榆"。

反思践行

◎体验分享

给恋人画像

请学生们给自己的恋人画张像，以明确自己的择偶动机，了解自己的择偶标准。

1. 请用词或句子的形式写出自己选择恋人的 5 条标准。

第一条：_____。
第二条：_____。
第三条：_____。
第四条：_____。
第五条：_____。

2. 请对照自己的恋人选择标准，思考一下自己的恋爱动机是否健康，以及自己的择偶标准是否现实。

_____

_____ 。

◎沙场练兵

我的爱情账户

让我们来想象一下：两个人确立了恋爱关系就相当于在对方心里设立了一个"爱情账户"。每一次你让对方开心，让对方感受到爱，就是向对方的爱情账户中存钱；而每一次你让对方痛苦，就是在从对方的账户中取钱。在两个人相爱的过程中，如果对方一直向你的账户中存钱，而你却一直从对方的账户中取钱，直到有一天，当对方心中的爱情账户余额清零时，对方就可能会离开你。

试想一下，在你与恋人的相处中，你有哪些存钱和取钱行为？请填入表 8-2 中，并将你的行为和同学分享。

表 8-2　我的爱情账户

存钱行为	取钱行为

149

● **视野拓展**

推荐图书：《爱情心理学》

推荐理由：斯滕伯格在其 1988 年出版的《爱情心理学》一书的基础上，对一些旧理论进行了修正，并对依然引人注目的理论提供了新的数据支持，进一步丰富了爱情的理论。新版本的《爱情心理学》共有 16 章内容，涵盖了爱情的定义、爱情的理论、爱情的进化观等专题。该书运用科学心理学范式探讨爱情这一浪漫而神秘的人类活动主题，是对现代社会心理学一个新兴领域的创建与发展。爱情是古老而永恒的话题。爱情究竟是什么？这需要每一个人用自己的心灵和生命去体验。但科学爱情心理学的知识积累，毫无疑问会帮助人们理解爱情的本质，珍惜和体验真爱，这也是本书的价值所在。

扫一扫

推荐电影

第九章

明晰网络世界的界限
——大学生网络心理

● **心灵引领**

网络正在改变人类的生存方式。

——比尔·盖茨

如果错过互联网，与你擦肩而过的不仅仅是机会，而是整整一个时代。

——王峻涛

要善于在网上学习，不浏览不良信息；要诚实友好交流，不侮辱欺诈他人；要增强自护意识，不随意约会网友；要维护网络安全，不破坏网络次序；要有益身心健康，不沉溺虚拟时空。

——《全国青少年网络文明公约》

● **学习导航**

当今是互联网的时代，网络以其信息量大、传播快捷、超越时空限制等优势，深刻地影响着人们的学习方式、生活方式和工作方式。大学生求知欲旺盛、好奇心强烈、易于接受新事物等特征使其成为网络的极大受益者。然而，网络是一把双刃剑，由于自控力有限，不少大学生沉浸其中不能自拔，还经受着虚幻与真实交织的网络世界所带来的种种心理困扰，这会对他们的身体、学习、生活以及社会交往等方面产生消极影响。因此，如何合理使用网络、预防大学生网络成瘾已成为一个刻不容缓的课题。

扫一扫

正确使用网络

读者通过本章的学习可以达到以下目标：

- 了解网络的基础知识，包括网络的含义、特点，以及网络与个体心理需求之间的关系；
- 了解大学生网络使用的心理特征和常见的网络偏差行为，并进行网络使用的自我评估；
- 掌握大学生网络合理使用的策略与方法，正确看待网络，合理使用网络，提升网络心理健康。

被网络俘虏

浩宇被称为"高考奇人"，曾两次考入浙江某重点大学，但又因为沉溺网络游戏而两次被退学。浩宇第一次参加高考是在2007年，他以549分、全校第二的成绩顺利考入浙江某重点大学。进入大学后，他的学习和生活逐渐失去了方向，他觉得有些课程枯燥乏味，他对自己的要求也慢慢降低，逃学旷课成了家常便饭。正当他对大学生活无所适从时，他接触到一个名为"魔兽世界"的网络游戏，开始了神龙见首不见尾的生活——"白天在宿舍睡觉，晚上通宵上网"，他甚至可以12小时打游戏不间断。一个学期下来，浩宇只拿到了12个学分。按照学校的规定，浩宇在第二学期被退学了。在退学之后的一年，他通过复习班补习，继续参加高考，再次考上该所大学。可是，二次走进大学校园的他依旧没能抵住游戏的诱惑，导致再次被退学。两次考上重点高校，两次又因沉溺网络而被勒令退学，令人唏嘘不已。

● **心理课堂**

　　网络已经成为大学生获取知识、查询信息、了解时事、网络购物、休闲娱乐以及情感交流的重要途径，已是大学生学习和生活中必不可少的组成部分。反思自己，你是否曾经有过因所谓的"放松"而过度沉迷网络的经历？你又是如何解决这个问题的呢？大学生是网络使用的主力军，网络信息以其超出人们想象的刺激性和娱乐性强烈吸引着大学生群体。同时，大学生自我控制力较弱，这些特征使他们很容易沉迷于网络世界中，进而导致网络成瘾问题，甚至学业荒废、人际疏离，以及产生抑郁、焦虑、孤僻和冷漠等一系列心理健康问题。那么，什么是网络？如何正确地认识网络？如何扬长避短，有效地使用网络？本章将探讨网络及其对大学生身心发展的影响，以引导大学生正确认识网络，增强对网络的控制感，从而能够合理地使用网络。

151

第一节

网络心理概述

　　21世纪是信息时代，互联网技术的快速发展给人们的生活带来了翻天覆地的变化，并且成为人们日常生活中不可或缺的重要组成部分。本节将带领读者学习网络的含义、特点以及网络与个体心理需求之间的关系。通过本节内容的学习，读者对网络将有一个比较全面、清晰的认识。

一、网络的含义

　　网络是由若干节点和连接这些节点的链路构成的，这些节点和链路表示诸多对象及其相互联系。在计算机领域中，网络是指信息传输、接收、共享的虚拟平台，它把各个点、面、体的信息联系到一起，从而实现信息资源的共享。

　　中国互联网络信息中心发布的《中国互联网络发展状况统计报告》显示，截至2020年12月，我国网民规模达9.89亿人，较2020年3月增加8 540万人，互联网普及率为70.4%，较2020年3月提升5.9个百分点。我国手机网民规模达9.86亿人，网民通过手机接入互联网的比例高达99.7%，较2020年3月略有升高。在电子商务、线下支付、网络短视频娱乐、在线政务服务和网络大数据运用等蓬勃发展的情况下，互联网已然融入人们的日常生活中。但同时网络给人们所带来的一些安全隐患和威胁也不容小觑，如网络暴力、网络欺凌和网络诈骗等。

二、网络的特点

网络之所以对人们有如此强大的吸引力，与网络自身的特点密切相关，其主要特点如下。

1. 虚拟性

网络的存在状态是虚拟的、非现实的，无数网络用户组成了一个无形的网络世界，每个网络用户通过这张无形的"网"进行相互联系和彼此沟通。在这种虚拟化的网络交往中，个体现实生活中备受关注的特征被掩盖在网络世界中，如身份、年龄、性别、外貌、职业、性格等，导致个体之间的交往只剩下符号间的交流。这种网络虚拟性的特点满足了个体"隐匿"的愿望，人们可以在网络上随心所欲地张扬自己的个性，尽情地施展自己的才华，也可以自由地尝试扮演各种社会角色，还可以轻松实现社会生活中无法企及的愿望。

2. 丰富性

网络信息的丰富性带给人们全新的体验。网络所容纳的信息量是巨大的，可以用"海量"一词加以描述。网络承载的信息复杂多样，呈现形式多种多样，且更新速度非常快，这是吸引人们投身网络世界的重要因素。就大学生群体而言，大学生课业压力相对高中要小，可自由支配的闲暇时间较多，接触手机及计算机网络的机会也更多，稍不注意就掉入互联网的"陷阱"中。网络游戏、色情和网贷等不良信息在网络上的传播，可能会使部分大学生沉迷其中，甚至走向违法犯罪的道路。此外，网络对求知欲望强烈、易于接受新鲜事物的大学生而言，具有很强的吸引力，构成了他们生存的"第二空间"。部分大学生因涉世未深、热衷追求感官刺激且缺乏稳定的自我控制能力，容易对网络产生迷恋，长此以往会发展成网络成瘾，给他们的心理健康造成不良的影响。

3. 开放性

网络拉近了世界各地的距离，扩大了人类的生活范围，使人类的活动不再受到时空的限制，人们能够利用网络进行及时、充分的交流并获得反馈。网络已经成为一个全球性的开放系统，连接了世界的每一个角落，加快了信息的传播，任何一个网点引起的涟漪都有可能迅速波及全球各地。全球随时随地都可以相互联系交流，所有网民都可以自由进入其中，"各取所需"，还可以通过网络迅速了解到全球范围内的最新消息，"地球村"变成了现实。

4. 交互性

网络中每一个用户既是信息的接受者，又是信息的发布者，形成发布－接受双向或多向互动。这种网络交互性可以实现用户之间近距离地交流沟通，拉近了人与人之间的距离，真正实现了自由沟通和平等交流。人们通过网络不仅可以根据自己的需求和喜好搜集、获取和选择信息，还可以通过网络轻松实现人与人之间的沟通与交流，实现网络资源的高度共享。与此同时，人们还可以是信息的发布者、创造者或反馈者，可以自由参与网络交流活动。然而，网络的交互性也会使信息发布、传播、接受和使用出现一些不良影响和导向。网络信息良莠不齐，大学生需要仔细甄别和判断。

三、网络与个体心理需求

除网络本身的特性外，网络的吸引力还源于网络空间可以满足人们不同层次的心理需求，具体表现如下。

1. 网络可以满足人们强烈的求知欲和好奇心理

网络以其信息体量庞大、内容丰富、获取便捷以及互动性强等特点极大地满足了人们的求知欲和好奇心，激发人们对学习和掌握网络知识以及应用网络技能的欲望。对大学生而言，他们求知欲强、兴趣广泛并喜欢寻求感官刺激，渴望了解书本以外的各种知识、信息和周围多彩的世界。比如网络游戏就因其生动的故事情节，引人入胜的动画和音响效果，以及游戏中互动性、挑战性和所能体验到的紧张刺激感，极大地满足了大学生的好奇心。另外，还有部分大学生上网是出于猎奇心理，寻求在现实生活中通过正当途径难以获得的信息。

2. 网络可以满足人们寻求归属感与人际交往的需求

寻求归属感是人类的一种基本需求。一些网络依赖者往往存在现实的或潜在的归属认同危机感，如家庭成员之间的关系危机、与同学缺乏认同等，他们沉迷于网络既是在逃避不愉快的现实，也是在寻觅来自网络的归属认同。但不可否认，网络以其匿名性、即时性和便捷性扩大了人们的交往范围，增加了人与人之间的情感沟通，更好地满足了个体人际交往的需求。比如有些同学性格内向，不太善于交际，但他们可以在网上突破人际交往障碍，更直接、更准确地表达自己，结识志趣相投的人和群体，从网络世界中获得朋友和友谊。中国互联网络信息中心的相关调查结果显示，网络在大学生人际交往中扮演了重要的角色，截至 2020 年 6 月，微信朋友圈使用率为 85.0%；QQ 空间、微博使用率分别为 41.6% 和 40.4%。

3. 网络可以满足人们赢得自尊与追求自我实现的需求

强烈的自我意识是大学生群体的一个显著特点，每个人都有获得别人尊重、认可和追求成功的基本心理需要。学校中那些能力突出、成绩优秀的学生往往容易得到家长、学校和社会的认可与肯定，而大部分成绩处于中等或偏下的学生得到关注的机会则较少，但他们也像其他同龄人一样强烈地渴望得到关注、尊重和认同，渴望成功带来的满足感。网络提供了一个重建自我认同和自我实现的舞台，在这个舞台上，他们可以享有平等、自由、刺激和成功的感觉，可以在游戏中成为"侠客""高手""将军""富豪"。很多大学生被网络游戏所吸引，因为在游戏中，他们不仅可以扮演虚拟的角色，还可以不断升级角色或打败其他角色，赢得其他玩家的尊重和认可，获得在现实生活中得不到的满足。

经典研究

社交网站用户更自恋

2010 年，加拿大心理学家索拉雅·麦迪扎德进行了一项社交软件使用与自恋和自尊之间关系的研究。她对 100 名年龄为 18 ～ 25 岁的大学生进行社交软件使用情况调查，包括上传照片、留言和状态更新、登录频率和每次在线时间等内容。然后，她采用自恋人格量表和罗森伯格自尊量表对这些社交软件用户的人格特征进行测试。结果发现，自恋者和低自尊者每天至少会有 1 小时沉溺在社交软件上，而且他们更喜欢上传一些美化了的照片，比如他们会用 Photoshop 进行修图，或摆出吸引眼球的姿势。自恋者还倾向于通过更新签名状态（如"我太有型了，简直帅呆了"）和活动更新（分享一些名为"看我像明星吧"等的链接）来进行自我展示。此外，社交软件使用还存在性别差异：男性常倾向于通过个人主页发表新帖来展示自己，而女性则倾向于细心挑选个人照片。

4. 网络可以满足人们排解压力与宣泄情绪的需求

大学生在大学生活中不可避免地会遇到这样或那样的危机和挫折，诸如学习、生活、情感和人际关系等方面，部分学生又不愿意向同学、父母倾诉，从而容易产生抑郁、焦虑等不良情绪。如果此时缺乏相应的社会支持系统或未能及时进行干预，大学生就会产生极度的不自信甚至自卑。面对压力，有些大学生会到网络中寻求安慰和支持，每天花费大量的时间，通过聊天工具、网站聊天室进行人际交流，甚至沉迷于网络聊天交友而不能自拔，网络成为他们排解压力、宣泄情绪和寻求自我解脱的一个重要的环境和途径。比如孤独者就容易被网络中一些具有交互作用的社会活动所吸引。

5. 追求娱乐与时尚的心理

随着大学生独立意识的增强、自由支配的课余时间增多，他们在课余生活的安排与课余时间的利用方面呈现出多样化、个性化与时尚化的发展趋势。其中，以网络为媒介的娱乐活动方式逐渐占据了大学生的休闲时间，成为这一群体中最为时尚的娱乐休闲方式。运用网络进行网上聊天、逛论坛、发微博、听音乐、看视频、玩游戏、看书、打牌下棋、观看体育赛事和网上购物等已成为大学生消遣娱乐和追求时尚的主要内容。这些活动刺激着大学生的感官，在很大程度上满足了他们自我表现、好奇、玩乐和追逐时尚的心理需求，也有利于他们排解在现实生活中遇到的烦恼。

第二节
大学生网络心理的特征与问题

随着社会发展和网络技术的进步，大学生的生活方式、交往方式和思维方式都发生了巨大的变化，呈现出与网络共生共融的新态势。作为伴随互联网长大的网络"原住民"，大学生通过网络不仅可以接触到前所未有的广阔空间，还可以有效地获取信息、学习知识、娱乐休闲、赢得自尊、追求自我实现、交流情感和了解社会。然而，由于大学生涉世不深，好奇心强，喜欢追求刺激、热衷娱乐且自我控制力较弱，部分学生容易对网络产生依赖，这给其心理健康带来了诸多负面影响。

一、大学生网络使用的特征

当前，网络发展的速度已经大大超过了人们的预期。中国互联网络信息中心发布的最新数据显示，学生是我国网民构成中人数最多的群体，占网民总数的 21.0%。有研究者（中国社科院刘保中、郭亚平、张磊）对大学生网络使用行为进行了实证研究，全面客观地分析了当前大学生网络使用的特点，总结如下。

1. 平均触网时间早

当代大学生初次接触网络时间的低龄化趋势明显加强。"95 后"大学生首次触网的平均年龄约为 11 岁，而"00 后"大学生首次触网的平均年龄已经提早到 9 岁。可以说，当代大学生是伴随网络快速发展和普及而成长起来的一代，是不折不扣的网络"原住民"。

2. 网络使用时间长

刘保中和郭亚平的调查结果显示，40% 的大学生日均上网时长超过 4 小时，20% 的大学生日均上网时长超过 6 小时；张磊的调查结果显示，78.1% 的大学生每天累计上网超过 3 小时，超过四成受访者认为自己上网时间安排欠佳，近 1/4 受访者常会因为聊天、购物和游戏等而忘记时间。

3. 大学生上网的动机和目的多元化

当代大学生使用网络的动机和目的日趋多元化，主要包括浏览新闻、获取资讯、交友聊天和娱乐购物等，基本覆盖了大学生活全方面、学习全过程。有研究显示，当代大学生丰富的网络生活主要是为了满足人际交往和休闲娱乐需求。如张磊的调查结果显示，关于受访学生上网的主要目的中，聊天、娱乐、购物和玩游戏等占比较高，分别为 77.6%、68.5%、60.1% 和 55.8%；通过网络学习、关注社会及了解时政的占比依次为 56.3%、42.3%、35.1%。这说明大学生在网络使用上偏向娱乐休闲，而以提高学习和完善自我为主要目的的学生相对较少。

4. 大学生上网工具多样化

大学生上网的方式越来越趋于多样化、灵活化和便携化。刘保中和郭亚平的调查结果显示，手机和笔记本电脑是主要的上网工具，其中使用手机上网的比例达到 96.1%，使用笔记本电脑上网的比例为 47.8%，使用台式计算机上网的比例已经变得很低，平板电脑、智能手表等上网设备也被越来越多的大学生所使用。

> **知识链接** ·

网络心理健康的标准

网络心理健康标准主要有以下 5 条。

（1）正确的网络心理健康的意识和观念。个体具有正确的心理健康意识和观念（包括对网络有正确的认知和态度），认识到心理健康的重要意义和现实价值，能够运用正确意识指导自己的心理和行为。

扫一扫

网络时代的心理健康

155

（2）保持线上和线下的人格统一。在线时能够积极主动地接受和处理信息，离线后能够迅速地从虚拟情境中走出来，而非仍然沉溺于虚拟情境之中。

（3）拥有正常的人际交往。具有健康的网络心理的人，能在离线时维持并发展现实正常的人际交往，人际关系协调，并能够同周围环境和他人保持良性互动。

（4）不因网络的使用而影响正常的学习和工作。个体如果因为上网的原因而影响正常的工作和学习、家庭生活、人际交往，就属于网络心理不健康的范围了，需要进行及时的控制、调整或治疗。

（5）不影响身体健康。在线的时间以身体健康为底线，以不影响身体健康为前提；保持机体的平衡，不因为使用网络导致身体的感觉器官、消化器官、神经系统以及其他身体器官机能下降或失调。

二、常见的大学生网络偏差行为

1. 网络成瘾

网络成瘾是当前大学生常见的网络使用偏差行为。所谓网络成瘾，是指在无成瘾物质作用下对互联网使用冲动的失控行为，表现为过度使用互联网后导致明显的学业、职业和社会功能损伤。根据用户使用网络服务的具体情况，比较常见的网络成瘾类型为网络色情成瘾、网络关系成瘾和网络游戏成瘾等。

（1）网络色情成瘾

网络色情成瘾是指个体沉溺于浏览黄色网站、下载色情图片、看色情电影或色情文学，参与色情聊天，以及进行在线色情交易等。这些网络色情成瘾者虽然能意识到成瘾的危害性，但却无法控制自己，为此，他们的心理和精神变得非常压抑、自卑和脆弱，甚至与他人打交道都会变得困难。

网络色情害人害己

谢某，某高校大学生，因强奸未遂被判刑。2011 年 7 月底，谢某在他校外的租住处，企图控制被害人陈某并实施强奸。其间，当遭到被害人反抗后，谢某并没有停止对陈某的残暴行为，直至陈某的呼救声引来楼下路过的保安人员。谢某的强硬手段对陈某的身体及面部造成了不同程度的伤痕。据了解，谢某学业荒废，经常逃课，喜欢上网，经常浏览黄色网站、观看黄色视频。网上的黄色和暴力信息对谢某影响很大，导致其最终走向违法犯罪的道路。

（2）网络关系成瘾

网络关系成瘾是网络成瘾的一个亚类，是指个体过度使用聊天室、网络论坛等网络交际功能，沉迷于在网上建立、发展和维持亲密关系，而忽略了现实中人际关系的维持和发展，导致个体心理、社会功能受到损害。

网恋陷阱

若然刚入大学时，受"网恋风"的影响加入了"网聊"一族，结果便一发不可收拾，上了瘾。她发现自己爱上了自称是某三甲医院医生的网友李某。李某温柔体贴，对若然关怀备至。网恋"奔现"时，高大帅气的李某用一束玫瑰花和甜言蜜语打动了若然，天真的若然把自己交给了对方。然而，让若然没有料到的是，两人才交往没多久，李某就像人间蒸发了一样，再也联系不上。若然辗转到李某单位找人，可医院根本就没有这个人。若然猛然陷入绝望之中，试图以暴饮暴食宣泄内心的苦痛。

该案例中，若然因为网络关系成瘾，陷入了网恋欺骗的陷阱中，这可能会给她美好的人生留下阴影。

（3）网络游戏成瘾

网络游戏成瘾是指个体沉迷于在线游戏、在线赌博等网络游戏，并因此花费大量的金钱和时间，致使工作、学业被荒废和一些重要关系被破坏。网络游戏起初在计算机端风靡，但随着智能手机和移动通信技术的快速发展，智能手机成瘾的个体也越来越多。智能手机在给人们的生活带来巨大便利的同时，也因其广泛性、智能性和隐蔽性，导致很多人对手机产生依赖，甚至成瘾。

被游戏吞噬的人

睿和，某高校大三学生，整天沉迷于网络世界中，通宵达旦地在宿舍跟朋友玩网游，饿了就点外卖，根本不去上课，学业荒废殆尽。睿和起床第一件事不是刷牙洗脸，而是打开游戏，先痛快地玩几把，他的每一天几乎都是由游戏开始，以游戏结束的。睿和对于游戏非常上心，把自己的绝大多数生活费都花在了游戏上面。对于同学之间的交流，他几乎都不参加，也从不在意。睿和的世界中只有游戏，也只有在游戏中他才能感到快乐。睿和逐渐被网络和游戏所"吞噬"，谁能救救他？

2. 网络畏惧

网络畏惧是个体由于担心网络带来不可预料的、不确定的因素而导致无所适从的一种强烈的情绪反应。比如部分来自经济落后地区的农村学生，他们很少有接触网络的机会，面对色彩斑斓的网络世界，他们害怕自己学不会或学不好网络操作技术，或者害怕隐私泄露，而产生对网络的畏惧感。同时，还有部分同学熟悉网络，但担心自己跟不上网络技术的快速发展，害怕自己因无法掌握新的网络技术而被淘汰，从而对网络产生一定的畏惧心理。

畏惧网络的晓雪

晓雪，女，某高校大一学生，来自某偏远山村，靠着自己的努力走出了大山。但是入学后的生活，并不是她期待的那么美好，相反，她陷入了深深的恐惧和焦虑之中。晓雪在进入高校前几乎没有接触过网络。当她进入大学，面对色彩斑斓的网络世界，看到层出不穷的各种网络书籍、计算机软件，看到周围的同学也熟练地使用计算机玩着、聊着时，晓雪感到害怕和迷茫。她怕自己学不会或学不好计算机操作，而被他人嘲笑为无能，或赶不上他人而落伍，"无能感"油然而生。由此，她产生了对网络的畏惧感、无力感和自卑感。幸亏同宿舍同学发现了晓雪的"心事"，上课时特意坐在晓雪旁边，还带她去图书馆阅读相关图书。如今，晓雪不再畏惧网络，而且在自学 Photoshop 平面设计呢。

3. 网络孤独

网络孤独是个体希望通过从网上获取大量信息、网上人际交往和网上娱乐来提高或改变自己，但上网不仅未能使自己结束孤独，反而使自己因为触网而加重了原有的孤独感等不良心理健康状况。部分大学生由于性格内向、退缩、敏感、自卑，不愿意或不善于与他人交往，或者厌恶与社会上那种虚情假意的人往来。他们乐于通过这种隐匿性别和身份的上网方式，向网友宣泄自己的不良情绪，排解忧虑，讲述自己的"心情故事"，从网友那儿得到一些心理支持和慰藉。但是网络交往由于缺乏现实中诸如表情、眼神、姿势和手势等身体语言，使其对孤独感的排解不过是"隔靴搔痒"，离开网络世界后，部分学生发现自己面对的依然是"斯人独憔悴"。

失落的小吴

小吴，2010 年高考以优异的成绩考入某重点大学。在刚到大学之初，他充满了抱负和希翼，但是后来发现事实达不到自己的预期。不仅学习不顺利，在与老师和同学的交往中，他也失去了中学时期的中心位置，感觉受到了冷落。每天晚上回宿舍后，他便戴着耳机坐在自己的座位上，看着计算机，不跟其他人说话，即使有事也只会通过 QQ 或微信进行交流。但在网络中他却交到了许多朋友，网络好像让他摆脱了现实的孤独寂寞。可是一段时间过后，他却由于对网络和网络中的朋友产生了过度依赖，而"丢失"了现实生活中的友谊，他该怎么办？

4. 网络自我迷失和自我认同混乱

网络自我迷失和自我认同混乱也称为人格心理失真，个体因为过度沉溺于网络，人格发生严重改变，其言行严重违背了许多现实社会中的规范、规则和道德，主要表现为脱离现实、退缩、孤僻和幻想等行为特征。在网络交往中，由于网络的虚拟性特征，部分学生在网上交际时经常扮演与自己实际身份和性格特征相差悬殊甚至截然相反的虚拟角色，如男扮女、女扮男的现象也非常普遍。在这种情况下，部分学生会面临网络情境和现实情境下两种或多种不同性格角色的混淆或冲突，就容易在网络中迷失自我，导致角色混乱，无所适从。

一人分饰两角

　　浩然，男，某高校大二学生，迷恋网络游戏，已经到了"痴迷"的地步，每天都要外出上网，一刻不停地玩上8小时，有时候课都不上了，但即使去上课，也是在课堂上补觉。浩然在游戏中扮演的是一个婀娜多姿的女性角色，在与游戏中的人物相处时也是以女性的身份，并且游刃有余地使用这个角色做各种任务。后来，他发现自己的思维跟不上同学的节奏，脑子里想的都是游戏里发生的事，自己总是以游戏中的人物角色与人交流，遇到事情会首先用游戏中的规则来考虑，他渐渐分不清楚游戏世界和现实世界有什么区别，他越来越不适应现实生活，越来越不适应自己的男性身份，陷入了深深的焦虑之中。

网络成瘾

　　1996年，心理学家金伯利·杨对396名网络依赖者进行了调查研究，结果发现，每周花40～80小时用于上网对网络依赖者的生活会产生负面影响：从浏览网页到参与群体互动的聊天和打游戏，他们在网上投入了越来越多的时间，并且欲罢不能，逐渐产生了睡眠障碍、持续疲劳、工作和学习效率降低、人际关系障碍等症状。在现实世界中，他们感到沮丧、孤独、困惑、悲观失望，对社会交往失去兴趣，经常与家庭其他成员发生争吵。他们将自己的时间、精力过度投入虚幻的网络世界，从中得到暂时的精神愉悦，而这一愉悦又不断强化他们进入网络世界的行为。

三、大学生网络使用的自我评估

　　指导语：请仔细阅读表9-1中的描述，每个描述后有5个选项，请根据自己的实际情况做出选择。

表9-1　Young网络成瘾量表

序号	题目	几乎没有	偶尔	有时	经常	总是
1	你觉得上网时间比你预期的要长	1	2	3	4	5
2	你会因为上网忽略自己要做的事情	1	2	3	4	5
3	你更愿意上网而不是和亲密的朋友待在一起	1	2	3	4	5
4	你经常在网上结交新朋友	1	2	3	4	5
5	生活中朋友、家人会抱怨你上网时间太长	1	2	3	4	5
6	你因为上网影响学习了	1	2	3	4	5

序号	题目	几乎没有	偶尔	有时	经常	总是
7	你会不顾身边需要解决的一些问题而上网查电子邮件或看留言	1	2	3	4	5
8	你因为上网影响到你的日常生活了	1	2	3	4	5
9	你担心网上的隐私被人知道	1	2	3	4	5
10	你会因为心情不好去上网	1	2	3	4	5
11	你在一次上网后会渴望下一次上网	1	2	3	4	5
12	如果无法上网，你会觉得生活空虚无聊	1	2	3	4	5
13	你会因为别人打搅你上网而发脾气	1	2	3	4	5
14	你会上网到深夜不去睡觉	1	2	3	4	5
15	你在离开网络后会想着网上的事情	1	2	3	4	5
16	你上网时老想着再多上一会儿	1	2	3	4	5
17	你想办法减少上网时间但最终失败	1	2	3	4	5
18	你会对人隐瞒你上网多长时间	1	2	3	4	5
19	你宁愿上网而不愿意和朋友们出去玩	1	2	3	4	5
20	你会因为不能上网变得烦躁不安、喜怒无常，而一旦能上网就不会这样	1	2	3	4	5

● 评分说明

【计分】请把你选择的各项分数相加，计算总分。

【解释】40分以下，不存在网络成瘾倾向。大于等于40分，小于60分：你是一个一般的上网者，只是有时会上得多些，但仍能自我控制，尚未达到沉溺的程度。大于等于60分，小于80分：由于上网，似乎开始出现了一些问题，你应该谨慎对待上网给你带来的影响以及给家庭成员带来的影响。大于等于80分，小于100分：上网已经给你和你的家庭生活带来了很多问题，你需要马上正视并予以解决。

第三节

大学生合理使用网络的策略训练

网络是现代社会文明发展的里程碑，网络给人们带来了生活的便利性和信息资讯的便捷性，也直接影响到当代大学生的学习、生活和成长。但任何事物都有其两面性，因此，大学生需要正确地认识网络，充分利用网络的优势，而不是被网络所裹挟，要能够正确区分现实世界和网络世界，把握对网络的控制感，变隐居网络为投身现实，克服网络依赖，从而有效地使用网络。

一、正确认识网络

通过网络，大学生能接触到前所未有的广阔空间，能更加有效和广泛地获取信息、学习知识、交流情感和了解社会。然而，网络在给学生带来丰富信息的同时也带来了一定的危害：网络成瘾、网络犯罪、网上色情和网络病毒等。所以大学生要正确认识网络，把握好学习和生活的方向，以健康的心态选择性地进行网络学习。

• 做一做

网络的是与非

活动目的：采取团队的形式，共同商讨团体成员所面对的网络心理问题，提供网络心理行为训练。

活动准备：纸质花。

活动过程：具体活动过程如下。

（1）团队成员每人一次说一句流行的网络话语。

（2）用"击鼓传花"的方式来进行，接到花的成员讲完后，继续传花。

（3）第二轮"击鼓传花"时让成员讲述各自的上网经历，并做自我评价。让其他成员获得"和他人一样的体验"，产生情感与心灵的共鸣。

（4）开展对网上信息认识的讨论交流，引导团队成员正确评价网上信息，共同为提高自身的信息素养出谋划策。

（5）运用头脑风暴法，展开网络与网络技术的研讨，使团队成员了解网络的两面性、技术的中立性和网络技术的工具性。

（6）让团队成员把网上人际交往与现实中人际交往的异同以及他们在两种交往中的困惑一一列举出来，并进行归因。之后，再让全体成员倾诉各自在人际关系上的困惑，成员间进行互相辅导，帮助对方寻根究源，寻找改善人际关系的途径。

（7）设定基本的人际交往情境，辅导者做交往行为示范，团队成员模仿学习。

（8）小组讨论上网行为的自我管理，订立互相监督的契约。

二、区分现实世界与虚拟世界

网络是一个虚拟世界，其存在状态是非现实的。作为当代大学生，要能够区分现实世界和虚拟世界。个体要把握好虚拟人格和现实人格的统一与转化，使虚拟人格和现实人格保持良性转化和互动，让现实人格变得更为丰富和完善。若虚拟人格和现实人格转化得不顺利，则易造成个体人格的分裂，个体就有可能把虚拟世界当作避风港，过度依赖网络以回避现实生活中的矛盾，导致更不适应现实社会。

• 想一想

"现实中的我"和"网络中的我"

请用恰当的语句形容"现实中的我"和"网络中的我"，用"＋""－""○"3种符号分别标识语句的积极、消极和中性，并比较两种"我"的差异。

现实中的我＿＿＿＿＿＿＿＿＿＿＿＿＿＿＿＿。（　）

现实中的我＿＿＿＿＿＿＿＿＿＿＿＿＿＿＿＿。（　）

现实中的我＿＿＿＿＿＿＿＿＿＿＿＿＿＿＿＿。（　）

现实中的我＿＿＿＿＿＿＿＿＿＿＿＿＿＿＿＿。（　）

网络中的我＿＿＿＿＿＿＿＿＿＿＿＿＿＿＿＿。（　）

网络中的我＿＿＿＿＿＿＿＿＿＿＿＿＿＿＿＿＿＿＿。（　　　）

网络中的我＿＿＿＿＿＿＿＿＿＿＿＿＿＿＿＿＿＿＿。（　　　）

网络中的我＿＿＿＿＿＿＿＿＿＿＿＿＿＿＿＿＿＿＿。（　　　）

三、提升对网络的控制感

网络信息浩如烟海、网络游戏惊险刺激、社交网站层出不穷……许多大学生沉迷其中不能自拔，或被各种负面信息所裹挟，不但浪费青春年华、荒废学业，还可能影响身心健康，乃至违法犯罪。因此，当代大学生需要学会理性地对待网络，自觉地提高对网络使用的控制感，有意识地选择上网环境，严格控制上网时间。面对网络，大学生必须调整好心态，提高抵制诱惑的能力，可以尝试通过以下方法加强对网络使用的控制感。

（1）选择健康的网络环境。大学生要尽量选择在学校公共场合上网，因为校园网络环境相对清洁，网络管理系统完善，不良信息较少。同时，大学生还可以通过网络设置，过滤掉不良网站，避免网络游戏和色情成瘾等影响。

（2）预先规划任务目标。每次上网前，大学生要先抽时间规划自己上网要做什么，比如了解今天的新闻、发一封电子邮件或查找与作业相关的资料……然后，依据这些任务的重要性给予紧迫性排序，可做可不做的事情可以暂时搁置，避免随意浏览网页而浪费时间。

（3）预先设定上网时间。大学生在上网前要根据所列出的任务清单，粗略估计上网所需要的时间，避免养成随意浏览的习惯，提高上网的操作效率。比如，大学生可以在计算机中安装一个定时提醒的小软件。

161

● **想一想** •

上网时间知多少

请估算你每周花费在网络上的时间，大概有＿＿＿＿＿＿小时。请记录你每天上网的时间，一周后，请使用以下清单对自己的上网情况进行评估。

（1）网络游戏。每周花费多少时间？列出你所玩的所有游戏的名称。

＿＿＿＿＿＿＿＿＿＿＿＿＿＿＿＿＿＿＿＿＿＿＿＿＿＿＿＿＿＿＿＿＿＿＿＿＿。

（2）网上社交聊天。每周花费多少时间？列出你使用过的聊天工具。

＿＿＿＿＿＿＿＿＿＿＿＿＿＿＿＿＿＿＿＿＿＿＿＿＿＿＿＿＿＿＿＿＿＿＿＿＿。

（3）网上娱乐（如追剧、看视频、听歌）。每周花费多少时间？列出你参加的不同活动。

＿＿＿＿＿＿＿＿＿＿＿＿＿＿＿＿＿＿＿＿＿＿＿＿＿＿＿＿＿＿＿＿＿＿＿＿＿。

（4）网上学习（如查阅资料、看书）。每周花费多少时间？

＿＿＿＿＿＿＿＿＿＿＿＿＿＿＿＿＿＿＿＿＿＿＿＿＿＿＿＿＿＿＿＿＿＿＿＿＿。

（5）浏览新闻资讯。每周花费多少时间？列出你经常浏览的网站名称。

＿＿＿＿＿＿＿＿＿＿＿＿＿＿＿＿＿＿＿＿＿＿＿＿＿＿＿＿＿＿＿＿＿＿＿＿＿。

（6）网络购物。每周花费多少时间？

＿＿＿＿＿＿＿＿＿＿＿＿＿＿＿＿＿＿＿＿＿＿＿＿＿＿＿＿＿＿＿＿＿＿＿＿＿。

（7）其他。你发现网络的其他用途了吗？请列举，并估算每周所花费的时间。

＿＿＿＿＿＿＿＿＿＿＿＿＿＿＿＿＿＿＿＿＿＿＿＿＿＿＿＿＿＿＿＿＿＿＿＿＿。

最后，将统计结果和此前估算的时间进行对比，比较两者是否一致。

_____ 。

四、积极投身社会现实活动

许多网络依赖者将网络作为逃避现实生活问题或消极情绪的工具。心理学家卡德菲尔特·温瑟提出了"互联网使用补偿理论"，认为现实生活中消极的生活状态，比如缺少社会、情感联系，会使个体产生消极的心理状态，进而个体希望通过互联网补偿这种消极的心理状态，当这种弥补过度时便容易造成网络成瘾。因此，个体积极投入现实活动中，既可以发挥自身能力，获得成就感，又可以在现实社交中满足交往和归属的需求，从而避免仅从网络中寻求理解与支持。建议大学生尝试以下两种方法。

（1）积极参与社会实践活动。大学生可以尝试多参加感兴趣的社团、创建社团或主动联系实践单位，做些事情让自己充实起来，转移闲暇时间对网络的依赖。

（2）寻求替代兴趣。兴趣是最好的老师，大学生可以尝试培养一些有趣、新鲜、快乐的业余爱好来替代虚拟世界的刺激，抵制网络诱惑。比如阅读感兴趣的书籍、参与各种体育运动、远足旅行等。通过这些替代活动，大学生能够开阔视野、陶冶情操、结交朋友、培养兴趣、磨炼意志，进而转移和替代来自网络的诱惑。

• 做一做

162

志愿者活动

看看近期学校有哪些社会团体或公益组织在进行志愿者招募活动，选择一项自己感兴趣并可以长期参与其中的活动，体验与他人建立联系的快乐和为他人服务的价值感，"赠人玫瑰，手留余香"。请把自己在参与志愿者活动中的感受与成长分享给同学们。

（1）志愿参加的活动是_____ 。
（2）志愿活动的内容是_____ 。
（3）活动时间为_____ 。
（4）活动对象为_____ 。
（5）我的收获与成长是_____ 。

五、主动克服网络依赖

冰冻三尺，非一日之寒。网络依赖的形成是一个循序渐进的过程，企图一朝克服也是不现实的，不能急于求成。网络成瘾的克服与戒除通常采取认知疗法、系统脱敏疗法以及寻求社会支持等方式。

1. 认知疗法

认知疗法主要从改变不合理的信念和认知开始。个体要克服网络依赖，首先要重建认知，改变不合理的信念；其次，自我辩论，想象自己成瘾的各种各样的严重后果；最后，自我提醒，写出由于网络依赖导致的主要问题和5个戒除网络依赖的主要好处，并做成卡片随身携带，每天反复看这些卡片，从而树立戒除网络成瘾的信心。

2. 系统脱敏疗法

系统脱敏疗法主要是引导网络依赖者暴露于因不能上网而导致的焦虑情境中，让其以放松的心理状态对抗由戒网引起的焦虑情绪，按层次逐级消除对网络过敏的情绪反应。根据实际情况引导网络依赖者逐级减少上网时间，当预期目标实现时，可以奖励网络依赖者。据此依次进行系统脱敏疗法，网络依赖者通过努力实现一个又一个小目标，最终摆脱网络依赖。

• **做一做**

"小步子"计划

计划如下。

第一个月，每周累计上网不超过（　　　）小时，每超过1小时减10分，每少1小时加10分。

第二个月，每周累计上网不超过（　　　）小时，每超过1小时减20分，每少1小时加20分。

第三个月，每周累计上网不超过（　　　）小时，每超过1小时减30分，每少1小时加30分。

第四个月，巩固成果，并有人严格监督，一旦想上网，会被严厉制止。

3. 寻求社会支持

寻求社会支持也是摆脱网络依赖的一种方法。如果个体意识到了网瘾的危害，想要戒除网络依赖，而自己又没有那么强的毅力，这时个体可以寻求他人的帮助，比如自己的父母、老师、同学或者朋友，通过他们的及时提醒和监督来减少自己上网时间，让自己留出更多的时间做有意义的事情。

（1）寻求父母、同学和朋友的帮助。当需要外力帮助以摆脱网瘾时，个体可以求助老师、同学和朋友，请求他们及时出现在自己身边，对自己的上网行为进行监督，请求他们严厉制止自己的网上耗时之举。

（2）求助于专业人士。个体要勇敢地向专业人员求助，从调节网络心理依赖入手，运用心理治疗技术，解决网络沉溺问题。

（3）求助于网络资源。网络上有许多优秀的心理健康专业网站，个体可以从中寻求网瘾问题的解决方法和途径。

• **知识链接**

网络依赖戒除的7条建议

（1）自我控制，设定合理的上网时间。

（2）对自己要有耐心。

（3）不断给自己鼓励。

（4）寻找上网的原因。

（5）让你的朋友、同学、家人帮助你。

（6）积极从事其他活动，努力寻找健康的替代活动，比如参加体育活动。

（7）利用外部支持力量，必要时可以到学校心理咨询机构接受心理咨询与治疗。

163

● **反思践行**

◎**体验分享**

网络的得与失

请写下自从沉溺网络后,你所忽略的每一项活动,根据其重要程度进行排序,请填入表9-2中。

小提示:以下是沉溺网络者最容易忽略的活动,供你参考。

沉溺网络者最容易忽略的活动:和家人沟通交流;睡眠;阅读;上课、自习;运动;和同学朋友一起玩;其他爱好(如绘画、音乐、社团活动)。

表9-2 我的活动

重要程度	活动
1. 非常重要	
2. 比较重要	
3. 不太重要	

评价你所失去的活动,认真地回忆一下你以前的生活,那时你是如何对待这些活动的?你对这些活动的感觉真的改变了吗?然后,审视一下自己认为非常重要的是哪些活动,想一想因放弃这些活动你都失去了些什么。

◎**沙场练兵**

我的网络使用日志

请每位同学在白纸上写下一周的学习、生活及网络使用时间的规划。在接下来的一周,每天对自己的网络使用时间进行记录(见表9-3)。一周之后,小组内进行分享与交流。小组内交流各自的一周网络使用时间,分析在网络使用方面的不足与问题,以及网络带给自己的烦恼,同组成员互相提问。最后,各小组找出典型的案例在全班分享,达到让同学们明晰自己上网时间的目的。

表9-3 我的网络使用日志
年 月 日

事项	具体情况
1. 上网时间段及小时数	
2. 上网的主要目的	
3. 目标的完成情况	
4. 花费在无关网络活动上的时间	
5. 主要使用的网络服务类型	
6. 主要浏览的站点	
7. 遇到的问题及解决情况	
8. 今日身体状况	
9. 其他	

● **视野拓展**

推荐图书：《青少年与网络游戏——一种互联网心理学的视角》

推荐理由：互联网的快速发展正深刻地改变着人们的生活方式。作为网络的"原住民"，青少年从小就在网络中长大，他们的成长和发展不可避免地会受到网络的影响。为什么有的青少年会喜欢网络游戏？为什么有的青少年会出现网络游戏成瘾？是因为网络游戏的原因，还是因为青少年自身的原因？玩网络游戏到底会对青少年的成长带来什么影响？对于网络游戏成瘾该如何预防和矫治呢？网络游戏能否给青少年带来积极的影响？……这些问题就是该书试图解答的问题。该书从积极的研究视角，正视网络游戏对青少年成长的影响，引导人们正确认识与理解什么是真正的"网络成瘾"，从而为正确矫治网络成瘾提供科学路径。

扫一扫

推荐电影

165

第十章

做情绪的主人
——大学生情绪管理

● **心灵引领**

　　一个人如果能够控制自己的激情、烦恼和恐惧，那他就胜过国王。

——约翰·米尔顿

　　成功者与失败者的最大不同在于，前者是情绪的主人，后者是情绪的奴隶。

——拿破仑·希尔

● **学习导航**

　　情绪是个体内心世界的"晴雨表"，每时每刻人们都会体验到各种情绪，时而开心喜悦，时而悲伤难过，时而焦虑不安，时而满腔怒火，时而羡慕甚至嫉妒……情绪就像一面多棱镜，各式各样的情绪体验使个体的内心世界色彩斑斓、五味俱全。不同的情绪体验对人的身心和行为会产生不同影响，积极的情绪体验可以提高人的学习效率，增进人的身心健康；反之，消极的情绪体验则会降低人的学习效率，影响人的身心健康和发展。心理学家霍尔将青年期称为"狂风暴雨"时期，大学生可能会因年轻气盛而引发伤人自伤的事件，也可能因一时挫折而灰心丧气，表现出自卑、自负、焦虑以致意志消沉。如果这些负性情绪不能及时地得到疏导和调节，将不仅不利于大学生自己的学业成功和身心健康，也可能会给他人造成痛苦和伤害。

　　读者通过本章的学习可以达到以下目标：

　　● 了解情绪的基本含义、情绪的构成和情绪的功能，正确地认识情绪；

　　● 掌握大学生的情绪发展特点、大学生常见的情绪困扰，并对情绪状况进行自我评估；

　　● 学习情绪管理和应对的策略与方法，学会排解消极情绪，拥有积极情绪，做情绪的主人。

案例导入

焦虑难安

　　雨洁，女，19岁，某大学大二学生。父母从小对雨洁要求严格。雨洁学习成绩优异，内心好强，做事认真仔细，力求完美。她性格较为内向，遇事常闷在心里，不肯轻易向人表露。这段时间她感到特别焦虑烦闷，经常感到呼吸急促、胸闷、心悸、出汗、口干、嗓子发堵，时常坐卧不安，静不下心来，甚至睡不着觉，即使是生活中的一点小事，也能让她产生很大的情绪反应，比如同学聊QQ发出的声音、敲击键盘的声音、手机的亮光，都会影响其休息。现在雨洁感觉自己就像一根紧绷的弦，无法放松，特别疲惫和痛苦。尤其是在每次考试前，她焦虑异常，即使是她特别擅长的科目，她也会无端地担忧，总是害怕自己考不好。为此，雨洁心里很着急，不希望再这样持续下去。

● 心理课堂

　　常言道："人非草木，孰能无情？"其实人类不但有情，而且情绪体验丰富多彩：或欣喜若狂，或悲痛欲绝，或愁肠百结，或义愤填膺……你是否也会处于消极情绪之中？你又是采取什么方式来面对并缓解自己情绪的？现代社会生活节奏加快，竞争日趋激烈，再加上文化观念上的多元碰撞，生活学习中的各种压力来袭，这些都易使大学生产生不良情绪。大学生正处于情绪发展和成熟的重要时期，情绪反应快而强烈，负性情绪容易被激发。如果负性情绪不能及时得到疏导，一件微不足道的小事也可能成为"火山"爆发的导火索，最终害己伤人。那么，什么是情绪？大学生有哪些常见的情绪问题？如何调控自己的情绪？本章将和读者一起揭开情绪的神秘面纱，带领读者正确认识情绪，寻找情绪管理的方法，维持美好心情，学做情绪的主人。

167

第 一 节

// 情绪概述 //

　　情绪一词让人们感到既熟悉又陌生。日常生活中，每个人都体验着各种各样的情绪：或欣喜愉悦，或悲观失望，或抑郁消沉……然而，情绪又是人类最复杂的心理现象，常常令人琢磨不透。那么，什么是情绪？基本情绪是怎样构成的？每天体验着的各种情绪对个体生存与发展又有哪些作用？通过本节内容的学习，读者可得到对这些问题的解答。

一、情绪的含义

　　为了自身的生存与发展，人总要不断地认识和改造周围的客观世界，而在认识和改造客观世界的过程中，人们对于客观事物并不是无动于衷的，而是会产生喜与悲、爱与恨、乐与苦等主观体验。比如同一首歌曲，当我们闲暇的时候，听起来悦耳动听，陶醉其中；但当我们即将入睡时，听起来就觉得十分厌烦了。尽管它的歌词和曲调并没有改变，但引起的心理上的体验却不一样。这种不一样就是情绪的不同。日常生活中，喜、怒、哀、乐、爱、欲、惧、憎等都是情绪的具体表现形式。一般而言，情绪指人对客观事物是否符合其需要所产生的态度体验。

　　情绪的产生与变化与以下两个因素密不可分。

　　其一，客观刺激是情绪产生的来源。正如"世界上没有无缘无故的爱，也没有无缘无故的恨",人的情绪总是由一定的刺激所引起,并不是凭空产生的。引起情绪的客观刺激复杂多样,既可以是发生在个体周围的人及事物等外在刺激(如大自然的各种景象、人类社会的各种事物等),也可以是个体本身的身心变化等内在刺激(如内分泌变化、态度转变)。

其二,情绪是对客观刺激与人的需要之间关系的反映。情绪的产生离不开人的需要,需要在个体情绪产生中起到关键的作用。客观刺激仅仅是情绪产生的源泉,但客观刺激不一定都能引起人的情绪体验,只有那些与人的需要相联系的客观刺激,才能够唤起人的情绪。情绪的产生取决于客观刺激是否能够满足人们的某种需要,以及需要满足的程度。凡是符合人的需要的客观事物会引起肯定的情绪。例如,人们获得心仪已久的礼物时非常激动,在他乡遇到故知时会倍感欣慰等。反之,凡是不符合人们需要或妨碍需要满足的客观事物会引起否定的情绪。例如,考试失利时人会感到沮丧失望,亲人离世时人会感到悲痛,遭遇失恋时人会感到痛苦等。恰如王充在《论衡》中所言:"凡人之喜怒也,有求得与不得,得则喜,不得则怒"。

• **想一想** ⦿⦿

五彩的情绪

人类的情绪是丰富多样的,人们就是在五彩缤纷的世界里体味着人生百味。不同的颜色可通过视觉影响人的内分泌系统,从而导致人体荷尔蒙的增多或减少,使人的情绪发生变化。从自己或身边朋友的身上找情绪,看看你能找出多少种情绪,并说说这些情绪分别可用什么样的颜色进行表达,然后完成表10-1。

表 10-1　五彩的情绪

情绪					
颜色					

二、情绪的构成

情绪具有心理和生理反应的特征。人们无法直接观测内在感受,但是却可以通过其外显行为或生理变化来进行推断。情绪的构成通常包括认知层面的主观体验、生理层面的主观唤醒以及表达层面的外部表现3个层面。当情绪产生时,认知、生理和表达3个层面的共同活动,构成了一个完整的情绪体验过程。

(一)主观体验

情绪的主观体验是大脑的一种感受状态,是心理活动的一种带有独特色调的自我觉察或意识。人有许多主观感受和主观体验,如喜、怒、哀、乐、爱、惧、恨。这些主观体验是对客观事物和人的需要之间关系的反映,只要与人的需要有关的事物,必然使人对之产生一定的态度,并以带有某种特殊色调的主观体验的形式表现出来。比如,人们完成任务时会感到喜悦,观看精彩比赛时会感到兴奋,美好期望落空时会感到失落,被欺负时会产生愤怒,遇到考试失败会感到沮丧,遇到紧急事件时会感到焦虑,遇到亲人离世会感到悲伤。

(二)生理唤醒

情绪的生理唤醒是指情绪的生理变化,任何情绪都有其生理基础,并总是发生在一定的生理唤醒水平上。当情绪产生时,个体身体内部会出现一系列明显的生理变化,主要表现包括心率、血压、呼吸、平滑肌节律、内分泌以及各种内感受器出现变化,如激动时血压升高,愤怒时浑身发抖，紧张时心跳加快，害羞时满脸通红等。此外，这些内部的生理变化过程常常是伴随不同情绪产生的。如人在焦虑时呼吸急促、心跳加快；恐惧时身体战栗、瞳孔放大；愤怒时浑身发抖、面红耳赤。这些生理变化都由人的自主神经支配，不受人的意识控制。

经典研究

情绪产生实验

1962 年，沙赫特和辛格实施了一项探讨认知因素和生理唤醒状态对情绪作用的实验研究。他们给被试者注射一种药物，并告诉他们这是一种复合维生素，目的是测定这种新药对视力的影响。首先，他们给 3 组大学生被试者注射肾上腺素，使他们处于生理唤醒状态——目的是使所有被试者的生理唤醒状态相同。他们对 3 组被试者用 3 种不同的指导语解释这种药物可能引起的反应。对于正确告知组，他们告诉被试者注射这种新药会出现心跳加快、手发抖、脸发热等反应，这是注射肾上腺素的真实效果；对于错误告知组，他们告诉被试者注射这种药物后将产生双脚发麻、发痒、头痛等，这与肾上腺素的真实效果完全不同；对于无告知组，他们告诉被试者这种药物是温和且无害的，没有任何副作用。

然后，他们将每组被试者分为两个小组，并让其分别进入两种实验情境中，其中一种是愉快情境，另一种是愤怒情境。研究者推测：如果情绪是由生理唤醒单独决定的，则 3 组被试者将有相同的情绪反应；如果情绪单独由情境因素决定，则被试者应该是在愉快情境中感到愉快，在愤怒情境中感到愤怒。

实际的实验结果显示：正确告知组被试者因对肾上腺素所产生的生理唤醒有正确的认知，他们的情绪不受愉快或愤怒情境影响；而错误告知组和无告知组被试者因未有正确的认知，其情绪受到情境影响，他们在愉快环境中表现出愉快的情绪，而在愤怒情境中表现出愤怒的情绪。可见，生理唤醒和环境都对情绪产生有影响，但认知过程起着至关重要的作用。情绪产生是外界环境、生理唤醒和认知因素相互作用的结果。

（三）外部表现

情绪是一种内心体验，情绪产生时往往伴随着相应的非言语行为，主要包括面部表情和身体姿势等，这些面部表情和身体姿势就是情绪的外部表现，可以作为人们推断情绪的重要外部指标。心理学研究表明，非言语行为在社交活动中起着非常重要的作用。比如，人们伤心时会痛哭流涕，悔恨时会捶胸顿足，高兴时会眉开眼笑，受惊时会目瞪口呆，等等。当然，由于人类心理过程的复杂性，有时候也会出现个人的外部行为与其内在主观体验不一致的情况。比如，在应聘情境中，面试者虽然感到特别紧张，但仍然表现出一副镇定自若的样子。情绪的外部表现通常可以分为 3 类，包括面部表情、姿态表情和语调表情。

1. 面部表情

面部表情是鉴别情绪的主要标志，是以面部肌肉和五官变化为主的一种情绪表达方式。面部表情是由面部肌肉和腺体变化来表现的，主要是通过眼、眉、嘴等部位来实现的。如目瞪口呆、怒目圆睁、挤眉弄眼、眉飞色舞、面红耳赤和愁眉苦脸等。面部表情是情绪表达的基本方式，也是人们社交沟通的基本方式。面部表情还具有跨文化一致性的特征，面部表情的跨文化研究发现，不同文化背景下的人们使用同一种面部表情来表达相同的情绪体验。同时，还有研究发现，情绪成分越复杂，表情越难辨认。一般而言，最容易辨认的表情有快乐和痛苦，比较难辨认的是恐惧和悲哀，最难辨认的是羞愧和怜悯。

2．姿态表情

姿态表情可分为身体表情和手势表情两种。身体表情是表达情绪的主要方式，它可作为一种辅助性语言使用，也可单独用于表达情感，如高兴时手舞足蹈，悔恨时捶胸顿足，愤怒时咬牙切齿，高兴时捧腹大笑，失败时垂头丧气，紧张时坐立不安。姿态表情是后天习得的，不仅存在个体差异，还存在民族或地区差异，后者受社会文化和传统习俗的影响。在不同的文化中，同一手势所代表的含义可能截然不同，如竖起大拇指在中国表示赞赏，在美国表示进展顺利，但在孟加拉国却是对人的侮辱。

3．语调表情

语调表情是通过声调、节奏变化来表达的，如言语中语音的高低、强弱、抑扬顿挫等。俗话中的"言为心声"，是说不同的语言表情反映出不同的心理状态。例如，人们在恐惧时，声音尖锐而急促；平静时，语音平缓而沉着；喜悦时，语调高昂，语速较快；悲痛时，语调悲切，节奏缓慢。研究表明，当人撒谎时，其平均音调（或基音）比说真话时要高一些。

评定情绪状态时，主观体验、生理唤醒和外部表现作为情绪评定的 3 个重要组成部分，缺一不可。情绪体验过程是三者同时活动、同时存在的。例如，当我们假装生气时，只表现了生气的外在行为，但并没有真正的内在主观体验和生理唤醒，也就称不上完整的情绪过程。所以，情绪具有复杂性，真正的情绪过程必须同时具备上述 3 个方面，且这 3 个方面是一一对应关系。

三、情绪的功能

情绪是有机体适应生存和发展的一种重要方式。人们通过各种情绪来了解自身或他人的处境与状况，以适应社会的需要，求得更好的生存和发展。情绪的功能主要包括信号功能、动机功能、组织功能和健康功能。

1．信号功能

情绪具有传递信息、沟通思想的功能，是非言语沟通的重要组成部分，在人际沟通中具有信号意义。情绪的信号功能是个体将自己的愿望、信息、要求、观点、态度通过情感表达的方式传递给他人以影响他人的过程。比如，点头微笑常常表示赞赏和认可；皱眉、摇头、摆手表示否定和不认同；面色铁青表示愤怒或者不开心等。

除借助言语进行交流外，人们还通过情绪的外部表现——表情来传递和表达自己的思想和意图。在社会交往中，表情可以起到信号传递和交流的作用，是一种非言语性沟通交流方式。在很多特定社交场合中，当人们的思想、意愿、态度、观点因时空限制或语言无法充分表达时，人们就可以借助表情将其准确而微妙地表达出来，达到"此时无声胜有声"的效果。心理学研究显示，在人们的日常生活中，仅有 7% 的信息是由言语传递的，其余 93% 的信息都是通过非言语传递的。而在非言语传递的信息中，有 55% 的信息是通过面部表情、身体表情和手势表情等进行传递的，还有 38% 的信息则是借助音调的高低进行传递的。比如，当有学生听课走神时，老师的一个眼神就可以传递提示和警醒的信息。另外，在日常生活中，人们还可以通过"察言观色"，即通过对他人表情的认知，来了解他人对某人某事的看法，这也是情绪信号功能的具体体现。

2．动机功能

情绪的动机功能表现为情绪所具有的激励作用，具体来说是指情绪对个体的行为起到的发动、促进和调控的作用。当个体拆开新买的手机，正想跟朋友炫耀一番时，突然发现屏幕有条深深的划痕，这时个体会感到非常生气，于是飞快地跑去商店要求退货。这里，如果个体意识到"因为我非常生气，所以我才会做出这种行为"，那么个体就可以知道，这里的情绪实际上成了驱动其行为的动力。从这种角度而言，情绪的动机功能是通过唤醒个体对于正在经历或想象中事件的行动来进行体现的，进而引导和维持个体行为以达到特定的目标。比如，当个体爱上弹吉他时，个体就会全力以赴将时间和精力投入吉他练习中，直到个体能够弹奏出优美的旋律。

从动机功能而言，情绪可以驱使个体进行某种活动，也能阻止或干扰个体正在进行的活动，即具有增力作用或减力作用。比如，愉快、欣喜、自信等积极的情绪体验具有增力作用，可以提高人们活动的积极性和效率；而抑郁、焦虑、自卑等消极的情绪体验具有减力作用，会阻止活动的进程并降低人们活动的积极性和效率。此外，同一种情绪也可能既具有增力作用，又具有减力作用。比如，悲痛可以使人意志消沉，但也可能使人化悲痛为力量。

3. 组织功能

情绪对心理活动具有组织的作用。一般而言，积极情绪对心理活动起到协调、组织和促进作用，而消极情绪对心理活动起到瓦解、破坏和阻碍作用。有研究发现，情绪影响认知操作的效果，其影响效果取决于情绪的性质和强度。中等唤醒水平的积极情绪为认知活动提供最佳的情绪背景，而过高或过低的情绪唤醒都不利于认知操作成绩。

扫一扫

积极情绪的培养

耶克斯－多德森定律说明了情绪与认知操作效率的关系，不同情绪水平与不同难度的操作任务相关。心理学家耶克斯和多德森通过实验发现，随着任务难度的增加，动机最佳水平有逐渐下降的趋势，呈现出一条倒"U"形曲线。一般情况下，随着情绪唤醒程度的增强，个体积极性、主动性以及克服困难的意志力也会随之增强，能力发挥的效率会逐渐提高。当唤醒水平为中等时，能力发挥的效率最高；而当唤醒水平超过了一定限度时，过度的唤醒水平反而会使能力发挥的效率不断下降，其对能力的发挥产生阻碍作用。

4. 健康功能

众所周知，情绪对个体身心健康会产生重大的影响。积极的情绪有助于个体的身心健康，能使个体的免疫系统和体内化学物质保持平衡状态，可以提高个体对疾病的抵抗力；而消极的情绪则会损害个体的身心健康，严重时还容易引起身心疾病。据我国古代医书《内经》记载，"怒伤肝，喜伤心，思伤脾，忧伤肺，恐伤肾"。现代临床医学研究也证实，当个体长期处于消极或紧张等不良情绪状态时，可能会引发多种身心疾病，如溃疡、偏头痛、高血压、哮喘、月经失调、癌症、神经性皮炎等。同时，情绪变化也必然伴随个体内脏活动和内分泌腺活动的变化，当我们蹙眉、怒目、咬唇、切齿、掩面时，相应地，身体内部也会出现"翻江倒海"般的反应。比如，当人们处于愤怒情绪时，呼吸急促，心跳加速，血管收缩，血压升高；当人们处于悲伤情绪时，肠胃蠕动下降，消化液分泌减少，食欲锐减。就像胡夫兰德所言："一切对人的不利影响中，最能使人短命夭亡的要算不好的情绪和恶劣的心境，如忧虑、颓丧、惧怕、贪求、怯懦……"

第二节
大学生情绪的特点与困扰

大学生正处于由青春期到青年期的过渡时期，他们在生理发育接近成熟的同时，心理上也经历着急剧的变化，思维活跃，乐观热情，精力旺盛，内心充满朝气和激情，在情绪上会表现出与以往不同的新的特点。同时，大学生在生活中经常会因为各种事情而使情绪跌宕起伏，如果大学生对情绪管理不当，则会引发一系列的情绪困扰，如焦虑、抑郁、愤怒、嫉妒和自卑等。

一、大学生情绪的特点

1. 丰富性与复杂性

与中学生相比，大学生的情绪体验更为丰富多彩。随着大学生生活学习环境的变化、情绪活动对象的扩大、各种需要与兴趣的扩展，以及自我意识的发展，大学生情绪体验更加丰富、深刻、细腻和敏感，并产生了更多带有社会内容的情感体验。大学生学习生活环境发生了较大的变化，告别了中学单调枯燥的学习生活，在大学校园里接触到更为广阔的空间，大学丰富多彩的生活扩展了他们情绪活动的对象和内容，使他们有了更为丰富的情绪体验。而且，大学生通过各种方式关注社会发展，培养道德规范，发展兴趣爱好，结交朋友，憧憬美好爱情等，对自己的身份、角色、发展、志向等问题有较多的思考，逐步确立了与道德感、理智感和美感等内容相关的高级情感。随着个体自我意识的发展，大学生出现强烈的自我体验、自我尊重的需要，这样就相应地产生了多种多样的情绪体验，如自尊、自信、自满、自负、自傲、自卑等。与此同时，大学阶段是需要做出许多重大选择的时期，大学生又常常呈现出一种矛盾和复杂的情绪状态。例如，他们一方面希望自己独立自主，另一方面又希望依赖于他人；既期望得到他人的理解，又不愿意接受他人的安慰和关心；对自己既不满，又不愿意承担责任；等等。

2. 心境化与波动性

情绪的心境化是大学生情绪的重要特点。中学生的情绪往往受制于外界情境，随着情境的变化，情绪反应来得快，消失得也快；而大学生对自己的情绪具有了一定的控制能力，情绪逐渐趋于稳定，趋向于心境化。但是，与成年人相比，大学生的情绪具有强烈性、爆发性和易激动的特征，情绪的波动性比较大，容易从一个极端走向另一个极端。他们可能会因为一次成功而豪情万丈、唯我独尊，也可能因一次偶然失败而斗志全无、悲观失望。

扫一扫

情绪稳定是一种修养

知识链接

情绪的季节性

因天气变化而产生的情绪疾病被医学家称为"季节性情绪失调"。尤其是冬天，阳光照射时间短，万物萧瑟，这时，对环境和气候格外敏感的人就会出现情绪低落、极度疲倦、嗜睡和贪吃以及对所有事情都失去兴趣的症状，严重的还会引起机体正常功能衰退。

应对方法：锻炼及按摩，拒绝单一饮食，多吃蔬菜和水果，享受阳光，参与户外活动；提高室内自然光线，充分享受冬季的乐趣，比如生炉火、阅读和音乐。

3. 冲动性与理智性

大学生的情绪特点还表现在情绪体验上特别强烈和富有激情的冲动性与爆发性。大学生年轻气盛，对外界事物都比较敏感，因而在很多情况下大学生的情绪容易被激发，犹如暴风骤雨般强烈。有时情绪一旦爆发，自己都无法控制，甚至会陷入盲目狂热和冲动的"漩涡"中。现实生活中，大学生容易受到外部环境的影响，意气用事，易走极端，常常不能妥善处理各种人际关系矛盾，遇到学业和生活挫折时也容易一蹶不振，给自己和他人带来伤害。同时，与中学时代相比，大学生的情绪自我控制能力有所提高。大部分情况下大学生能够较为理智地对待人和事，在情绪冲动后也能够理性地思考问题，对自己的情绪和行为进行一定的约束和控制，这说明大学生情绪的理智性也在逐渐增强。

4. 掩饰性与内隐性

随着年龄增长，大学生自我控制和调节情绪的能力逐步提高，情绪表现出掩饰性与内隐性的特征。虽然有时也会喜形于色，但已经不像青少年那样坦率直露，不少大学生常会将自己的情绪隐藏和掩饰，体现为外在表现和内在体验不一致。有些大学生会在某些场合和特定问题上隐藏或抑制自己的真实情绪，比如在对待异性的态度上，明明是感觉良好、希望接近，但却表现出淡漠无情、无动于衷的样子；再如在对待学习的问题上，受到表扬后明明内心非常自豪，甚至有点得意洋洋，但因为顾及其他同学的感受，往往不会轻易表露出来。这种掩饰性和内隐性源于自我意识的发展和自我控制能力的增强，意识到在特定社会情境中适当表达情绪的重要性，是大学生善于调控情绪的表现。

知识链接

情绪智力

1990年，心理学家萨洛维和梅耶首次提出了"情绪智力"的概念。之后，丹尼尔·戈尔曼对情绪智力进行了进一步的研究、扩展。戈尔曼将情绪智力视为衡量个体情绪调节能力和社会适应能力的指标，并旗帜鲜明地指出："真正决定一个人成功与否的关键是情商而非智商"。根据戈尔曼在《情商：为什么情商比智商更重要》一书中介绍的理论模型，情绪智力共包含以下5个维度。

（1）情绪觉察（self emotion awareness）：发觉并理解自身情绪，在积累人生经验的过程中，总结出自己情绪体验和情绪波动的规律。

（2）情绪管理（emotion management）：在强烈的情绪体验中保持注意力和头脑清醒，不因为情绪而失职或是被情绪冲昏头脑做出事后会后悔的事情。

（3）自我激励（self motivation）：用自己最深层、最强烈的情绪给予自己完成目标的动力，并在遇到阻碍和挫折时持续这种情绪，保持这种情绪带来的动力。

（4）情绪理解（empathy）：善于了解他人情绪，理解他人的感觉，觉察到他人的真正需要，具有同理心。

（5）社交能力（social skills）：适当影响和管控他人情绪。

二、常见的大学生情绪困扰

（一）焦虑

焦虑是大学生常见的情绪状态，是个体主观上预期将会有某种不良后果而产生的不安感，并伴有紧张、害怕、焦急、担忧等混合的情绪体验。社会竞争日趋加剧，每个人都可能处于一定的焦虑状态中。适当的焦虑可以唤起个体的警觉，使其集中注意力，激发斗志；不适当的焦虑会影响个体的学习和生活，对其身心健康造成不利的影响。当大学生在学习、工作、生活各方面遭遇挫折或担心需要付出巨大努力的事情来临时，便会产生焦虑情绪。

常见的大学生焦虑有自我形象焦虑、学习焦虑与情感焦虑。自我形象焦虑是因担心自己不够漂亮、没有吸引力、体态过胖或矮小、粉刺、雀斑等影响自我形象而引起的焦虑。这类焦虑主要与错误的自我认知有关，需要通过调整自我认知以重新接纳自我，建立新的自我形象。与学习有关的焦虑（如学习焦虑、考试焦虑），在学生的情绪反应中最为强烈，如很多同学担心考试不及格，担心排名靠后，担心拿不到奖学金等。另外，情感焦虑多是个体因恋爱受挫而引发自我否定，认为自己不具备爱人与被爱的能力，因过度担心而陷入焦虑。

如此焦虑为哪般

某大学学生云峰，自述当他坐在教室看书时，总是担心背后有人打扰自己，有强烈的不安全感，以至于总是坐在角落或者靠墙而坐，否则无心看书。他还说自己即将毕业，对未来也没有什么合理的规划，心中一片茫然，担心毕业后自己找不到理想的工作，所以有时候他干脆不去想这个问题，觉得是徒增烦恼。云峰学习成绩一般，属于班上中游水平，当看到周围有同学考研的时候，他自己也想跟着考研，但又不能集中精力学习。云峰自卑、缺乏自信、生活态度比较消极，认为所有的一切都糟糕透了。云峰家在农村，经济状况一般，他觉得自己有责任挑起家里的重担，但又觉得力不从心。

（二）抑郁

抑郁是一种因感到无力应对外界压力而产生的消极情绪，常常伴有厌恶、痛苦、羞愧和自卑等情绪体验。抑郁人皆有之，任何人都可能由于某些因素的影响偶尔出现短暂的情绪压抑、悲伤、忧虑、易发脾气等不良心境。大部分情况下，这种抑郁会因时过境迁而很快消失。但过度的抑郁则会给个体带来痛苦和绝望，最明显的症状是心情压抑，个体仿佛掉入了一个无底洞或者黑洞之中，正被淹没或窒息。个体消极地看待自己，对未来感到悲观，感到愤怒或负罪感。抑郁还常常伴随着身体症状，如乏力、起床变得困难，严重时睡眠方式都将改变，睡得太多或者早晨醒得早，并且醒后不能再次入睡。

扫一扫

抑郁情绪应对

大学生面临着学习、考试、人际交往、就业等各种各样的压力，这可能会导致抑郁情绪。大学生抑郁的主要表现：情绪低落、郁郁寡欢、闷闷不乐、思维迟缓、兴趣丧失、缺乏活力，反应迟钝，干什么都提不起精神，对生活缺乏信心，体验不到生活的快乐，并伴有失眠和食欲减退等一系列症状。长期抑郁会给大学生的身心带来严重伤害，使大学生无法有效地进行学习与生活。

我不是脆弱，只是病了

2018年9月，在峨眉山景区金顶"瑞吉山石"处，一名21岁女孩不顾他人劝阻毅然决然地从悬崖跳下，结束了自己年轻的生命。随后，女孩的遗书在网络上曝光。她说："很多人把这种病当成脆弱、想不开。我想说不是的，我从来不是个脆弱的人……我不是没有去倾诉过，不是没有尝试过救自己。我一次又一次地努力尝试，一次又一次地寻找，换城市，换工作，给自己找事干，跑步、旅行，我真的受够了自己骗自己。"她才21岁，如花般的年纪，本该笑靥如花，本该在大学校园读书，享受美好的生活，但是抑郁症却夺走了她本该拥有的生命。

（三）愤怒

愤怒是由于客观事物与人的主观愿望相违背或者人因受挫而无法实现愿望时，人的内心产生的一种紧张而不愉快的激烈情绪反应。心理学研究表明，愤怒对人的身心健康有严重的不良影响。愤怒可导致人心跳加快、心律失常、血压升高，严重时可能导致心脏停搏甚至猝死，还可能导致失眠、高血压、胃溃疡和心脏病等躯体疾病。此外，愤怒容易使人丧失理智，降低人的自制力，使人思维受阻、行为冲动，甚至干出一些事后后悔不迭的蠢事或造成不可挽回的损失。正如毕达哥拉斯所言："愤怒以愚蠢开始，以后悔告终"。

大学生精力充沛、血气方刚，情绪表达具有好激动、易动怒的特点，有时情绪难以控制。有的大学生因一言不合而暴跳如雷；有的因人际协调受阻而怒不可遏、恶语伤人；有的因别人的观点或意见与自己相左而恼羞成怒；有的因一时的成功、得意而忘乎所以；有的因暂时的挫折与失败而悲观绝望，痛不欲生。这些情绪对大学生的影响往往是极其有害的，容易导致极端行为的发生。

校园悲剧

张某是一名大学生，聪明好学，成绩优异，曾获得全国奥林匹克物理竞赛二等奖，被评为"省三好学生"。但他性格孤僻压抑、情感脆弱、对挫折的心理承受能力低。2004年2月，张某先后将4名同学杀死，杀人事件的起因竟是因为打牌争执。同学邵某怀疑张某出牌作弊，两人便争论起来。邵某十分生气地说："你连打扑克都玩假，你为人也太差了，怪不得龚某生日都不请你……"虽然这样的评价张某并非第一次听到，但同样的话自邵某口中说出来，却深深地伤害到了他。因为他与邵某是老乡，同窗同宿舍4年，他心里十分看重这个好朋友，但他万万没有想到，邵某竟然这样评价自己，而且好朋友龚某居然也是如此。张某怀恨在心而产生杀人念头，他情绪冲动地采取凶残手段以发泄愤怒之情。他在杀害他人的同时也毁灭了自己，最终走上了犯罪道路。

（四）嫉妒

嫉妒是一种因他人在某些方面胜过自己而引起不快甚至痛苦的情绪体验。嫉妒是自尊心的一种异常表现，在大学生群体中普遍存在，具体表现为当看到他人学识能力、品行荣誉甚至穿着打扮超过自己时内心产生不平、痛苦、愤怒等感觉，甚至产生挑剔、造谣、诬陷等行为；当别人身陷不幸或处于困境时则幸灾乐祸，甚至落井下石，在人后恶语中伤、诽谤。嫉妒是人本质上的弱点，严重时会扭曲人的心灵，并带来较大的危害。嫉妒往往会妨碍人与人之间的真诚交往，不仅容易引发身心疾病，而且会影响个体的发展。

嫉妒引发的恶果

2018年6月，某市发生了一宗骇人听闻的中学生杀人案，死者是该中学初三成绩排名第一的马同学，而残忍杀害他的凶手竟是受害者的同班同学秦某。本应是阳光少年，又怎能痛下杀手，酿成血案？凶手坦言杀人原因竟然是马同学成绩比他好。他曾于5月底恶狠狠地警告马同学："会考你必须考4个B。你如果考得比我好，我一定杀了你。"6月4日，会考考试成绩公布，马同学依然是第一名，而秦同学依然是第二名。在熊熊的怒火下，发生了那惨绝人寰的一幕。谁能想到，"优秀""第一名"这样值得夸奖的品质，竟然成了被害的理由。

175

（五）自卑

自卑是个体在社会比较过程中由于认知歪曲而形成对自我价值的消极评价，并由此产生自我否定的态度以及与之相应的轻视自己的消极情绪体验，即对自己评价过低，自己瞧不起自己。自卑感几乎人人都有，只是程度不同而已。适度的自卑能激发人发奋努力，取得成就；过度的自卑会使人丧失信心，忽视自己的优势，怀疑自己的能力，限制潜能的发挥，甚至还会自暴自弃，自我封闭。对大学生来说，自卑往往是由于对自身的生理、学识、个性以及对家庭或就读学校条件不满而引起的。

成长案例

她受折磨于自己的"发现"

某高校女生嘉琪，来自农村，她一直对自己的学习充满自信，认为保持优异成绩如探囊取物。可是，进入大学后，她发现同学们不仅个个聪明，且多才多艺，而自己各方面都比别人差。由于经济拮据，嘉琪连套像样的衣服也不敢买，吃饭时总是一个人吃最便宜的饭菜，这些都让她自惭形秽。在她"发现"其他同学嫌她土气，不愿理睬她后，她更是感到自卑，认为别人都比自己强。上课时，她总是低着头，不吭声；走路时，总觉得自己被包围在同学们蔑视的目光和嘲笑声中，以至于身心疲惫，每天都在煎熬中度过。

三、大学生情绪的自我评估

指导语：请回忆你在上周内曾有过的各种感受和行为，在表 10-2 中适当的数字上画"√"。

表 10-2　流调用抑郁自评量表

序号	过去一周内	<1 天	1～2 天	3～4 天	5～7 天
1	我因一些小事而烦恼	0	1	2	3
2	我不想吃东西，我胃口不好	0	1	2	3
3	即使家人和朋友帮助我，我仍然无法摆脱心中苦闷	0	1	2	3
4	我觉得自己做得不如多数人好	0	1	2	3
5	我在做事时无法集中注意力	0	1	2	3
6	我感到情绪低落	0	1	2	3
7	我感到做任何事都很费力	0	1	2	3
8	我感到前途没有希望	0	1	2	3
9	我觉得我的生活是失败的	0	1	2	3
10	我感到害怕	0	1	2	3
11	我的睡眠不好	0	1	2	3
12	我感到不高兴	0	1	2	3
13	我比平时说话要少	0	1	2	3
14	我感到孤单	0	1	2	3
15	我觉得人们对我不太友好	0	1	2	3
16	我觉得生活没有意思	0	1	2	3

续表

序号	过去一周内	<1天	1~2天	3~4天	5~7天
17	我曾哭泣	0	1	2	3
18	我感到忧愁	0	1	2	3
19	我感觉别人不喜欢我	0	1	2	3
20	我觉得我无法继续我的生活	0	1	2	3

● **评分说明**

【计分】以过去一周来计算，将20项得分相加，计算总分。

【解释】总分少于15分：无抑郁症状。总分为15～20分：可能有抑郁症状。总分在20分以上：有抑郁症状，建议去看心理医生。

第三节
大学生情绪管理的策略训练

每种情绪的发生都有它的道理，没有好坏之分，但这并不意味着就可以任由自己的各种情绪发生。有效的情绪管理是建立良好人际关系的"润滑剂"，是身心健康的"护航者"。如果情绪常常处于失衡和低落的状态，负性情绪郁结于心中，久而久之，身心健康就会受到很大影响。情绪的产生和发展是有规律可循的，可以据此规律来管理和疏导自己的情绪，减少消极情绪的不良影响，做情绪的主人。

一、学会认知调节

情绪往往是由一定的事件引发的。人们通常会认为是诱发事件直接导致了人的情绪和行为结果，发生了什么事件就会引起什么情绪体验。然而，同样一件事，对于不同的人，却会引起不同的情绪体验。比如同样面对英语四级考试失利，有人感到非常失望，伤心欲绝，而有人却持无所谓的态度。这是由于他们对诱发事件的认知不同。

美国心理学家艾利斯据此提出了情绪ABC理论（见图10-1）。该理论认为，诱发事件（客观刺激A）只是引起情绪反应的间接原因，而人们对诱发事件所持有的信念和认知（信念B）才是引起情绪反应（结果C）的直接原因。因此，情绪并非由诱发事件直接导致，而是由人们对这一事件的解释或评价而引起的。比如同一情境（A）下，因为不同的人，他们的信念、评价与解释不同（B1和B2），所以他们会得到不同的结果（C1和C2）。因此，事情发生的一切根源在于人们的信念、评价与解释。通常而言，对诱发事件的合理认知会导致适应性的情绪反应和行为结果，而不合理的认知往往会导致焦虑、沮丧和敌意等不良情绪反应和行为结果。正是由于对诱发事件产生的一些不合理的信念使个体产生情绪困扰。

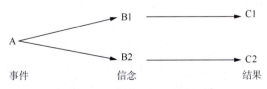

图 10-1 情绪 ABC 理论框架

通常而言，人们的不合理信念具有以下特征。

（1）绝对化。绝对化是指人们以自己的意愿为出发点，对某一事物怀有认为其必定会发生或不会发生的信念。它通常与"必须""应该"这类字眼连在一起，比如"我必须得到所有人喜爱"。

（2）概括化。这是一种以偏概全的不合理思维方式，主要表现为对自己或对他人的不合理评价。

（3）灾难化。这是一种认为如果一件不好的事情发生了，将非常可怕、非常糟糕，甚至认为是一场灾难的想法。"可怕""彻底完了"这些字眼是我们判断这种想法的线索。

按照情绪 ABC 理论，个体要想改变自己的负性情绪，可以从改变对诱发事件所持有的不合理信念入手，可以用新的合理信念替代原有的不合理信念，进而调节自己的情绪状态，这就是理性情绪疗法。通过认知调节情绪，主要是让我们对诱发事件的认知变得更加客观、更加辩证。

• 做一做 ···

理性情绪疗法

活动目的：认识不合理信念，驳斥不合理信念，学会运用理性情绪疗法。

活动准备：每组活动人数为 5～6 人。

活动过程：具体活动过程如下。

（1）请小组成员回忆最近两次情绪反应剧烈的事件，并完成表 10-3。

表 10-3　信念转变效果表

A：诱发事件		
B：信念（不合理的信念）		
C：结果（情绪和行为）		
D：驳斥（驳斥不合理信念）		
B：信念（提出新的理性信念）		
E：效果（新的情绪和行为）		

（2）在小组内，每个人将自己情绪反应剧烈的事件分享出来，然后其他人尽可能多地驳斥这种不合理信念，提出新的理性信念。大家选出一个比较难处理的事件进行分享、探讨。

（3）分享结束后，请全体成员谈谈这次交流的心得和体会，比如在调节情绪上或是在驳斥不合理信念的方法上。

（4）活动组织者总结，活动结束。

二、适当转移注意力

转移注意力就是把注意力从引起不良情绪反应的刺激情境转移到其他事情上去，或从事其他活动的自我调节方法。有研究表明，当人产生强烈情绪时，人的大脑中存在一个较强的"兴奋灶"，此时如果建立另外一个或几个"兴奋灶"，便可以抵消或冲淡原来的优势"兴奋灶"。因此，当不良情绪出现时，个体要有意识地转移注意力，建立新的"兴奋灶"，以达到管理情绪的目的。

当出现不良情绪时，大学生可以尝试把注意力转移到自己感兴趣的事情上去，比如看电影、听音乐、读书、打球、下棋、聊天，以及欣赏大自然美景等，这些都有助于缓解被压抑的心情。通过转移注意力，一方面可以终止不良刺激源的作用，防止不良情绪泛化、蔓延；另一方面，通过参与新的活动特别是自己感兴趣的活动，可以达到增加积极情绪体验的目的。

• 做一做

建立新的"兴奋灶"

学会建立新的"兴奋灶"，就是用愉快的活动占据时间，用积极情绪来冲淡消极情绪，用时间的推移淡化不良情绪。个体应根据情绪、场景、兴趣爱好及外界事物的吸引力来选择最有效的转移方法。

（1）做自己感兴趣的事。比如找朋友聊聊天、下下棋、打打球、听听音乐、唱唱歌、看喜剧电影，使自己从原来的不良情绪中解脱出来。

（2）转移话题。当双方意见不一致产生冲突或冲突升级时，最好在"怒发"尚未"冲冠"之际，巧妙地转移话题。

（3）转换环境。离开现场，和引发不良情绪的事物或人保持距离；到户外去欣赏大自然的美景，青山绿水，莺歌燕舞，将自己置身于清新的大自然之中，享受心旷神怡的感觉。

三、进行合理宣泄

宣泄是指采用一定的方法和方式，把个体的情绪体验充分表达出来。过分压抑只会使情绪困扰加重，而合理的情绪宣泄则可以把不良情绪释放出来，从而使紧张的情绪得以舒缓、放松。所谓合理宣泄，是指运用理性情绪表达把不良情绪释放出来，使心情趋于平静。需要注意的是，运用合理宣泄法来调节不良情绪时，必须增强自我控制能力，不能随便发泄不满或不愉快的情绪，而是要采取正确的方式，选择恰当的场合与对象，以免引起意想不到的不良后果。常见的情绪宣泄策略如下。

1. 痛哭宣泄

当你心灵受到创伤时，一场尽情的痛哭可以将你的压抑充分宣泄。比如你可以到野外或在不妨碍他人的场所大喊大叫、大哭大笑。有研究显示：情绪冲动流出的眼泪与眼睛受到刺激流出的眼泪成分不尽相同——前者的蛋白质含量比后者多。情绪冲动时流泪能把体内因精神受到沉重压力而产生的有关化合物排出体外，情绪不佳的人在流泪后会感到轻松一点。

2. 倾诉

倾诉也是将压抑在内心的苦闷宣泄出来的方式。你可以将心中的委屈、压抑、苦闷、焦虑说给那些愿意倾听且真心实意愿意帮助你的人。比如，你可以打电话给亲人或朋友，你还可以采取纸上宣泄，把烦恼和不快都写在日记中，或给自己写封信。把自己的感觉写下来，不必在意修辞或文句优美与否，要把造成消极心理的事件和环境清晰地描述出来，写完后你也会有痛快淋漓的感觉。此外，你还可以选择在专门的宣泄室进行自言自语；在合适的环境下，放声歌唱、大声喊叫也是排除紧张的有效方式。

3. 运动宣泄

体育运动有助于释放不良情绪，可以为郁积的情绪提供一个公开合理的发泄渠道。同时，体育运动还有助于个体养成坚持、忍耐和抗挫折的品质。当你有不良情绪困扰时，不妨试试以下运动：慢跑、快走、爬山、游泳、骑自行车、跳舞等。

被捆绑的老鼠

心理学家曾经做过一个关于情绪宣泄的实验。实验开始时，心理学家把两只老鼠放在一个可以转动的阶梯式滚筒上：其中一只被捆绑在滚筒上，而另一只被放在滚筒的台阶上。当滚筒转动时，被捆绑的老鼠躺在上面"睡觉"；另一只则随滚筒转动的频率跑动，转速加快，老鼠的跑动也加快，直到跑不动掉下滚筒为止。实验结果：实验结束时，跑动的老鼠虽然已经筋疲力尽，但其通过运动能将产生的负面情绪宣泄出来，所以休息一会儿就无大碍了，仍然活着；而被捆绑的老鼠，无法动弹，虽然毫不费力气，但产生的负面情绪也越积越多，并且这些负面情绪不能排除，最终因恐惧而死亡。

四、学会自我放松

放松训练可以增强记忆、稳定情绪、提高学习效率，长期坚持训练还可以改善人的性格，消除不健康的行为，对焦虑症、强迫症、恐惧症等有良好的治疗效果，甚至对一些身心疾病也有广泛的治疗作用。放松训练对于缓解紧张的心理压力，效果更为显著。因此，放松训练日益成为人们调控情绪、管理压力的常用方法。自我放松策略主要包括深呼吸放松法、想象放松法和肌肉放松法（见第十一章）。

做一做

180

放松训练一：深呼吸放松法

指导语： 在正规的练习中，要求在固定的时间段每天做 3 次，在正规的方式下进行。但是一旦我们掌握了这种方法，就可以随时随地进行，只要条件允许。

注意事项： 做深呼吸放松练习不是为了立刻处理所有的消极状态，而是让我们通过这种方法，达到更加有效、清晰地与消极状态相处。虽然这种方法不能立刻消除所有我们不希望发生的事，但是它能让我们做出更加自由和理性的反应。

方法步骤： 具体的方法步骤如下。

第一步，进入觉察。

请用一个挺拔而庄严的姿势进行练习，可以坐着也可以站着。如果可能的话，闭上你的眼睛。然后，将觉察导入你的内部经验，自问："我此时此刻的体验是什么？"

（1）此刻有什么想法掠过你的脑海？尽量将这些想法看成精神事件，用语言把它们表达出来。

（2）此刻你的心情如何？请留意任何情绪上的不适或者不愉快的感受，承认它们的存在。

（3）此时此刻你的身体感受是什么？比如可以快速扫描全身去找到任何紧绷感。

第二步，集中。

将你的注意力集中到呼吸的生理感觉上来。

近距离地感受呼吸在腹部的感觉，感受腹壁随着吸气而鼓起的感觉，以及随着呼气而下沉的感觉。

跟随着吸气和呼气的全过程，利用呼吸将自己锚定于当前的状态。

第三步，扩展。

现在将觉察的范围从呼吸扩展开去，除了呼吸的感觉，还包括全身的感觉、你的姿势以及面部的表情。

如果你觉察到任何不舒服、紧张或阻抗的感觉，请通过深呼吸将它们消融在每一次轻柔而开放的吸气和呼气之中。如果你愿意的话，也可以在呼气的时候对自己说："没关系，不管它是什么，既来之，则安之。"

然后，尽量将这种觉察扩展到接下来一整天的每一个时刻中去。

放松训练二：想象放松法

扫一扫

想象放松法

想象是心理咨询与治疗中最常用的技术，通常需要结合其他的一些方法（如暗示、联想等）。想象最能让自己感到舒适、惬意、放松的情境，比如在沙滩上，然后让这种情境逐渐变得越来越清晰，感受身临其境的美好感觉，体验全身心的放松和舒适。比如："我静静地俯卧在海滩上，周围没有其他的人；我感觉到了阳光温暖的照射，触到了身下海滩上的沙子，我全身感到无比的舒适；海风轻轻地吹来，带着一丝海腥味；海涛在轻轻地拍打着海岸，有节奏地唱着自己的歌；我静静地躺着，倾听这永恒的波涛声……"

给别人放松时，要注意语气、语调的运用。自我想象放松可以自己在心中默念。节奏要逐渐变慢，配合自己的呼吸，自己也要积极地进行情境想象，尽量想象得具体生动，全面利用五官去感觉。想象放松方法，初学者可在别人的指导下进行，也可根据个人情况，通过自我暗示或借助于音频来进行。

181

● 反思践行

◎体验分享

情绪折线图

记录、观察自己一周的情绪变化，在测量前定好大致的评分标准，然后在你感觉到情绪变化的时刻记录自己的情绪，在适当的位置上描点。每天至少需要总结一次自己的情绪变化，防止遗忘。坚持 7 天，你就能得到这一周的情绪折线图了（见图 10-2）。

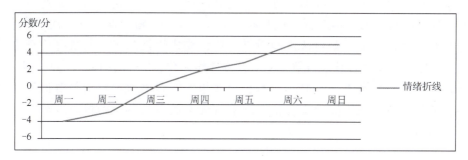

图 10-2 一周情绪折线图

示例：特别开心，激动，嘴巴会忍不住咧开的那种，5 分；开心，嘴角微微上扬，3 分；一般状态，没有高兴也没有不高兴，0 分；我遇到了点小问题，忍不住皱了下眉头，-3 分；很不开心，整个人很沮丧，感觉到沉重的压力，-5 分。

注意：评分标准只是作为参考，因为情绪本来就具有很强的主观性。你也可以简单地给自己的状态评个分。一天也可以有几个数值，只要你感觉到情绪变化，你就可以描点，这样你既能感受到这一周的整体变化，也能观察到每一天的细小波动。

◎沙场练兵

驾驭自己的情绪

通过前面的学习，相信读者一定能够在很短的时间内觉察到自己的情绪了。那么，如何来处理这些情绪呢？尤其是面对消极情绪的时候。下面我们来寻找适合自己的情绪调节策略，请填写表10-4。

表10-4 我的情绪事件与策略

日期					
生活事件					
情绪种类					
情绪评分					
调节策略					
调节后评分					

注意：情绪调节策略有很多，比如改变认知、痛哭宣泄、跑步、旅游、找朋友倾诉、去KTV唱歌等，只要是能让你放松和平静的策略都可以，不限于本书提到的策略。

通过一段时间的观察，对比一下采用不同调节策略调节前和调节后的评分，你就能知道最适合自己的情绪调节策略了。请和身边的朋友进行交流和讨论，分享自己的情绪旅程。

● 视野拓展

推荐图书：《给情绪多点时间》

推荐理由： 无论多么不情愿，我们都需要承认自己的情绪。把自己的情绪，好的、坏的，首先能够清楚地表达出来，才是最重要的。遇事急，我们就可以慢下来；总是隐忍，我们就要学会掉眼泪，释放自己的真实感受；没有安全感，我们就要逐渐培养自己的安全感；没有耐心，我们就可以慢慢磨炼耐心。无论是与己，还是与人，安放自己的情绪，接纳自己，都是自我成长的一大步。正如《给情绪多点时间》序中所说："行走在人生的道路上，如何认清和懂得自己，要比慌慌张张地赶路更为重要。在适当的时候放下，在难过的时候疏解，在失意的时候振作，在得到的时候感恩，生而为人，要学着时刻与这个世界有一个只属于本我的共振。"该书通过解读与解说你我心中的疑惑，引导你我渐渐放下心中重负，渐渐看清爱与关系的各种面貌与本质，然后找到与世界和解的方式。

扫一扫

推荐电影

第十一章

直面生活的挑战
——大学生压力与挫折应对

● **心灵引领**

人们总爱用鲜花、掌声迎接成功者，但须知成功的路上坎坷、荆棘、崎岖，有人爱用责怪、嘲笑对待失败者，但须知失败中包藏着希望，孕育着胜利。

——林肯

天将降大任于是人也，必先苦其心志，劳其筋骨，饿其体肤，空乏其身，行拂乱其所为，所以动心忍性，曾益其所不能。

——孟子

挫折对于天才是一块垫脚石，对于能干的人是一笔财富，而对于弱者是一个万丈深渊。

——巴尔扎克

● **学习导航**

在繁忙的现代生活中，每个人都承受着不同程度的压力与挫折。压力与挫折是一把"双刃剑"，适度的压力与挫折有利于人们自觉地调动起自身的能量，从而提高学习和工作效率；但是当压力与挫折超过人们的身心承受负荷时，就会对人们的身心健康产生不利影响。处于校园与社会交界处的大学生，他们不可避免地面临环境适应、学习考试、求职就业以及人际关系等方面的压力。虽然适度的压力与挫折可以转化为动力，可以激发人的创造力，但这种压力与挫折如果长期得不到合理的纾解，就会对大学生的学习和生活带来不利的影响。大学生在学习和生活中总会遇到各种压力事件，压力与挫折的普遍存在是一种必然，因而压力与挫折应对是大学生心理健康教育的重要组成部分。

扫一扫

挫折使人成长

读者通过本章的学习可以达到以下目标：

- 了解压力与挫折的基本含义，正确地认识压力与挫折；
- 了解大学生所面临的主要压力与挫折，并学会对压力承受能力进行自我评估；
- 掌握压力与挫折应对的基本策略和方法，减轻压力与挫折的消极影响，学会化压力为动力。

案例导入

压力背包

　　嘉良就读于某重点大学，学习成绩位于专业前十名。父母期望他日后出国深造，而他本人也和父母的想法一致，所以他学习非常刻苦、努力。嘉良几乎每天都是宿舍起得最早的人，他利用一切时间去学习，通常学习到晚上 11 点才回宿舍休息。近两个月来，嘉良对自己的要求越来越高，不断地压缩吃饭和睡眠的时间，只要是他给自己规定的事情有一点没做好就号啕大哭。尤其是最近这一周，他差不多每天都在因为琐事而哭泣，前不久还因为上课走神了两分钟，回宿舍哭了两个多小时。嘉良表示自己也知道这样不好，但就是控制不住自己。他说他每天都十分难受，他父母看了也很心疼，让他不要太苛求自己，可是嘉良就是无法控制。

● **心理课堂**

　　你在大学期间是否也曾遇到过各种各样的压力与挫折？你当时的感受是怎样的？你又是采用什么样的方式进行解压的呢？如果你是案例中的嘉良，你又会如何处理他所遇到的压力问题？大学生群体拥有良好的知识水平、有着很高的理想和抱负，与此同时还面临很多的机遇和挑战，这意味着他们要承受很大的心理压力与挫折。比如大一的学生可能会有适应新学校的压力；大二的学生可能会因未来如何规划而彷徨；大三的学生可能会因为考试不及格而忧心忡忡；毕业年级的学生则可能因面临就业、考研、出国等的选择而徘徊不定……

　　压力与挫折和大学生如影随形。适度的压力与挫折能激发个体的斗志和韧性，促进个体成长，但当压力与挫折超过个体的身心所能承受的负荷时，就可能会把人压垮。那么，什么是压力？什么是挫折？大学生都面临哪些方面的压力与挫折？又该如何有效地应对压力与挫折？本章将带领大家学习压力与挫折应对的基础知识，以帮助大家正确认识压力与挫折，学会应对压力与挫折，将压力与挫折转化为动力。

184

第一节

压力与挫折概述

　　压力与挫折是人类生活和生命的组成部分，就像空气一样时刻存在于人们的周围。适度的压力与挫折有利于人们自觉地调动起自身的能量以更好地迎接挑战。但是过度的压力与挫折总是与紧张、焦虑联系在一起，久而久之会破坏人的身心平衡，造成情绪困扰，导致心理问题和身心疾病。当个体感受到压力和挫折时，就会表现出一些生理、心理和行为方面的反应。那么，什么是压力？什么是挫折？压力和挫折又会给个体带来什么样的影响呢？

一、压力的含义

（一）什么是压力

　　压力（stress）的概念最初由加拿大心理学家谢尔耶提出，他认为压力是产生于个体没有能力、没有资源来应对"外在需求"时的一种非特定的生理反应。一般来说，压力是指个体在适应生活的过程中，当环境的需求和自身的应对能力不相匹配时，个体感受到的一种身心紧张状态。具体而言，个体在日常生活中不可避免地会面临一些大大小小的应激事件。一旦这些事件威胁到个体内心的平衡状态，个体就会感受到压力，而这些事件也就被称为压力事件。人们对于压力的理解容易形成两个误区：一是误认为只有负性事件才会让人感受到压力；二是误认为只有重大事件才会让人感受到压力。压力的内涵可以从以下 4 个方面进行理解。

（1）压力情境或事件，即诱发压力的外在客观环境或事件。它包括一种或数种刺激，可能是"现在时"——正在遭遇的事件，也可能是"未来时"——将要面对的问题。

（2）压力认知。它是个体对现实或未来压力情境或事件的认知和评价。个体只有感知到压力，压力感才会产生。在现实中，如果客观上发生了或将要发生一些事，但主观上个体并无知觉，则个体不会产生压力感。

（3）压力反应。它是指个体主观上对外界刺激做出适应或产生紧张压迫感，包括身体、心理和行为等的一系列反应。

（4）压力应对。它是指个体面对压力情境或事件时，能运用个体的内外部资源，做出旨在消除、减弱、预防该压力情境或事件的努力。

（二）压力的身心反应

1. 心理反应

压力应对中的心理反应主要是指情绪性反应。它是指个体压力过大或长期处于压力状态时，个体所表现出的紧张、焦虑、抑郁、愤怒、恐惧、压抑、悲伤、挫折感、内疚感和羞耻感等。例如，当大学生面临重要考试时，虽然适度的焦虑可以提高复习效率，但是焦虑过度或焦虑持续时间太久则会导致神经功能失调，影响能力的发挥。

2. 生理反应

当个体感觉到压力或威胁时，机体内部的自我调节机制将会最大限度地调动机体的潜在能量，以有效地应对外界环境的变化，这就是压力的生理反应。在体内潜能大量消耗的同时，那些与情绪反应无直接联系的器官或系统会因得不到必要的能量而难以维持正常的功能，表现为神经系统、消化系统、内分泌系统等都可能受到较大的影响，如全身紧张、颤抖或神经抽动、心跳加快、气急、心悸、疲倦、头晕眼花、腹胀、便秘、尿少等一系列症状。

3. 行为反应

个体在压力情境下除了心理反应和生理反应，还会伴随着某种行为反应。这些行为症状包括直接反应症状和间接反应症状。直接反应症状包括冲动、说话吞吞吐吐或语塞、对他人进行语言攻击、语速变快、易受惊吓、坐立不安、很难长时间从事某种活动、做出极端行为。间接反应症状则包括咖啡、茶等刺激性食物的摄入增加。

• 知识链接

塞里的生理反应模型

20 世纪三四十年代，汉斯·塞里对压力的生理病理反应进行了开创性研究，提出了生理反应模型。他认为压力是对任何形式的伤害性刺激所产生的生理反应。在压力状态下，个体的生理反应通常会经历以下 3 个阶段。

（1）警觉阶段：在此阶段，伤害性刺激的突然出现，会导致个体情绪上的紧张以及个体注意力的高度集中，同时肾上腺素分泌增多，随即个体进入应激状态。这些警觉信号提示个体需要关注自己的压力水平，以保护自己的身心健康。

（2）抗拒阶段：处于这个阶段时，个体会试图对身体上的受损部分加以维护复

185

原，个体会通过摄入体内所需物质来保证抵抗刺激所需要的能量，并保持身体的内部平衡。

（3）衰竭阶段：经历前两个阶段后，个体就进入了最后一个阶段，由于压力存在太久，个体应对压力的精力也几乎衰竭，身体各个功能都缓慢下来。

二、挫折的含义

（一）什么是挫折

挫折是一种普遍的心理现象，"人生逆境十有八九"。人们在日常生活中，随时会遇到难以克服的困难，或在达到某种目标的过程中遇到各种各样的障碍，如考试失利、人际关系矛盾、失恋、求职不顺等。这些事情都可能使人产生紧张、焦虑、痛苦、失望、沮丧、愤怒等不愉快的情绪和行为反应，即人遇到了挫折。《现代汉语词典》对挫折的解释是"失利""失败"。在生活中，挫折常指挫败、失利、阻挠、障碍，就是俗话所说的"碰钉子"。在心理学中，挫折是指个体在从事有目的的活动过程中，由于遇到无法克服的或自以为无法克服的障碍或干扰，使个人的需要得不到满足而产生的紧张状态与情绪反应。挫折通常包括以下 3 方面内容。

1. 挫折情境

挫折情境指对人们的需要、动机或目的性活动造成内外障碍或干扰的情境状态或条件。这一情境有可能是某个人、某件事，也有可能是各种自然、社会环境。如考试不及格、家庭发生变故、人际关系不和谐、失恋、求职失利等。挫折情境既可以是实际存在的，也可以是当事人想象中的。

2. 挫折认知

挫折认知是个体对挫折情境的知觉、认识和评价，这是导致挫折产生的最重要的因素，其决定了挫折感的性质和强度。因为只有挫折情境被知觉到后，人们才会产生挫折感，否则，即使挫折情境实际存在，只要不被知觉到，人们也不会有挫折感。比如，同样是考试失利，有些学生认为失败是成功之母，需要继续努力学习；而有些学生则认为是自己能力不足导致的，进而否定自己，认为自己是个失败的人，于是就产生深深的挫折感。

3. 挫折反应

挫折反应是指个体在挫折情境下所产生的烦恼、困惑、焦虑、逃避、愤怒、攻击等负性情绪交织而成的心理感受，即挫折感。

（二）挫折的产生机制

挫折反应的性质和程度主要取决于个体对挫折情境的认知和评价，挫折认知是挫折产生的核心要素。通常，挫折情境越严重，人们的挫折反应就会越强烈。但是，挫折反应出现与否取决于挫折情境是否被个体知觉到，只有那些被个体知觉到的挫折情境才会引起个体的挫折反应。有时虽然出现了挫折情境，而个体没有意识到，或者虽然意识到了但并不认为很严重，那么个体也不会产生挫折反应，或者只产生微小的挫折反应。挫折产生机制可以用图 11-1 来解释。

由图 11-1 可知，挫折认知是导致挫折产生的最重要的因素。挫折感的实质就是个体的一种主观感受，个体是否有挫折感以及挫折反应的程度，主要取决于个体对挫折情境以及对自己的动机、目标与结果之间关系的知觉、认识和评价。

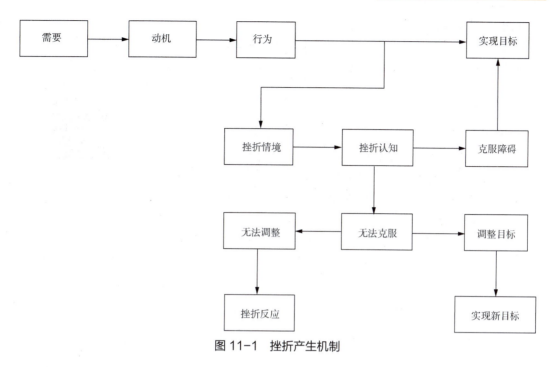

图 11-1 挫折产生机制

三、压力和挫折的影响

尽管压力和挫折都可能会给个体带来情绪、情感方面的负性影响，但压力和挫折所产生的影响却具有两重性。压力和挫折就像一把双刃剑，过度的压力和严重的挫折会给人们的身体和心理造成消极的影响，使人痛苦、失望或沮丧，对生活失去信心和追求。但同时，适度的压力和挫折又具有积极性，给人们带来成长的契机和发展动力。

遭遇压力和挫折会给个体的身心健康带来负面影响。当压力和挫折超过人们的承受限度时，持续的压力会导致人们睡眠困难、饮食失调、免疫力下降以及产生身心疾病（如疲劳、高血压、胃溃疡、周期性偏头痛以及慢性腹泻等）。同时，压力过大容易诱发紧张、担心、烦躁、恐惧、悲观、失望、畏惧、退缩等情绪状态，并会导致人们学习和工作效率下降。比如，压力过大时，学生考试容易分神，注意力难以集中，进而影响考试表现。

但是适度的压力和挫折却对人们的身心健康具有促进作用。适度的压力和挫折可以激发人们的潜能，让人们高效率地完成任务，更好地应对生活的挑战。当感受到压力时，人体内部会分泌相应的应激激素，使人们的身体处于一种警觉和战斗的状态中。这种情境可以激发人们的热情和干劲，促使人们更好地集中注意力、调动身体机能和资源应对压力和挫折，从而提高了任务完成的效率。比如适度的压力可以让大学生在参加考试、比赛、实践项目等活动时更有效率，取得更好的成绩。同时，压力和挫折还能磨炼人们的性格和意志、增强人们的挫折容忍力、激发人们的进取精神，使人变得勇敢、坚毅。每个人一生中都不可避免地会遭遇各种压力和挫折，人们也只有在承受和克服挫折的过程中，才能发现自身的不足，进而激发进取心和潜力，学习新的技能，逐步完善自我。纵观中外历史，那些成大事者，大都是经历艰辛、百折不挠、在逆境中磨炼出坚强意志的人。正所谓"天将降大任于斯人也，必先苦其心志，劳其筋骨，饿其体肤，空乏其身，行拂乱其所为，所以动心忍性，曾益其所不能。"可见，经历压力和挫折并非坏事，只要个体积极自主地应对困境，提高挫折容忍力，善于化压力为动力，就能将压力和挫折变为促进成长、迈向成功的进阶石。

挫折容忍力研究

1955年，美国心理学家艾米·维尔纳和鲁斯·史密斯对698名夏威夷群岛儿童的生活环境进行调查研究。他们将孩子们分成两组：有约2/3的人被归为低风险组，约1/3的人被归为高风险组。所谓高风险是指孩子遭遇家庭贫困、父母存在心理问题、母亲生产期压力大、家庭不和睦、父母酗酒或患病等问题。研究人员分别在孩子1岁、2岁、10岁、18岁、32岁和40岁时进行追踪测试。结果发现，高风险组中有2/3的人出现了问题，比如在10岁时有严重的学习或行为问题，18岁时有犯罪记录、心理健康问题。然而，高风险组依然有1/3的孩子在遭受高危险性环境或压力下，其发展功能和社会适应并未受到明显损害，甚至一部分人突破了个人和环境的局限，获得了优良的发展结果。学者把这种挫折容忍力（又称为心理韧性、心理弹性、抗逆力）比喻成一种精神上的免疫系统，即个体遭遇挫折时，能积极主动地摆脱困境并使自己的心理和行为免于失常的能力。

扫一扫

提升挫折容忍力

第二节

大学生的主要压力与挫折

大学是人生的新起点，大学生带着个人梦想和父母的期盼开始了新的人生旅程，准备承担社会所赋予的成人角色和责任。大学生所面临的人生课题是适应大学的生活和学习，建立良好的人际关系，开启与建立恋爱关系，探索自己的职业兴趣，努力寻求就业机会，并在此过程中更好地了解和探索自己，为进入社会做好准备。如果大学生不能成功应对这些人生发展任务，就可能产生心理压力与挫折。

一、大学生压力与挫折的特征

1. 集中性

大学生身处类似的校园环境，有着相似的年龄与学习阶段以及趋近的压力和相似的心理期待，这导致大学生的压力源和挫折因素具有普遍的集中性。新生适应问题、学习问题、人际关系问题、恋爱问题以及求职就业问题等都是困扰大学生群体的典型问题。

2. 极端化

大学生群体所面临的压力类型具有普遍性和共通性，但是压力与挫折给大学生造成的心理行为反应却存在很大的差异，这与个体认知和行为模式的差异有关。大学生正处于自我同一性形成和探索的阶段，对人对事对社会的认识还比较片面，他们又往往缺乏压力和挫折应对的经验与策略，这会在很大程度上引发其对于压力事件认识的扩大化、极端化。这就是大学生常见的问题——一件小事就可能引发剧烈的负性情绪表达，从而造成严重的心理问题。

3. 突发性

大学生处于身心发育不稳定的时期，人格、认识方式、情绪控制能力以及社会支持系统等均不完善，加之生活环境、人际关系和学习方式等多方面的变化，大学生容易产生挫败感，被大量的负性情绪包围。大学生也常常因为考试失利、失恋以及评优失败等问题而遭受巨大压力，其至因为敏感于他人的一句话、一个动作或者一个眼神等就陷入压力之中。这些困难或问题会使大学生突然产生巨大的压力感或挫折感，这种不良压力会不断加大，进而影响大学生的身心健康。

二、常见的大学生压力与挫折

1. 环境适应方面

刚刚跨入大学校门的新生，面对陌生的环境往往会有一个适应的过程。在这个过程中，部分同学可能因没有掌握自我调适的方法而不能很快融入新的生活，同时也容易感受到环境方面的压力。陌生的校园和群体、不同的成长经历、不同的饮食习惯与作息制度、远离家乡与父母、学习方式改变、自我优越感消失以及生活的自我管理等问题，都可能是导致大学新生环境适应困难的主要原因。

成长案例

我想退学

安琪如愿考入某重点大学，接到录取通知书的那一刻，她对大学生活充满了好奇和憧憬。然而，进入大学后的生活却让安琪感到很不适应，现实与理想之间的落差让她感到前所未有的压力和困扰。理想中的高等学府应该是博学多才的老师和思维敏锐的同学们一起在象牙塔里遨游，探索未知的知识。然而现实却是学校安排了很多自己提不起兴趣的课程和各种繁杂的活动，安琪感觉自己应付不来。生活中安琪也有自己的苦衷，自己大学之前没有住过校，现在生活和学习都需要自己安排，自己也因性格和作息习惯而与舍友屡屡产生冲突。为此，安琪总是感到心情烦躁，上课听不进去，白天吃饭没有胃口，晚上睡觉也不踏实。安琪觉得大学生活很无聊，天天都想家，每天都想哭，入学不到一个月她就想申请退学。

知识链接

大学生活"新"变化

大学生活"新"变化主要表现在以下11个方面。

（1）第一次离开家，离开父母、兄弟姐妹，以及原来惯常的家庭生活。

（2）离开熟悉的朋友。

（3）结交新的同学和朋友。

（4）入住新的校园和宿舍。

（5）学会与来自不同民族、地域、家庭背景的人相处。

（6）正视时间管理的必要性。

（7）面对更加激烈的学业竞争。

（8）关于自己表现的反馈变少了。

（9）参加社团或其他的学校组织。

（10）正视金钱管理的必要性。

（11）建立或打破亲密的人际关系。

2. 学习方面

学业问题是当前大学生所面临的主要压力源之一，它不仅影响着大学生的学习效率和学业成绩，还容易引发大学生的身心健康问题。首先，大学生要完成学业必须拿到相应的学分，这些学分需要通过各类基础课程和专业课程的考试才能够获得；其次，为了提高自己的就业竞争力，增加就业机会，大学生还需要学会各种专业技能和考取各类资格证书，这些都构成了大学生学习压力的重要来源。同时，与中学相比，大学的课程内容、教学方法和学习方法都有着实质性的变化。中学教师授课以教师教学为主，学生只要按照教师的讲授和指导就可以完成学习任务，需要自己思考和理解的内容较少，需要自主练习的内容较多，学生处于被动接受知识状态。而大学学习则不同，大学教师授课以教师指导讲解、学生自主学习和探究为主。这就要求大学生主动转变学习方式以适应大学教学方式，完成由接受学习到发现学习的转变。然而，有些大学生特别是新生因缺乏必要的心理准备，仍然延续中学阶段的学习方式，认为只要按照教师的课堂教学就可以完成学习任务。然而，在经历一段时间的学习之后，部分学生发现自己处于学习难以适应的境地，不知道该怎么去学习，感到茫然失措，容易出现挂科，学习压力骤然增加，甚至产生厌学心理。

不再是第一名

明毓在进入大学之前，学习成绩总是在班上遥遥领先于其他同学，她以某市第一名的成绩考入某重点大学。但是在入学后的第一次期中考试中，她在班级排第八，这件事让她很难过。她决定之后努力学习，重新拿回属于她的第一名。可是事与愿违，在第一学期期末考试中，她的考试成绩甚至比期中考试还差。虽然自己已经很努力了，可她不再是班级的第一名，这让她自信心备受打击。明毓无法接受自己的"平凡"，感到很焦虑，不知所措。

3. 人际交往方面

人际交往也是大学生面临的主要压力源之一。当前大学生多为"00后"，他们思维活跃、朝气蓬勃、充满活力、个性鲜明，但该年龄阶段的大学生社会阅历和人生经验尚浅，心智发育成熟与幼稚并存，世界观、人生观和价值观尚未完全形成。进入大学之后，很多大学生第一次远离家乡和父母，远离熟悉的生活、学习环境，开始在陌生环境中独立安排自己的生活，学会独立处理自己所遇到的各种问题，他们不可避免地会体验到孤独感、无力感和焦虑感。但是由于人际交往的复杂性、人际交往经验缺乏以及人际交往技巧的不足，部分大学生饱受人际交往方面的困扰和压力，存在不愿交往、不敢交往、不懂交往和不善交往的情况。比如，有些大学生比较自卑、害羞和敏感，在人际交往中不善于表达，害怕与他人交往和交流，只好把自己的内心世界和情感封闭起来。也有部分大学生内心渴望与人交往和交流，处于一种想要交往而害怕交往的矛盾境地，因为缺乏必要的人际交往技巧和方法，他们不知道如何去建立和维系人际关系，往往不被他人所理解而被排斥在交往圈外，从而导致孤独、抑郁或自卑。

小气鬼

依依，大二女生，长得十分漂亮，因为性格原因与舍友相处得十分不融洽。依依不愿意在宿舍分享自己的东西，被舍友认为是"小气鬼"。另外，依依和舍友之间的对话也十分不愉快，因为每次对话，舍友的话语都被她无心地"刺"回去。久而久之，宿舍里的人也不愿意跟她主动讲话了，她与舍友的关系相处得越来越不好，一直游离在这个群体之外。依依也发现了这个问题，变得十分焦虑。她开始主动跟舍友讲话，但是舍友不是敷衍她几句，就是有意避开她，一见到她进门都把头扭过去，各自埋头做自己的事情。

4. 求职就业方面

近年大学毕业生的数量猛增，而工作岗位的需求却不能与之相匹配，这在客观上导致大学生就业难，就业压力增大。据统计，2003年的毕业生是高校扩招后的第一届毕业生，毕业生人数是330万人，而2021年高校应届毕业生达909万人，就业形势不容乐观。从主观上来说，求职目标不明确、择业心理脆弱、薪资期望过高也是导致部分大学生就业压力增大的原因。比如有些学生期望值过高，不能正确评价自己，与社会需求产生明显的反差，难以找准自己的定位；有些学生自卑恐慌、无所适从。此外，大学生在面临就业选择时，由于对社会了解不多，所以对社会会存在某种程度的恐惧感。

我能找到工作吗？

晓川，某大学大四学生，父母均在家务农，家境比较清贫。父母从小对他要求严格，对他学习方面的期望很高，总是教育他要考上名牌大学，说只有名牌大学毕业才能找到好的工作。但晓川高考时过于紧张，发挥不理想，最后进入一所普通大学就读。大学期间，晓川与同学交往甚少，业余时间大部分都用在学习上，但专业排名却不怎么好，在班级内处于中上水平。听闻今年就业形势非常严峻，招聘单位对学生在读期间的奖学金、证书和特长等要求很高，他感到特别慌乱。虽然在招聘会上投递了几十份个人简历，但工作还是没有着落，就业压力像巨浪一样扑来，令他无力应对。他整天处于胡思乱想中，为什么找不着工作？是不是因为就读的学校不是名牌大学？他越想越后悔当初没有考上名牌大学，心情焦躁不安，看书也难以集中注意力，老是走神，食欲下降，总是担心找不到好工作。看到同学们陆续找到了工作，他的压力更大了。

三、大学生压力与挫折应对的自我评估

指导语：表11–1中的每个题目有两个选项——"是"和"否"。请仔细阅读每道题目，在最适合自己实际情况的数字上画"√"。

表11–1 心理承受力测试

序号	题目	是	否
1	你认为自己是个弱者吗	1	0
2	你是否喜欢冒险和刺激	1	0

191

续表

序号	题目	是	否
3	你生活在使你感到快乐和温暖的班级吗	1	0
4	如果现在就去睡觉，你担心自己会睡不着吗	1	0
5	生病时你依旧乐观吗	1	0
6	你是否认为家人需要你	1	0
7	晚睡两个小时会使你第二天明显地感觉精神不振吗	1	0
8	看完惊险片很长一段时间内，你都会心有余悸吗	1	0
9	你觉得生活很累吗	1	0
10	你是否有一些无话不谈的知心朋友	1	0
11	当考试成绩不理想时，你会感到非常沮丧吗	1	0
12	你认为自己健壮吗	1	0
13	当你与某个同学闹意见后，你一直无法消除相处时的尴尬吗	1	0
14	大部分时间中，你对未来充满信心吗	1	0
15	你有一个关心、爱护你的家庭吗	1	0
16	当你在课堂上回答不出问题时，你在课后还会久久地感到烦恼吗	1	0
17	到一个新地方，你是否会出现如吃不下饭、睡不着觉、拉肚子、头晕等问题	1	0
18	即使在困难时，你还是相信困难终将过去吗	1	0
19	你明显偏食吗	1	0
20	当你与父母发生不愉快时，你是否曾想离家出走	1	0
21	你是否每周至少进行一次所喜欢的体育活动，如登山、打球、游戏等	1	0
22	你觉得自己有些神经衰弱吗	1	0
23	你认为自己的老师喜欢你吗	1	0
24	心情不愉快时，你的饭量与平时差不多吗	1	0
25	看到苍蝇、蟑螂等讨厌的东西，你感到害怕吗	1	0
26	你相信自己能够战胜挫折吗	1	0
27	你是否常常与同学们交流看法	1	0
28	你常常因为想心事而躺在床上久久不能入睡吗	1	0
29	在人多的场合或在陌生人面前说话，你是否感到窘迫	1	0
30	你是否认为你受到的挫折与其他人相比，根本算不了什么	1	0

● 评分说明

【计分】第1、第4、第7、第8、第9、第11、第13、第16、第17、第19、第20、第22、第25、第28、第29为反向计分题，选1变为0，选0变为1。然后各题得分相加，计算总分。

【解释】总分为0～9分，说明你的心理承受力差，你遇到困难容易灰心，常有挫折感；总分为10～20分，说明你的心理承受能力一般，你能轻松地承受一些小的压力，但遇到大的打击时，还是容易产生挫折感；总分为21～30分，说明你的心理承受能力强，你在面对各种艰难困苦时都能保持旺盛的斗志。

第三节
大学生压力与挫折应对的策略训练

面对激烈的社会竞争和严峻的就业形势，大学生普遍容易受到学业、就业、情感等方面的影响，加之社会生活经验尚浅，他们在面对压力和挫折时常常不知所措，进而严重影响其身心健康。不少大学生之所以在压力与挫折应对中遇到这样或那样的问题，是因为他们不能正确地认识压力与挫折，以及缺乏必要的压力与挫折应对策略。因此，帮助大学生学会应对压力与挫折是一个非常现实而又迫切的课题。压力与挫折应对主要从以下几个方面进行。

一、正确认识压力与挫折

大学生要正确面对压力与挫折，提高自己的心理承受能力。大学生应该认识到生活并不总是一帆风顺的，困难是客观存在的。因此，当遇到困难时，不应该退缩，要无畏地去正视它，解决它。大学生应采取积极态度看待压力与挫折，压力与挫折可以磨炼人的意志，激发人的智慧和潜能，使人变得坚强。有研究发现，仅仅改变对压力的看法，就可以使个体身心健康不受压力的负面影响。美国心理学家凯勒等人对 28 753 名美国成年人进行了历时 8 年的追踪研究，结果发现：那些相信压力有害健康的被试者，会经常失眠、内分泌失调，这使死亡风险增加了 43%，严重影响身心健康；但那些虽承受极大压力却不认为压力有害的人，他们死亡的风险不会升高，甚至比压力较少的被试者死亡风险更低。因此，大学生在看到压力与挫折消极面的同时，更要看到其积极的一面，任何成功都是在逆境和坎坷中磨砺出来的。

从上节内容可知，大学生常见的压力与挫折主要来自环境适应、学习、人际和求职就业等方面。那么如何才能正确应对压力与挫折呢？第一步就是要对自己的压力源进行分析，找出导致压力的因素；在确定造成自己心理压力的问题之后，第二步就是找到适合的压力应对办法；完成以上两个步骤之后，最后就是选出最值得一试的办法采取行动，消除压力源。接下来，举例说明以上 3 个步骤。

有名学生这样写道："在别人眼里，我的大学生活过得丰富多彩，先后参加学生会、剧团、棋艺社、动漫社和演讲协会等各种各样的社团。这些社团虽然能够使我得到锻炼，但却占据了我的大部分时间和精力，经常让我感到疲惫不堪，难以兼顾到学习。这样混到大三，我蓦然发现周围同学要么准备考研，要么计划出国，要么为找工作做准备。我一下子陷入迷茫之中：我在大学生活中收获了什么？我未来究竟想要什么？"

针对这名学生所面临的问题，首先需要对其压力的来源进行分析：该学生的问题是如何规划大学生活，如何在大学为以后的生活做准备。大三才意识到这个问题算是比较晚了，所以这名学生感受到了压力。

其次，找到尽可能多的、适合的压力应对办法。对这名学生而言，他可以尝试以下方法：听就业指导课；浏览大学生规划人生的书籍；跟同学多交流；去调查咨询已经毕业的师兄师姐；预约就业指导中心老师进行咨询。

最后，采取行动。针对这名学生提出的解决方法中，前 3 个都是比较容易实现的，但是最后两个却没那么容易实现，需要花费大量的精力以及寻找一个合适的机会，所以他可以从前 3 个方法中选择一个来解除自己的压力。

二、保持乐观自信

近年来，积极心理学在大学生心理健康教育中得到了广泛应用，其主要理念是从全新的视角去解决心理问题，通过挖掘大学生自身的力量，进而达到维护大学生心理健康的目的。其中最为重要的就是培养大学生乐观自信的心态，实际上就是培养大学生对外界事物的一种积极的心态。大学生保持乐观自信的心态是至关重要的，这不仅可以使他们在面对压力与挫折时能有效应对，还有助于他们保持良好的身心健康状态。

经典研究

乐观有助于健康

2016 年，美国哈佛大学公共卫生学院的埃里克·基姆对 70 021 名年龄平均为 70 岁的女性被试者的乐观水平进行了研究。研究发现，较高的乐观水平与由癌症、心脏病、脑卒中、呼吸道疾病和传染病所导致的死亡风险的降低具有显著的相关关系。具体而言，与最悲观的那 1/4 人群相比，乐观程度排在前 1/4 的人因疾病死亡的可能性降低了 30%。同时他们受致死性感染或中风的风险分别降低了 52% 和 39%，患心脏或呼吸道疾病的概率也降低了 38%，患癌症死亡的风险降低了 16%。因此，基姆博士认为可能的一个解释是乐观的心态直接影响了个体的生理系统。

从某种程度而言，乐观自信属于保护性的应对资源。为让大学生对未来生活充满希望，保持一种乐观自信的心态，建议大学生在日常生活中尝试做以下事情。

（1）每天早上起床照照镜子，看着镜中的自己，给自己一个大大的微笑。

（2）每当遇到一些困难的时候，在心中不断地暗示自己"我可以，我能行"。

（3）尝试乐观写作，连续一周每天抽出 15 分钟，乐观地、满怀希望地写下未来某个时间你会做什么，然后评价一下这样做给自己带来的幸福感。每周结束时，回顾一下所写的东西，反思自己的收获。

（4）多结交一些更为乐观自信的朋友，从他们身上学习他们对待生活的态度。通过自己的乐观自信的心态，让自己在面对压力时以积极的心态及策略面对，通过积极经验累积提高自我肯定体验。

· 做一做

建立自信

活动目的：帮助大学生了解自己，建立自信心。

活动过程：具体活动过程如下。

（1）全体同学围成一个大圆圈，坐下；老师在圆圈外，观看整个活动过程。

（2）活动过程中，老师宣布活动规则，从某位同学开始，其他同学需要对该同学进行评价（只讲优点，至少 3 条，不要重复），在被评价时，该同学要站起来，先进行一个自评，然后面对评价自己的其他同学。当所有同学都评价完之后，就采用顺时针的方式，对下一个同学进行评价。

（3）当所有同学都参与完被评之后，所有同学需要将别人对自己的评价进行总结——他人眼中的我和自己眼中的我原来是有差异的，原来我可以如此优秀。

（4）活动结束。

194

三、学会合理归因

个体不仅会体验到成功和失败的滋味，而且会有意无意地寻找成功和失败的原因，这种对于自己成功和失败的解释，就是归因。不同的归因倾向，会给人们的心理和行为带来积极或消极的影响。有位将军在率兵打仗之前，当着全体将士的面进行了一次占卜，抽签结果显示："神将帮助你们赢得战争的胜利！"全体将士欢呼雀跃。此后，将军率领他的军队取得了一个又一个胜利。在庆功会上，将士们纷纷说："如果没有神，我们将不可能取得胜利，让我们为神而干杯！"听了将士们的提议，将军微笑着拿出所有的签来，奇怪的是所有的签上都写着同样的话。看着惊呆了的众位将士，将军激动地说："勇敢的将士们！你们才是赢得这次胜利的决定力量，没有什么神帮助我们，我们靠的完全是自己！让我们为自己干杯吧！"可见，合理的归因是影响成败的关键因素，如果士兵们没有战略、战术、打仗的勇气和必胜的信念，即使有神相助也不可能取得胜利。

1972 年，心理学家维纳提出了三维度六因素的归因理论。他认为，人们倾向于将成败的原因归结为六个因素，即能力、努力程度、工作难度、运气、身心状况和外部环境。他进一步将这六个因素归结为三个维度，即内部归因和外部归因、稳定性归因和不稳定性归因、可控性归因和不可控性归因。由此，他将能力、努力、身心状态归结为内因，而任务难度、运气和环境条件归结为外因；将能力、任务难度归结为稳定性因素，而将努力、运气、身心状况和外部环境归结为不稳定因素；将努力归结为可控因素，而把能力、任务难度、运气、身心状态和外部环境归结为不可控因素（见表 11-2）。通常而言，个体对于成功和失败的归因方式会对以后的行为产生重大影响。当遭遇失败和挫折时，个体应尽量寻找自身内在、可控的和不稳定的原因，比如"我这次努力不够"，如此可以有效激发个体的积极性。

195

表 11-2　归因的不同维度

维度	稳定		不稳定	
内因	我很笨	［不可控］	我最近的状态不好	［不可控］
			我这次努力不够	［可控］
外因	这次考试太难	［不可控］	我最近运气不好	［不可控］
			老师没有给我及时指导	［不可控］

按照维纳的归因理论，合理归因对人的行为具有重要作用。如果一味强调外因，个体就会忽视自我的力量，失去自信和责任心，导致失败。松下幸之助曾说："当我成功时，我告诉自己是运气好，这样我就不会骄傲；当我失败时，我告诉自己是努力还不够，这样我就不会气馁。"合理归因时应遵循"三要与三不要"原则：

（1）要客观分析影响成败的原因，不要主观臆断；

（2）要先从自己内部找原因，激发自我责任感，不要一味埋怨环境，也不要一味自责；

（3）要尽量找自己可以改变的因素，不要过多归因于不可改变或太难改变的因素。

四、掌握积极的应对技巧

1. 改变认知评价

有的时候，压力与挫折可能并没有想象中的那么严重。事实上，很多时候，个体之所以觉得自己面临的压力十分沉重，主要是个体认知上的误区所导致的。正如艾利斯的 ABC 理论所指出来的一样，个体所产生的消极情绪或者一些行为障碍（C），都是由于经受事件（A）的个体对事件不合理的认知态度和评价所产生的错误信念（B）直接引起的。那么，现在请读者反思一下，自己在遇到压力与挫折时是否存在以下认识上的误区？

（1）夸大问题的严重性。

（2）看不到事情的积极一面，忽略问题带来的正面效应。

（3）低估自己的资源可获得性与可协助程度。

（4）内心存在极强的罪恶感、焦虑感、自卑感或厌倦感。

如果读者存在以上误区，则说明读者在遇到压力和挫折时给了自己过度的紧张感。事实上，压力和挫折是人生道路上的常态，只有正确地看待压力本身，个体才能够将压力转化为动力，更好地解决问题。在遇到压力的时候，个体要减少对自我进行消极的心理暗示，客观合理地分析事件本身，提高对自己的容错率，这样便能慢慢走出认识上的误区。

2. 学会调控自己的情绪

情绪与心理压力有着密切的关联性，个体如果不能够合理地调控自己的不良情绪，就会导致严重的心理危机，影响到心理健康水平。个体想要保持良好的情绪，最关键的就是要懂得调控自己的情绪，知道如何释放压力。心理学中有很多方法可以用来调控情绪，进而达到释放压力的目的，比如想象放松疗法（见第十章）、肌肉放松疗法等，下面着重介绍肌肉放松疗法。

• 做一做 ○○○○○○○○○○○○○○○○○○○○○○○○○○○○○○○○○○○○○

196

肌肉放松疗法

活动目的：通过训练使个体肌肉放松，最终使整个机体活动水平降低，达到心理上的松弛，缓解压力，从而使机体保持内平衡与稳定。

活动准备：在比较安静的环境当中，找一个你自己认为最为放松的姿势（坐着、倚着、靠着或者躺着都可以），保持光线不要太亮。

活动过程：请扫描旁边的二维码，跟随微课进行肌肉放松训练。

> 扫一扫
>
> 肌肉放松疗法

3. 适当进行体育运动

运动不仅能促进人体血液循环，提高心肺功能，增强人的免疫力，还可以锻炼人的意志。有研究表明，适度进行体育运动能够促使人体分泌内啡肽。内啡肽被科学家称为"快乐激素"，因为它能使人产生愉快的体验，促进身体健康，帮助人们减轻心理压力。比如慢跑、瑜伽、游泳，它们都是很好的减压运动。

五、寻求社会支持

研究证实，当大学生处于心理压力状况时，为其提供社会支持可帮助其走出心理压力的氛围，迅速减缓心理压力，走出挫折的阴影，同时也能够给予其一定的心理支持和庇护。大学生应该积极培养主动寻求社会支持的意识，并且要学会建立自己的社会支持系统（这一系统由亲人、朋友等身边的人组成），这样当自己身处困境时就可以向他们寻求帮助。对大学生这一特殊群体而言，他们或许更可能向自己的朋友、同学寻求支持。

想一想

我的社会支持网络

想一想自己觉得最亲近的 10 个人。对于其中一些人，你可能没觉得和他们有很强的亲密关系，然而，他们仍然属于你生命中最亲密的人。

请写下他们的名字或代称：＿＿＿＿＿＿＿＿＿＿＿＿＿＿＿＿＿

＿＿＿＿＿＿＿＿＿＿＿＿＿＿＿＿＿＿＿＿＿＿＿＿＿＿＿＿＿＿＿

＿＿＿＿＿＿＿＿＿＿＿＿＿＿＿＿＿＿＿＿＿＿＿＿＿＿＿＿＿＿＿

＿＿＿＿＿＿＿＿＿＿＿＿＿＿＿＿＿＿＿＿＿＿＿＿＿＿＿＿＿＿＿。

请思考以下 4 个问题，用 1～5 分给每个人打分，1 分代表"一点没有"等类似含义，5 分代表"非常有"等类似含义。

（1）你对这个人的信任程度是多少？

＿＿＿＿＿＿＿＿＿＿＿＿＿＿＿＿＿＿＿＿＿＿＿＿＿＿＿＿＿＿＿。

（2）这个人对你关心的次数多吗？

＿＿＿＿＿＿＿＿＿＿＿＿＿＿＿＿＿＿＿＿＿＿＿＿＿＿＿＿＿＿＿。

（3）当你感到消沉时，这个人能帮你鼓起多少勇气？

＿＿＿＿＿＿＿＿＿＿＿＿＿＿＿＿＿＿＿＿＿＿＿＿＿＿＿＿＿＿＿。

（4）当你需要时，这个人会来帮助你吗？

＿＿＿＿＿＿＿＿＿＿＿＿＿＿＿＿＿＿＿＿＿＿＿＿＿＿＿＿＿＿＿。

反思践行

◎体验分享

我的压力清单

大学生不可避免地会遇到各种压力和挫折，请想一想自己现在正面临的压力以及压力事件，填写在表 11-3 中。

表 11-3　我的压力知多少

学习方面	生活方面	健康方面

◎沙场练兵

宿舍冲突应对

大学生活丰富多彩，宿舍关系是大学生在大学生活中最重要的人际关系。每个大学生都渴望处理好宿舍关系，但大家来自不同的地方，有不同的脾气性格、生活习惯、兴趣爱好以及个人隐私等，因而宿舍关系往往是最容易产生冲突的人际关系。请学生们采用角色扮演的方法，就以下情境，分配角色，以小组形式演出。

在某大学4人男生宿舍中，晨赫是一个不爱凑热闹的同学，偶尔和舍友互动两下，但他经常玩电子游戏到深夜，键盘声连续不断，游戏打到兴致时还忍不住大喊大叫。晨赫打完游戏洗漱时也发出较大的声音，总是把其他同学吵醒。尽管其他同学对晨赫三番两次地提醒，甚至提出警告，但过不了几天晨赫依旧我行我素。某天，当晨赫再次弄出声音时，上铺的同学一气之下，用脚猛地向晨赫踹去，结果两人互相扭打在了一起……

请思考以下问题。

（1）现实生活中你是如何应对这些问题的？请按照各自的处理方式重新演绎。

（2）从该应对场景的演出中，你学到了什么？对于处理宿舍冲突，你可以给出哪些具体的建议呢？

_____

_____

_____。

● **视野拓展**

推荐图书：《化解压力的艺术》

推荐理由：学会化解压力，是人一生中的必修课。格林伯格博士给读者带来的抗压宝典《化解压力的艺术》，该书围绕生活中的各种情境，以个体的视角解读分享，包括大量的科学统计信息、趣闻以及个人经历，并提供了压力自我评估和调节的方法。这本书给所有饱受各种压力困扰的人们带来了曙光，读者定能从中找到实用的抗压法则，在面对压力时更有效率、更勇敢、更坚毅！该书将理论性、趣味性和生活性相结合，通俗易读，引人入胜。

扫一扫

推荐电影

第十二章

让心灵走出废墟
——大学生心理危机应对

● **心灵引领**

人生的有趣之处，就在于它是一个充满诸多不确定性的、开放的过程。其中，有失败的痛苦，有成功的喜悦，有冒险的刺激，有思考的深沉。试想当我们的生活缺少了这些，它还值得我们去追求和奋斗吗？

——尤文·韦伯

我们一定不要忘记，即使处境无望，在劫难逃，我们仍可以从中找到生命的意义。在任何特定的环境中，人们还有一种最后的自由，就是选择自己的态度；人类最后的自由就是选择自己的态度。

——弗兰克尔

● **学习导航**

每个人一生中都不可避免地会遇到各种危机，不论是自然灾难、重大疾病、意外伤害还是失去亲人，都可能会给个体的心灵带来巨大的冲击。人生中的这些危机，既是对个体意志的考验，也是对个体应对能力的检验。有些人面对危机时束手无策、一蹶不振，也有更多的人会在痛苦中得到升华，获得心智的成熟。大学生正处于心理的不成熟到成熟的过渡时期，人生阅历尚浅、自我调适能力较差，这导致他们在突然遭遇危机事件时容易出现心理失衡状态，陷入持续的痛苦和创伤之中，因心理危机引发的伤己伤人事件也偶有发生。因此，加强心理危机识别与应对工作，不但有助于及时预防和减少大学生心理极端事件的发生，维护大学生的心理健康，还有助于促进他们的自我成长。

读者通过本章的学习可以达到以下目标：

● 了解心理危机的含义、产生机制、影响因素、发展阶段与具体表现，正确认识心理危机；

● 了解大学生心理危机的特征、常见的心理危机问题，并进行危机脆弱性的自我评估；

● 掌握心理危机应对的基本策略与方法，提高危机应对能力，预防和化解心理危机。

在危机中前行

有一个人，一生中似乎尽是危机，只在最后一次，他成功了。他5岁时，父亲生病去世。家中穷困潦倒，母亲不得不外出做工，他留在家里照顾年幼的弟弟妹妹。12岁时，母亲改嫁，他经常受到继父虐待，14岁就开始了流浪生活。他为了寻求活路而去参军，因航行途中晕船严重，被遣送回乡。

他第一次婚姻是在18岁，没几个月，妻子就变卖了他所有的财产回了娘家。之后他当过电工，开过轮船，修过铁路，甚至自学法律，做过律师。但没有一项工作是顺利的。32岁时，他又失业了。后来，他好不容易找到一个轮胎推销员的工作，却在开车路过一座大桥时，大桥的钢绳断裂，他连人带车跌入河中，身负重伤。

40岁时，他重整旗鼓，在公路旁的一个小餐馆负责烹调鸡肉。然而，他66岁时因公路修路被迫卖掉餐厅，生活仅靠每月一百多美元的救济金维持。窘迫之下，他不得不带着自己的压力锅和佐料桶，驱车到各地去推销炸鸡的方法，希望有餐厅能够喜欢他的炸鸡。可是，连续两年都没有餐厅愿意接受他的制作方法，他连续被拒绝了1 009次，终于在第1 010次的时候，头发全白的他得到一句"好吧"。

于是，这个穿着白色西装、打着黑色蝴蝶结的老人创立了自己的品牌，让全世界都知道了他的名字，他就是肯德基的创始人——哈兰德·桑德斯。

● 心理课堂

古人云："人生逆境十有八九"，即每个人都不可避免地会遭遇各种各样的危机。处于心理发展过渡期的大学生群体尤其如此，他们正处于生理发育的基本成熟和部分心理发展相对滞后的特殊时期，心理状态还不够稳定，容易受到各种突发危机事件的冲击而产生心理失衡。虽然大多数大学生都能通过自我调节或专业帮助顺利渡过危机，但也有部分大学生感到压力巨大而陷入痛苦、绝望和无助之中，甚至做出伤人伤己的极端之举。那么，究竟什么是心理危机？心理危机的表现是什么？常见的大学生心理危机都有哪些？又该如何有效地应对心理危机？本章将带领读者正确认识心理危机，掌握心理危机应对的策略，并学会从危机应对中获得自我成长。

第一节
// 心理危机概述 //

每个人在生命历程中总会经历不同程度的波折，如同一条蜿蜒的河流，时而平静流淌，时而波涛汹涌。危机事件会给人们的心灵带来巨大的冲击和影响，但并非每个人都能从容不迫地应对危机和挑战。因此，准确认识和识别心理危机就成为心理危机预防和干预的首要任务。那么，到底什么是心理危机？心理危机是如何产生的？它又受到哪些因素的影响？心理危机发展的阶段和具体表现是什么？本节将对以上问题做出回答。

一、心理危机的含义

危机通常包括两个含义：一是突发事件，比如地震、火灾、车祸、亲人离世、疾病暴发、战争和恐怖袭击等；二是个体所处的紧急状态。而心理危机则强调危机事件给个体的心理所带来的巨大冲击。1954 年，美国心理学家卡普兰最先提出了心理危机的概念，认为个体都会主动维持内心的平衡状态，使之与环境和谐。但当重大事件发生或者一系列的小压力事件累积，导致个体感到无法面对和处理这些问题时，正常的和谐平衡状态就被打破，内心的紧张不断积累，继而出现无所适从甚至思维与行为紊乱，这种暂时性的失衡状态就是心理危机。简言之，心理危机是指人们面临突然的或重大的生活事件时所出现的心理失衡状态。

美国心理学家凯恩认为，心理危机实质上是由 3 个基本要素构成的：其一，存在或个体认为自己面临某种具有重大影响的生活事件、挫折境遇和严峻挑战等；其二，对重大事件的感知导致个体出现主观痛苦，包括急剧的情绪、认知和身体行为方面的一些改变，重大事件对个体产生强烈的破坏性影响，但个体的症状又不符合任何精神疾病的确诊标准；其三，个体感到无法应付、难以控制，而惯常的问题解决方法暂时不能应对或应对无效。因此，危机与心理危机之间并非简单的一一对应的关系，心理危机的产生不但与危机事件有关，还取决于个体应对危机事件的可利用的资源和应对方法。因此，不同个体面临同样的危机事件时，有些人可能产生了心理危机，有些人则适应良好。

通常而言，心理危机的内容主要分为 3 类。一是发展性危机，指个体在正常成长和发展中的适应不良。个体所处的人生阶段总是在发展变化的，从上一个阶段过渡到下一个阶段时总会遇到很多前所未有的挑战，比如第一次独立生活、恋爱、择业等，在处理这些事件时，个体由于自身没有经验可循，很可能会出现身心失衡。二是境遇性危机，指外部环境发生了重大变化，通常较罕见或刺激强度较大，个体因无法预测和控制而出现心理失衡。例如亲人离世、重大疾病、与同学或老师发生剧烈冲突、战争、地震、目睹或亲历暴力事件等，常引起个体出现心理危机。三是存在性危机，主要指在生命探索过程中，个体在试图回答一些重要的人生问题时，例如关于人生存在的目的、意义、责任、承诺等，所出现的内部冲突和困扰。例如，当个体开始思考"如果终有一天我会死亡，那么我当前的存在意义是什么？""我该怎样度过自己的一生？"这类问题时，由于无法获得令人满意的答案和心灵上的平静，自己生活的根基似乎有所动摇，个体开始怀疑自己存在的意义或价值，此时存在性危机就会出现。

危机虽然可能带来危险和创伤，但也有可能是一种机遇，因为危机也蕴含着成长和成功的可能。很多学者认为"危机"一词具有危险和机遇的双重含义，所谓"危"就是危险（死亡的威胁或危险），"机"就是机遇（生命的希望或机遇）。危机是危险与机遇并存：一方面它可能带来人格解体的危险，给个体带来严重的心理创伤，甚至导致个体伤人伤己；另一方面，危机中也蕴含着成长或发展的可能，个体可以从危机经历中获得成长。个体为了克服痛苦而寻求积极应对方法，若处理得当，则危机应对能帮助个体实现自我成长，就像我国成语所描述的那样："绝境逢生""凤凰涅槃""浴火重生"。所以，危机虽然是一种危险的状态，但也可以成为解决问题和个体成长发展的契机。关键在于人们怎样去对待和处理危机，如何化危机为机遇。

创伤后成长

扫一扫

创伤后成长

1999 年，美国心理学家泰德斯奇和卡尔霍恩提出了"创伤后成长"（post-traumatic growth，PTG）的概念，用以描述个体在与创伤性事件或情境进行抗争后所体验到的心理方面的正性变化。他们以 604 名在过去 5 年间曾经历创伤性事件的大学生为被试者，大部分被试者年龄为 17 ～ 25 岁，他们所经历的创伤性事件包括丧亲、意外伤害、父母离异、人际关系破裂和犯罪受害等。研究发现，大学生们所报告的创伤后成长主要集中在 5 个方面，即与他人的关系、新的可能性、个人力量、欣赏生活和精神变化。而且，与未经历创伤性事件的大学生相比，有创伤经历的大学生报告了更多的积极变化。这意味着创伤性事件成功应对者重组或强化了他们对自我、他人和事件意义的感知。该概念在一定程度上体现了创伤所带来的机遇性，阐明了成长与心理痛苦共存的事实，这显然不是创伤性事件直接导致的结果，而是个体在与创伤性事件顽强抗争中获得的。

二、心理危机的产生机制与影响因素

心理危机的产生是应激源因素（危机事件）和个体易感性因素（个人变量）共同作用的结果（见图 12-1）。每个人都会在生命中某个时段经历各种危机事件，但这并不一定会直接导致个体的心理结构坍塌，引发心理危机。只有当个体本身也存在易感性因素，在主观上感到所必须面对的危机事件超过了他的能力和应对资源时，个体才会陷入失衡的心理危机状态。

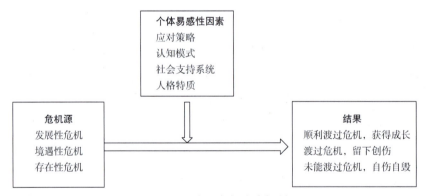

图 12-1　心理危机产生机制

个体易感性因素是指容易引发应对反应的个体因素，主要包括以下 4 种。

1. 应对策略

应对策略是指在面对危机时，个体为了保持心理平衡所采用的手段。如果这些手段中存在适应不良的行为或者损害性的防御机制，则会维持甚至是加大危机的危害。当适应不良的行为被改变为适应性行为时，危机就会缓解或消退。

2. 认知模式

危机之所以发展为心理危机，个体对外在事件的认知起着重要作用，这种主观认知甚至比客观事件本身更重要。在危机事件中，持续存在的消耗性处境会让人衰竭，容易导致个体对自身处境的认知越来越消极；而这种消极思维又会进一步让个体陷入危机的漩涡中。通过有效的认知练习和自我辩驳，改变个体消极的思维方式，让其意识到其认知模式中经常存在的非理性、消极的自我否定部分，并将其更换为积极、肯定的理性思维和自我认知成分，可以提高个体应对危机的自信心，使个体重新获得对危机危害的控制权。

3. 社会支持系统

社会支持系统指以个体被支持者为中心，由个体及其周围与之有接触的人们（支持者）以及个体与这些人之间的交往活动（支持性的活动）所构成的系统。社会支持系统可以给人们提供情感支持、物质支持、信息获取和反馈、陪伴等。高质量的社会支持系统（通常包括家人、同学、朋友、老师及学校等组织）可以给个体提供持久的温暖、安全以及重振生活的信心、勇气和力量，对个体心理危机预防和干预起到非常重要的作用。个体如果缺乏质量较高的社会支持网络，就容易陷入心理危机的泥沼之中。

4. 人格特质

危机人格理论认为，一些特异性的人格特质容易导致个体产生心理危机，这些人格特质包括：（1）注意力明显缺乏——看问题时往往只看表面，容易忽略问题的本质，无法适应复杂环境和应对复杂问题，易犯错误或应对失当；（2）过于内向——这种人格特质的人会过于内省，遭遇危机时会瞻前顾后，尤其害怕预期到危机事件的不良后果；（3）情绪上具有明确的不稳定性，极少能独立处理问题，自我效能感较低，不敢面对困难而总想依赖外援；（4）认知能力低下，缺乏尝试性解决问题的意愿，不愿思考，行为冲动，常做出无效的行为反应。

三、心理危机的发展阶段

个体陷入心理危机状态是一个逐步发展的过程，心理危机具有一定的时间限制，通常持续时间为 6 ～ 8 周，处于危机中的个体通常会经历以下 4 个阶段。

1. 冲击阶段

危机事件暴发时或不久之后，个体开始感到自己的生活突然发生巨大变化或即将出现巨大变化时，其内心的基本平衡被打破，表现为警惕性提高，感到震惊、恐慌、紧张、不知所措。这个阶段个体被大量危机事件的信息包裹，使用现有的认知和处理方式进行应对，处于自我觉察的状态。

2. 防御阶段

在此阶段，危机事件超过了个体的应对能力，表现为个体试图恢复心理上的平衡，试图控制焦虑和情绪紊乱，想恢复其受到伤害的认知功能，但却不知该如何做。个体一般会采取否认、退缩和回避等方法，处于自我防御的状态。

3. 解决阶段

在此阶段，个体开始接受现实，积极寻求各种资源并努力设法解决问题。比如寻求家人、朋友和同学等的情感支持，或者通过改变应对策略与方法，做到减轻焦虑等负性情绪，个体的自我效能感增加，社会功能逐渐恢复。个体此时处于借力解决问题的状态。

4. 成长阶段

危机事件过后，大多数人变得更加成熟，获得应对危机技巧，并对危机事件给自己带来的影响及收获的认识逐步加深，处于自我成长状态。但也有人消极应对而出现种种心理不健康的行为。

四、心理危机的表现

个体处在心理危机状态时会产生一系列的身心反应，这些反应主要表现为躯体、情绪、认知和行为等方面的变化。由于每个个体危机事件应对的资源和方法不同，由此产生的心理危机表现及其程度也有所差异。心理危机有一个逐步发生和发展的过程，个体如果能够及时地识别潜在的心理危机表现并进行积极的干预，可以有效地预防和化解心理危机的发生。一般而言，心理危机反应的主要表现包括以下4个方面。

1. 躯体方面

个体会有各种不适的症状出现，如食欲减退、容易疲乏、经常有呼吸困难或窒息感、肠胃不适或腹泻、睡眠异常。睡眠在心理危机发展中起到重要的作用。如果睡眠正常，则心理危机较容易顺利渡过；但若有早醒或入睡困难，多梦、容易惊醒，白天无精打采等现象，持续时间较长，已影响到个体的社会功能，则需要特别注意。

2. 情绪方面

情绪突然改变是心理危机个体最容易出现的表现，例如，容易流泪、情绪低落，焦虑不安、喜怒无常，易于自责，经常紧张、混乱、烦躁、害怕、恐惧、忧郁、悲伤、易怒、无助、绝望、过分敏感或警觉、持续担忧等，或者表面平静，丧失对任何事物的兴趣。

3. 认知方面

个体不能将注意力从危机事件上转移，会常常出现注意力不易集中、记忆力减弱等情况，学习成绩也许会因此明显下降；个体也可能会出现反复思维。

4. 行为方面

个体会表现出不愿意和人交往、孤单、社交退缩、不敢出门、不信任他人、回避他人关心、暴饮暴食、酒精或药物滥用等情况，常自责或怪罪他人。当个体存在严重的心理危机时，其甚至会出现精神崩溃、自伤或伤害他人等行为。

· 知识链接 ·

新型冠状病毒感染引发的心理问题

新型冠状病毒感染严重威胁到人们的生命安全和健康，抗疫期间，人们的生活、工作和学习方式都发生突然改变，加之居家隔离的限制，由此引发了各种不同程度的心理困惑和心理问题，主要表现如下。

（1）认知困惑。个体注意力不集中，记忆力下降，过度关注疫情相关信息，反复思考疫情内容，过度关注身体变化，反复思考感染新型冠状病毒后的严重后果。

（2）情绪困扰。个体过度焦虑、害怕、恐慌、愤怒、烦躁、无助、抑郁、沮丧、孤独、无聊和压抑等，如担心新型冠状病毒持续蔓延，害怕自己或家人被感染。

（3）躯体不适。如失眠、头痛、多梦、胸闷、心慌、肠胃不适、肌肉紧张或无力、茶饭不思等。

（4）行为异常。个体过于回避一些信息或场景，反复查看疫情的进展信息，反复测量体温，反复洗手和消毒，不敢开窗通风，不敢出门等，或者存在不健康的应对行为，比如生活懒散，懒言少语，做事冲动鲁莽，手足无措，坐立不安，饮酒、吸烟、沉溺网络，等等。

（5）人际关系紧张。居家隔离期间，个体与家人高密度接触，这样容易产生人际冲突和家庭矛盾，影响家庭成员之间的关系。

第二节
大学生心理危机的特征与常见问题

大学生因其特定的年龄阶段、发展任务、应对能力以及生活与学习环境等多重因素的影响，他们不可避免地会遭遇一些人生中的困境与挑战。如果应对不当，其中一些困境与挑战就容易引发心理危机，对大学生的学习与发展产生不良影响。因此，了解大学生心理危机的特征、常见的心理危机问题以及在危机事件冲击下的承受程度，对于大学生心理危机的预防和干预具有重要的价值。

一、大学生心理危机的特征

大学生正处于踏入社会的过渡阶段，他们感受到了成长的压力却缺少人生历练，有了对自我的认识却又不太确信，情感丰富却容易冲动。这些特征决定了大学生心理危机的特殊性和复杂性。除了具有心理危机的一般特征（例如突发性、痛苦性、无助性和危险性），大学生心理危机还呈现出自身的独特性，具体表现在以下 3 个方面。

1. 发展性

大学生面对的多是成长中必须解决的发展性任务，例如升学、恋爱、就业等。这些任务代表了其角色功能在不断完善，是其生命中必然存在的转折。同时，随着心智的成长，一些存在性问题（例如"我是谁"）也会更多地出现于大学阶段。大学生所面临的这些任务和问题，一方面会给他们带来压力，成为诱发心理危机的潜在刺激；另一方面也可能会促进他们心灵的成长，成为他们社会化的动力。如果大学生能够顺利渡过危机，他们不但可以恢复心理平衡，还能对过去的危机进行重新认识，从中获得更好地处理危机的应对策略和宝贵的人生磨炼，促使他们的心理机能进一步成熟。

2. 易发性

当代大学生群体承受着社会竞争加剧、学业负担加重以及家庭和学校所寄予的期望值过高等一系列无形的压力，这些压力长期堆积无法得到纾解，不良情绪就会日益累积，最终可能在某些突发性危机事件的刺激下爆发出来，容易引发心理危机。同时，大学生在生理方面具备了成人的特征，对社会性的要求也在提高，更多地需要自主管理自己的学习与生活，独立应对各种难题和困境，并学会承担责任。但是其人生经验相对不足（这里的人生经验可以是对外和对内的经验，对外主要表现为社会阅历不足，处理问题的经验和可用资源较为有限；对内主要表现为对自我调适能力不足，例如较少的情绪管理和自我控制经验等）。这些反差也容易引发心理危机。

3. 不稳定性

不稳定性是指心理危机容易受到各种因素影响而产生，但也容易因干预而消解。大学时期是个体接受新环境、新事物最多的时期，个体容易受到各种危机事件的影响。当重大危机事件突然发生，而自己所具有的能力和资源又不能有效应对时，大学生就会产生沉重的心理压力，以致手足无措，继而感到失去安全感并体验到剧痛和创伤，从而引发心理危机。心理危机并不可怕，但如果个体思维僵化，应对不当，则心理危机出现转机的可能性会大打折扣。大学生的思维活跃，思想和行为在整体上处于不断发展的过程中，可塑性大，因而针对大学生的心理危机干预也更容易收到良好的效果。

•••

大学生心理危机关注的重点对象

大学生心理危机关注的重点对象主要包括以下8类。

（1）遭遇突然打击而出现心理或行为异常的学生，如家庭发生重大变故（亲人离世、父母离异、家庭暴力等）、遭遇性危机（性侵犯、意外怀孕等）、受到自然或社会意外刺激（如地震、车祸、校园暴力等）等。

（2）患有严重心理障碍或心理疾病，并已临床确诊的学生，如抑郁症、恐惧症、焦虑症、精神分裂症等。

（3）既往有自杀未遂史或家族中有自杀者的学生。

（4）身体出现严重疾病，个人很痛苦，治疗周期长，经济负担重的学生。

（5）学习压力过大而出现心理异常的学生，如第一次出现考试不及格的优秀学生、重修多门功课的学生、将被退学的学生、完成毕业论文有严重困难的学生、就业困难严重的学生等。

（6）个人情感受挫出现心理或行为异常的学生，如因失恋、单相思而情绪失控的学生等。

（7）人际关系失调后出现心理或行为异常的学生，如当众受辱者、与同学发生严重冲突而被排斥者、与教师发生严重冲突者。

（8）性格内向孤僻、经济严重贫困且出现心理或行为异常的学生。

二、常见的大学生心理危机问题

1. 环境适应问题

大学生活意味着全方位的环境改变——陌生的城市和校园、不一样的同伴和群体；也意味着生活方式的改变——离开了父母全方位的呵护，开始尝试独立生活。大学生在诸如地理气候、饮食习惯、居住环境、自理能力、方言习俗等方面的适应上会有不小的挑战。

"糟糕"的大学生活

宇霆曾对大学生活充满了好奇和期待，然而，进入大学后，他的大学生活过得很不顺利。他家庭条件优渥，从来没有离开父母独立生活过，在家时因为专注于学习从未做过家务。进入大学后，他发现生活发生了巨大的改变：缺少个人的独立空间，作息时间安排需要和别人统一，且睡觉时容易被舍友的鼾声惊醒；食堂的饭菜难以下咽，体重直线下降。这些都令宇霆感到懊恼，使其情绪低落。

2. 学习问题

大学生的学习与之前相比已发生了变化，大学生在学习目标、内容和方法上都需要做出较大调整，需要更多地进行自主学习和自我管理，如自主确立学习目标，科学制订学习计划，自主选择学习内容和学习方式，合理安排课余学习时间等。如果大学生还继续采用中学时期的学习方式，则会产生较大的心理落差，较易引发心理失衡。此外，有些学生不喜欢自己所学的专业，提不起学习兴趣，这可能致使他们处于冲突和痛苦之中。还有些学生会有来自期末考试、各类资格证书考试等所带来的应试压力，如期末考试不及格、未通过英语四六级考试、考研失利等。这些都可能导致大学生出现学习方面的压力，引发学业方面的危机。

"学霸"变"学渣"

逸凡是大一新生，开学月余后，他就发现和高中相比，大学课堂很不一样：老师虽然满堂讲授，但从不抽查、监督每个学生的掌握程度，课后很少留作业。因此课后他都是习惯性地复习一下课堂讲义，对于课本的习题则完全没有主动去琢磨。即使在期末复习时，他也不会通过做题来检验自己是否真的掌握了学习内容，只是凭感觉认为自己一定会通过考试。高考成绩优异的逸凡，最后竟发现自己有两门专业课程考试不及格，看到成绩后的他一下子懵了。

3. 人际关系问题

相比于中学，大学校园的人际关系显得更为广泛、复杂和更具社会性，人际关系问题历来是对大学生心理健康产生较大影响的问题。比如被老师严厉批评、被同学不公平对待与排斥、被朋友背叛以及宿舍关系紧张等，都可能使人感到压抑、紧张、孤独和寂寞，造成心理危机。这种情况主要是由于大学生不知如何恰当地处理复杂的人际关系问题造成的。

渐行渐远的友谊

桐桐进入大学的第一天，就认识了同系老乡小雨。两人一个专业，兴趣相似，又是老乡，于是成了形影不离的好朋友。由于小雨性格开朗，人缘极好，很快与更多的同学打成了一片。尽管刚开始小雨也会照顾桐桐，每次和同学聚会时都会邀上桐桐。但桐桐性格内向，去了两次之后便不愿再去结识新朋友了。久而久之，桐桐和小雨的关系日渐疏远。桐桐觉得小雨"背叛"了自己，对她俩的友谊产生了怀疑。

4. 情感问题

随着生理的发育和心理的发展，大学生对于爱情和性的需求逐渐强烈，渴望拥有心目中甜美的爱情。健康的爱情会让人得到成长、让人生更加幸福。但是，极少数大学生由于对爱情认识的局限性以及对情感问题的不成熟处理方式，也可能因此让自己和对方受到较大的情感伤害，进而出现心理失衡。比如有的学生因性心理困惑而压抑不安，有的学生因陷入单相思而自怨自艾，有的学生因失恋而痛不欲生，有的学生因情感纠葛而因爱生恨，还有个别学生因担心怀孕而不知所措。

伤人伤己的爱

某大三男生崔某将女同学周某捅伤。据了解，周某曾与崔某相恋2年，因性格不合，遂向崔某提出分手，后与他人建立恋爱关系。崔某自尊心备受打击，心存不满，从网上购买了一把木柄水果刀，案发当天到自习室等待周某，对她实施了伤害。

5. 就业问题

随着大学教育的普及化，高校大学生数量不断增加，社会竞争日趋激烈，大学生就业形势较为严峻，就业压力不断增大。大部分学生会采取早做准备的策略，不断给自己充电加油，学习更深或更广的专业课程，提高自己的职业能力；个别学生因担心专业小众难以找到相匹配的工作而迷茫；也有学生因就业期望过高无法找到理想工作而焦灼；还有部分学生出身寒门，承载着改变家庭命运的重任，经济压力较大，希望找到理想工作以尽快出人头地，一旦求职失利就会深受打击，强烈的挫败感也容易使其产生心理危机。

择业记

振宇是某大学的大四学生，即将择业。因为成绩优秀的原因，他被家人和朋友们看好，他自己也充满了信心。第一次投简历，振宇就瞄准了世界百强企业，他认为自己的水平进入面试应是理所应当的。然而由于他没有任何工作经验，仅有一张成绩单，且英语能力也不突出，投递的简历石沉大海。失落郁闷的振宇降低了一些要求，虽然有些小一点的公司给了面试机会，但由于他过度自信，未做任何准备，面试后就杳无音讯。朋友们开始劝他先找普通的岗位积累经验，慢慢来，振宇也开始重新审视自己，调整目标单位。

6. 存在性问题

当前部分大学生会陷入生命意义的虚无认知的困顿中，主要表现在生命意义的迷惘和生命价值的缺失上。有学者称其为"空心病"，即由于价值观缺失而导致的心理问题。大学生面对和思考一些重要的人生命题时，比如人生目标的确立、价值观念的抉择以及生活方式的选择等，如果无法获得令人满意的解答和心灵上的宁静，就会在内心出现某些困惑、疑虑或冲突。如有部分大学生不知道自己生命的意义何在，不清楚自己要追求什么，对当下的生活和学习没有热情，对未来没有规划和憧憬，从而陷入严重的郁闷、无聊、纠结、焦虑、颓废、悲观和沉迷于网络等的种种困境之中。也有部分大学生早早开始积极思考生命的意义和价值，但因周围环境、思维方式以及人生经验的限制而百思不得其解，陷入苦闷的境地，也容易引发心理失衡。

迷茫的未来

潇潇刚进大学时，对所有的事情都抱有新鲜感，什么事都想去参与。他申请加入了几个社团，学习也很积极。到了大二，潇潇开始觉得无聊。他学习再怎么努力，成绩也无起色。社团在他看来也不再像当初那样可以做有意义、有兴趣的事，而成了娱乐的组织。潇潇陆续退出了几个社团。他觉得毕业后无非就是两条路：要么考研，要么找工作。潇潇对于考研没有什么兴趣，认为那是书呆子才会做的事。而对于找工作，潇潇也没有任何的计划和打算。看到身边同学有的在做兼职，赚外快的同时积累一些工作经验，潇潇又觉得自己看不上。潇潇对于自己想做什么，喜欢做什么，也很茫然。

三、大学生心理危机脆弱性自我评估

指导语：表 12-1 所列是你可能有的一些观念和情况，请根据自己的情况选择一个合适的选项。

表 12-1　危机脆弱性问卷

序号	题目	是	不确定	否
1	我无法勤奋学习，因为总是别人从中获利	2	1	0
2	我不介意日常的学习秩序被意料之外的事情打断	2	1	0
3	只要权威对某事做出了决定，我对此便无能为力	2	1	0
4	我发现我的不幸几乎都是由于自己的过错造成的	2	1	0
5	生活中充满有趣的冒险	2	1	0
6	如果别人生我的气，我将非常沮丧	2	1	0
7	如果有人强我所难的话，我很难说服别人改变他的主意	2	1	0
8	每个问题都有其解决的办法	2	1	0
9	那些我认为可以信赖的人经常让我失望	2	1	0
10	如果我回避问题，问题将不存在	2	1	0
11	人们可以通过合理安排生活来避免危机的出现	2	1	0
12	我相信只要努力学习，就能得到想要的东西	2	1	0
13	我发现人们一般并不感激我为他们所做的一切	2	1	0
14	即使是在困难的情境中，我仍有选择的自由	2	1	0
15	我喜欢听别人讲述他们的经验和体会	2	1	0

● 评分说明

【计分】第 2、第 5、第 8、第 11、第 12、第 14、第 15 题为反向计分题，将 2 变为 0，将 0 变为 2，然后计算总分。

【解释】总分越高，表明个体在面临危机时越脆弱。具体来说，总分低于 5 分表示个体在面临危机时很少有明显的表现，即几乎不受危机的影响；总分为 5 ～ 10 分表明个体能成功地面对大多数危机；总分为 11 ～ 15 分表明有时候个体在危机事件的冲击下无法保持平衡；总分在 15 分以上表明个体在面临危机时可能非常脆弱。

第三节

大学生心理危机应对的策略训练

危机事件往往突然发生且具有不可控制性，它对大学生的身心健康产生强烈的破坏性，但如果个体能够正确并积极地应对危机事件，变被动为主动，及时调整应对策略，就可能化危机为机遇，使危机成为个体成长的契机。大学生需要掌握心理危机预防与应对的有效策略，构筑自己的心理危机应对之道，这样大学生在面临危机事件时就可以从容应对，并且能敏锐觉察周围同学所传递的心理危机信号，为之提供及时适当的帮助。

一、建立积极的应对策略

1. 主动求助

在中国传统文化背景下，个体自幼受到的教育就是要做一个自强、自立的人，有些大学生会抱有"求助即是弱者的表现，不能接受自己是弱者"的错误观念。大学生要认识到求助不等同于依附、依赖外力，而是个体希望脱困或者想要提升自我，但却正处于力所不能及的阶段，须依靠外部的力量来达成自己的目标。每个人都有自己的长处，也有自己的局限，个体的生存竞争力，不完全取决于其能够做多少事，而更多的是取决于其能够获得多少人的帮助。善于求助是一种很优秀的品质。在遭遇心理危机时，个体浮现出的第一个念头就应该是求助于外界。

求助可以分为两个层次。

其一，求助于亲人、朋友、同学和老师。人作为社会性动物，从来都离不开人际情感，处于危机中的个体尤其需要，积极的人际支持会消减危机带来的压力，为个体提供源源不断的能量。因此，将自己的创伤经历和别人分享、讨论是非常有用的求助方式。如果身边的朋友或亲人也有过类似的经历，互相分享会增加彼此之间的联系，并且处于危机中的个体更容易接纳"事情总会过去"的宝贵经验。个体在求助于他人时，可能会担心给别人带来麻烦，或者可能会被拒绝，但这种担心是没有必要的，在至亲好友遭遇痛苦和危险时，很多人都会伸出援助之手。

其二，求助于心理咨询专业人士。在遭遇心理危机时，个体会出现如前所述的躯体、认知、情绪和行为上的症状，如果个体的心理危机能顺利得到自我调节，则这些症状通常会在一周之内减轻。如果症状持续存在两周以上或者持续加重，即出现创伤后应激障碍，那它就会严重影响到个体的生活与学习，个体就需要寻求专业人士的帮助。当个体处于心理危机状态时，个体首先要考虑的事情就是积极寻求专业人士的帮助。大学生一般可在大学心理咨询中心寻求免费（或象征性收费）且专业的心理咨询服务。

扫一扫

创伤后应激障碍及
应对

2. 积极自助

在寻求他人帮助和支持的同时，个体也应该积极地自我关怀并进行积极自助。当面对逆境与挫折时，人们对自己应该少一些自责和苛求，应该像对待所爱的人或陷入挫折的朋友那样，宽恕自己、善待自己，理解自己的过失和痛苦，充满善意地关怀与照顾自己。自我关怀是人类生存下去的必要条件，也是人类应对人生苦难的唯一方式。所以，自我关怀并不会让个体变得更加脆弱，反而能够提升个体情绪和身体方面的抵抗力，让个体有勇气直面令人痛苦的经历，积极地探索自己的人生，并从中获得个人成长。

经典研究

自我关怀

2007年，美国心理学家内夫、鲁德和柯克帕特里克以177名大学生为被试者，采用问卷调查的方式系统考察了自我关怀与积极心理健康和大五人格之间的关系。研究结果发现，自我关怀与幸福感、乐观、积极情感、智慧、个人成长、好奇与探索等心理健康指标呈显著的正相关关系；自我关怀与宜人性、外倾性和尽责性呈显著的正相关关系，而与负性情感和神经质呈显著的负相关关系。此外，在控制人格相关属性后，自我关怀仍然可以显著地影响积极心理健康指标。该研究证实，自我关怀可以很好地改善个体心理健康水平。

扫一扫

自我关怀：你足够
爱自己吗？

在遇到压力和挫折时，个体还应该善于采取积极的应对策略，想出尽可能多的解决办法，这直接关系到心理危机能否得到有效解决。个体应对策略通常包括以下3种。

（1）"解决问题－求助"：成熟型。这类个体在面对应激事件或环境时，常能采取"解决问题"和"求助"等成熟的应对方式，而较少使用"退避""自责""幻想"等不成熟的应对方式，在生活中表现出一种成熟稳定的人格特征和行为方式。

（2）"退避－自责"：不成熟型。这类个体在生活中常以"退避""自责""幻想"等应对方式应对困难和挫折，而较少使用"解决问题"这类积极的应对方式，表现出一种神经症性的人格特点，其情绪和行为均缺乏稳定性。

（3）"合理化"：混合型。"合理化"应对策略，既包含"解决问题""求助"等成熟应对策略成分，又包含"退避""幻想"等不成熟应对策略成分，反映出这类个体的应对行为集成熟与不成熟的应对方式于一体，在应对行为上表现出一种矛盾的心态和两面性的人格特点。

个体在查明了自己的应对策略后，应努力向成熟型应对策略转化。

（1）探究危机，收集充分的信息。个体在深陷危机后，往往会经历一个震惊的阶段。成熟的个体会在这之后开始着手危机的处理，面对危机，弄清它的来龙去脉，求助于书籍、互联网或者询问阅历丰富的个体，探查危机的缘由及其影响，在这个过程中会慢慢找到危机的应对方法。

（2）调节情绪，做情绪的主人。危机能让个体出现剧烈的情绪反应，特别是当危机在短时间里超出了个体的控制能力，个体无力改变当下处境时，掌控好情绪，不让情绪本身进一步扩大，这是明智之举。通过分散、转移注意力可以回避掉部分的痛苦，这是在危机的早期阶段的策略；而通过多次找人倾诉，可以让情绪的效力降低，让痛苦开始变得容易忍受；良性的自我对话可以增加人们超越痛苦的能力，这种对话需要采用积极的自我暗示语言，例如"我已经承受这种痛苦很久了，我还可以再多承受一分""痛苦快要过去了，我会最终克服困难的"。

● 知识链接 •••

新型冠状病毒应对自助指南

新型冠状病毒以其传播速度快、传染范围广、防控难度大而成为全球关注的重大突发公共卫生事件，严重威胁到人们的生命安全和身体健康，还给人们的心理健康带来严重的负面影响，表现出惊慌、恐惧、易怒、焦虑和抑郁等情绪问题。随着疫情应对常态化，大学生需要接受并正视现实，培养理性观念，积极进行自我调适，主动学习一些有效的自助方法。

（1）正视疫情信息，保持理性客观。通过正规途径了解疫情信息，理性对待疫情信息，建立对疾病的科学认识；不传谣，不信谣，减少因信息带来的心理负担。

（2）保持健康作息，建立适宜边界。保持合理的饮食和睡眠，规律生活作息，劳逸结合，养成良好的卫生习惯。保持正常心态，在日常生活和关注疫情之间建立适宜的边界，不让疫情过度干扰自己的正常生活。

（3）专注每个当下，找寻瞬间的"小确幸"。满怀热情，全力以赴，聚精会神，埋头于眼前正在做的事情，专注于现在的每一个瞬间。

（4）适度开展活动，合理宣泄情绪。在活动受限的情况下，适当安排一些让自己感觉平静、专注、愉悦、充实的活动，如阅读、听音乐、练习书法、绘画、做手工、锻炼身体、学习新技能等，并享受这个过程。当觉察到自己产生负性情绪时，寻找合理的宣泄途径，如倾诉、写日记、哭泣、运动等。

（5）激发内在资源，保持人际交往。寻求积极的应对策略和方法，调动内在资源，提升应对能力。与家人、朋友保持电话或视频联系，彼此鼓励，沟通感情，相互支持，多传递积极信息。

（6）学会身心放松，主动营造安全感。通过学习和运用呼吸训练、肌肉放松训练、想象放松训练以及正念冥想等进行身心放松，通过运动、泡澡和按摩等方式进行主动身心调适；通过关注国家控制疫情的有力措施、疫苗研发等信息提升心理安全感。

二、构建社会支持系统

个体可以从自己所构建的社会关系网中获得来自他人的支持与帮助。一个人的社会支持系统越健全，其对抗危机的能力就越强。有心理学家认为，一个人能否从重创中恢复，40%取决于他是否有良好的社会支持系统。大学生社会支持系统通常来自亲人、朋友、同学以及社会服务机构。每一种系统都承担着不同的功能，相互间不可完全替代，多种形式的支持可以让个体获得情感安慰、产生人际的连通、感到自己被需要、坚信自我价值等，促进其心理危机顺利解除。

每个人都具有社会关系网络，但每个人从中可获得的支持差异很大：有的系统里，个体之间能够同甘共苦，彼此都有较强的幸福感；有的系统却运转不畅，相互间疏离冷漠，特别是当个体陷入困境时，个体面临孤立无援的状态。因此，个体在平时要主动建立自己完善的社会支持系统。以下是在构建社会支持系统的过程中需要注意的3点。

1. 分辨能构成社会支持系统核心的人

想一想在自己家人、朋友或者社会服务者（例如心理咨询师）中，哪些是最值得信任和托付的，这些人就是这个系统的核心。他们基本上都是在过去的时间里给予自己帮助和有效建议的人，也是自己在重要事件发生时最想打电话过去的人。

2. 同自己关切的人保持联系

保持联系可以让人际关系保持活力，例如与一个朋友很久都没见面了，可以邀请他共进晚餐，或给他发条信息、寄张贺卡。人际关系是互动的，一方想要保持关系的善意也会植根于对方的心中。如果平时不懂得关心并帮助他人，不懂得与他人分享生活，那么，社会支持系统便会失去原来的光彩。

3. 不只索取，还要懂得感恩和回报

一句真情实意的"谢谢"就可以让助人者内心充满喜悦和成就感，更重要的是，要让助人者知道，在他需要自己的帮助时，也会得到真心的援助。对自己周围的人要多加留意，如果看到他们陷入困境，要主动伸出援助之手。

想一想 ●

数一数我的"护卫舰"

人人都可能遭遇心理危机，当个人难以应对时，家人、朋友和老师都是我们强有力的后盾。每个人在生活中所构建的社会关系网就像护卫舰一样，为我们保驾护航，提供温暖、关爱以及问题解决办法，帮助我们顺利渡过困难与危机，促进我们身心健康发展。请思考：假设某天遇到危机，你会第一时间向哪些人寻求帮助呢？

（1）当我遇到学业方面的问题时，我可以求助的两个人是＿＿＿＿＿＿＿＿＿
＿＿＿＿＿＿＿＿＿＿＿＿＿＿＿＿＿＿＿＿＿＿＿＿＿＿＿＿＿＿＿＿。

（2）当我遇到恋爱方面的问题时，我可以求助的两个人是＿＿＿＿＿＿＿＿＿
＿＿＿＿＿＿＿＿＿＿＿＿＿＿＿＿＿＿＿＿＿＿＿＿＿＿＿＿＿＿＿＿。

（3）当我遇到个人未来发展问题时，我可以求助的两个人是_____

_____。

（4）当我与同学或舍友产生矛盾时，我可以求助的两个人是_____

_____。

（5）当我遇到与父母关系方面的问题时，我可以求助的两个人是_____

_____。

三、进行积极认知调整

如前所述，在心理危机的发展中，客观的危机事件并不一定起决定作用。部分情况下，个体的消极思维可能发挥出更大的效应，它会一步步推动危机至难以解决的地步。学习改变这些消极思维的习惯，尤其是改变对危机的认知中非理性和自我否定的部分，训练自己识别这些消极思维，加以针对性的辩驳，将其调整强化为理性和更积极的思维模式，人们就能够重新获得对危机的控制。积极认知调整具体包括以下两个步骤。

（1）识别消极思维模式。要想发生改变，就需要先确定改变的对象是什么、在哪里、什么时候会出现。列出自己的自动化消极思维，有助于提升自己对思维的觉察。可以想想自己上一次最难受时的处境，看看自己当时内心的想法有没有以下表现。

灾难化：想象最糟糕的结果会出现。例如："我在讲台上的表现会越来越差"。

过度的概括化：根据单一的事件或者想法来对自己的生活模式做出结论。例如："我总是犯这种错误"。

推测心理：个体深信自己知道别人的所想。例如："我知道他不喜欢我"。

预测未来：确信自己知道将要发生的事。例如："我要失败了"。

自我批评对话：对自己充满负面的想法。例如："我输掉了这场篮球赛，我总是很失败"。

绝对化思考：对事物的认知非黑即白，不承认有模糊区域的存在。

如果你觉得自己无法识别消极思维，也可以借助他人，例如让家人或朋友来帮助你识别消极思维。

（2）自我辩驳。以上所列举的认知扭曲，一般会让个体持续地产生负面情绪。识别了它们后，个体需要通过辩论、事实验证的方式让自己不再相信其中的观点。以下列举的部分错误观点以及辩论和验证的要点，大学生可以通过自我演练以及朋友间的演练来完成训练。

"我必须在各方面都保持完美。"纵观历史，几乎没有人可以在所有事情上都表现完美。但如果个体否认这一现实，却不能在各方面都表现完美，那么，持续出现的挫败感会让个体一生都不快乐。

"这个世界应该充满善意，所以当我挫败、被恶劣对待或被拒绝时，这是不能接受的。"如果个体一直生活在美好的泡沫中，认为自己理所当然地应该被温柔对待，那么当预想之外的坎坷不请自来时，如果个体不及时调整自己的认知，而只是做激烈的情绪反应，则是于事无补的。

"当事情不像我想的那样发生，情况就会变得非常糟糕。"没人能预测自己的生命过程，但一些人的生命却很精彩。

"过去的事情决定了我的生活，我的现在和未来都受过去控制。"这意味着个体都是过去的产物，而且生活没有改变的可能。然而作为个体的生命却会一直在变，有时候甚至会出现戏剧性的转折。即使过去是不能改变的，但现在和未来都在自己手中，个体只需要相信自己有这样的能力，而不是交出控制权。

"我只要不做任何事，尽情享受，就能非常愉快。"如果这是真的，那么几乎每一位富人都会尽量不做事情了。事实是，他们总在寻求新的挑战以便更进一步成长。人们需要新颖的事物来保持对生活的满足感。个体有这样的想法只是在欺骗自己相信某种臆想出来的感觉而已。

四、积极协助他人走出危机

大学生在心理危机状态下，通常会第一时间向自己的同学和朋友进行求助，所以大学生还要能觉察到周围同学的心理变化，及时关注需要帮助的同学，接纳、宽容他们并帮助他们走出心灵的阴霾。当你身边的同学出现心理危机时，你的支持可以帮助他们走出困境，甚至挽救他们的生命。在面对处于心理危机的个体时，大学生首先要能读懂这些信号，并且应该清楚如何提供适当的帮助。

1. 识别信号

当他人处于严重的心理危机状态时，大学生要能觉察其心理变化，要对一些特别危险的表现有敏锐的觉察力。

（1）言语上直接或间接的表达：直接表达"我不想活了"的意思，或间接表达"没有我他们会过得更好""现在没有人能帮得到我了""很快所有的问题都会结束的"。处于心理危机状态的个体也可能会以消极的态度讨论生命的意义等。

（2）行为上的表现：同该个体的惯常行为相比有明显的行为改变，如突然中断与他人的友谊、疏远他人、回避关心、社交中出现逃避和退缩、成绩下降严重、注意力难以集中、呆坐木讷、少言寡语、冲动行为明显增加、酒精或物质滥用、食欲减退、失眠或精神倦怠、个人整洁度下降严重、分发个人珍贵财物、与朋友们道别等。

（3）情绪上的表现：最明显的特征是绝望，对任何事物都丧失兴趣、无趣无聊。

以上这些表现看似复杂，但实际上与当事人有关系的、了解当事人的个体都是容易觉察得到的。一定要重视这些信号，甚至是重视自己的初步感觉、模糊判断，不要自我安慰地认为"事情也许没那么糟糕"。

> **知识链接** ·
>
> **大学生自杀者的"求救"信号**
>
> 自杀是心理危机的极端行为，但自杀观念并非一定会导致自杀事件。许多人在采取自杀行动前曾向身边的人流露出一系列的"求救"信号，因此，及时发现和读懂自杀信号，对于挽救自杀者至关重要。大学生需要特别注意以下信号。
>
> （1）情绪突然明显异常，如特别烦躁、抑郁、焦虑、恐惧等。
>
> （2）人格忽然改变，如性格变得越来越糟糕、性格出现明显反常，例如，一个沉默寡言的人突然变得滔滔不绝。
>
> （3）谈论过自杀并考虑过自杀方法，包括在社交媒体、日记等流露出自杀的念头，如"我活不下去了""活着没有意思""我希望我已死去"等。
>
> （4）写过有关自杀的诗或文字。比如写遗书、留言或给远方的亲朋好友写信。
>
> （5）饮食和睡眠习惯突然改变，如滴水不进或暴饮暴食，忽然嗜睡或彻夜难眠等。
>
> （6）旷课、成绩急剧下降或离校出走。
>
> （7）不明原因的突然给朋友、同学、家人送礼物，以及请客、道歉、述说告别的话语，将平时珍视的私人物品送人等。

（8）长期受到抑郁症困扰，抑郁个体容易产生消极的想法甚至自杀行为。

2. 积极应对

直接询问：不要害怕自己的询问会促使对方自杀，大量心理学研究证实，明确地谈论自杀并不会增加对方自杀的风险，这样反而更能够挽救生命。我们可以采用较为灵活的方式询问，例如："在你痛苦、绝望的时候想过要结束生命吗？"

保证安全：如果情况危急，不要放任当事人独处，如觉得个人力量或当时所处环境无法保证当事人的安全，则应尽快在第一时间向外界发出信息，联系周围能及时赶到的朋友、同学、老师、家长。

积极关爱、引导：如情况尚未进一步恶化，先给予情感上的理解、关心和支持，倾听当事人的想法和感受，让对方能感觉到关怀、温暖，不反驳、否认、劝说、责备对方。要鼓励和引导当事人向亲朋好友和老师倾诉，也可以陪伴其求助于专业的心理咨询师。此外，在知晓对方会有自伤、伤人的意愿和计划时，无须遵守与对方的保密承诺，而应立即告知老师、家长或相关人员，以便及时干预，确保同学的生命安全。

● **想一想** ●

"求救"信号

明宇正在上自习时，突然接到舍友文杰的微信。看完内容，明宇心中猛地一沉，他知道文杰失恋不久，正处于煎熬之中，呈现出精神颓废、痛不欲生的状态。于是，他立即跑出教室，边走边回拨电话……

请思考：你觉得明宇的第一反应是适当的吗？设想他接下来正确的做法有哪些。

_____

_____。

● **反思践行**

◎体验分享

我的抗疫行动

2020年伊始，新型冠状病毒突如其来，迅速蔓延，肆虐全球。作为一次重大的公共卫生危机事件，新型冠状病毒不仅严重威胁着人们的生命安全和身体健康，还给人们的心理造成巨大冲击和痛苦。疫情初期，全球感染人数不断攀升，人们的生活方式也发生了重大改变，人们的内心不可避免地感到紧张、焦虑、烦躁、压抑、害怕和恐慌甚至无助，担忧生命之安全，感慨生命之脆弱。

新型冠状病毒的突然暴发让人猝不及防，对我们每个人来说，都是一个强烈的应激事件，我们需要对环境威胁和挑战有一个适应的过程。虽然疫情令人感觉压力巨大，使人惊慌失措，但这也意味着成长的契机。一旦我们掌握了危机应对的策略和方法，这些逆境和磨难都能成为人生中一笔宝贵的财富，促使我们成长，变得更加成熟、自信。

（1）请试着回忆，这次疫情给你的生活和学习带来了哪些方面的影响？当时你都有哪些不良情绪和行为反应？

_____

（2）疫情暴发初期，你是采取什么样的方法进行处理和应对的？

_____。

（3）当前新型冠状病毒防控进入常态化，你又是采取哪些方式进行应对的？

_____。

（4）你在这段危机经历中都有哪些思索与成长？

_____。

◎沙场练兵

突如其来的家庭变故

晓伟是从农村考到北京高校的男生，家中还有一个 14 岁的弟弟，经济条件不好，爸爸在外地打零工维持家用，妈妈身体不好就在家里种地。晓伟上大学的费用是靠申请贷款支付的，平时他通过勤工俭学赚取生活费，学校发的补助，他大部分都寄回家补贴家用。2016 年春节前夕，晓伟的父亲因脑溢血紧急入院，经过医生抢救虽脱离生命危险，但严重的后遗症使其卧床不起，需要家人照料。这一场突如其来的变故使原本就不富裕的家庭雪上加霜，家里负债 10 多万元。想到巨额债务、父亲康复治疗的高昂费用以及正读中学的弟弟，晓伟感觉一下子跌入深渊，陷入焦虑、抑郁和茫然之中。晓伟深感命运不公，觉得人生太不容易，萌生了退学去打工的念头。

请思考：如果你是晓伟的舍友，你如何及时发现危机，并帮助他走出危机？

216

_____

_____。

● **视野拓展**

推荐图书：《娇惯的心灵——钢铁是怎么没有炼成的》

推荐理由：进入 21 世纪的第二个十年，美国青少年正变得越来越脆弱，存在心理疾病的人群比例逐年大幅激增。美国正在发生一场教育的危机，这不仅仅危及当下的社会，更会对美国的未来产生深刻的影响。两位作者通过翔实的数据指出："不应过度保护孩子，与其费尽心思地为孩子铺平道路，还不如教会他们如何走好路。让孩子在成长过程中学会与人相处、适应和尊重社会规范、懂得自我管理，不惧面对挫折，不再脆弱。"这一点不仅是父母与教育者，也是全社会，都应该反思和努力改变的。阅读作者对这场危机的观察思考，可反观自身，以之为鉴。

扫一扫

推荐电影

参考文献

[1] 埃里希·弗罗姆. 爱的艺术 [M]. 萨茹菲, 译. 北京: 光明日报出版社, 2006.

[2] 布赖恩·卢克·西沃德. 压力管理策略——健康和幸福之道 [M]. 许燕, 等译. 北京: 中国轻工业出版社, 2008.

[3] 芭芭拉·弗雷德里克森. 积极情绪的力量 [M]. 王珺, 译. 北京: 中国人民大学出版社, 2010.

[4] 段星鑫, 赵玲. 大学生心理健康教育 (第3版) [M]. 北京: 科学出版社, 2016.

[5] 冯廷勇, 苏缇, 胡兴旺, 等. 大学生学习适应量表的编制 [J]. 心理学报, 2006, 38 (5): 762-769.

[6] 方平. 自助与成长——大学生心理健康教育 [M]. 北京: 教育科学出版社, 2010.

[7] 樊富珉, 费俊峰. 大学生心理健康十六讲 [M]. 北京: 高等教育出版社, 2013.

[8] 盖瑞·查普曼. 爱的五种语言 [M]. 王云良, 陈曦, 译. 北京: 中国轻工业出版社, 2006.

[9] 郭冰杰, 闫春平, 朱金富. 大学生生命观量表的初步编制 [J]. 中国健康心理学杂志, 2016, 24 (9): 1342-1346.

[10] G·帕里. 战胜危机 [M]. 梁庆峰, 孙红, 译. 上海: 生活·读书·新知三联出版社, 1996.

[11] 黄希庭. 心理学十五讲 [M]. 北京: 北京大学出版社, 2005.

[12] 洪仲清. 给情绪多点时间——与世界相处的正确方式 [M]. 北京: 九州出版社, 2017.

[13] 金盛华. 社会心理学 [M]. 北京: 高等教育出版社, 2010.

[14] 杰拉尔德·柏林伯格. 化解压力的艺术 (第12版) [M]. 张璇, 译. 北京: 北京机械工业出版社, 2014.

[15] 克里斯廷·内夫. 自我关怀的力量 [M]. 刘聪慧, 译. 北京: 中信出版社, 2017.

[16] 林崇德, 申继亮. 大学生心理健康读本 [M]. 北京: 教育科学出版社, 2005.

[17] 林崇德, 杨治良, 黄希庭. 心理学大辞典 [M]. 上海: 上海教育出版社, 2003.

[18] 雷雳, 张国华, 魏华. 青少年与网络游戏——一种互联网心理学的视角 [M]. 北京: 北京师范大学出版社, 2018.

[19] 罗伯特·J. 斯滕伯格, 凯琳·斯滕伯格. 爱情心理学 [M]. 李朝旭, 等译. 北京: 世界图书出版公司, 2010.

[20] 李春茹. 悦纳·完善·成长——大学生心理健康教育 [M]. 重庆: 西南师范大学出版社, 2017.

[21] 陆晓娅. 影像中的生死课 [M]. 北京: 北京师范大学出版社, 2016.

[22] 马建青. 大学生心理健康教程 [M]. 杭州: 浙江教育出版社, 2015.

[23] 马建青. 大学生心理危机干预的理论与实务 [M]. 杭州: 杭州出版社, 2011.

[24] Phillip, L. Rice. 压力与健康 [M]. 石林, 等译. 北京: 中国轻工业出版社, 2000.

[25] 奇普·康利. 如何控制自己的情绪——最有效的22个情绪管理定律 [M]. 谢传刚, 译. 北京: 中信出版社, 2014.

[26] 史蒂芬·约瑟夫. 杀不死我的必使我强大——创伤后成长心理学 [M]. 青涂, 译. 北京: 北京联合出版公司, 2016.

[27] Spencer, A. Rathus. 性与生活 [M]. 甄宏丽, 译. 北京: 中国轻工业出版社, 2007.

[28] 莎伦·布雷姆, 罗兰·米勒, 丹尼尔·珀尔曼, 等. 亲密关系 (第3版) [M]. 郭辉, 肖斌, 译. 北京: 人民邮电出版社, 2005.

[29] 沈德立. 大学生心理健康 [M]. 北京: 高等教育出版社, 2013.

［30］汪向东，王希林，马弘. 心理卫生评定量表手册（增订版）［M］. 长沙：中国心理卫生杂志出版社，1999.

［31］王宇航，白羽. 大学生心理健康教育与实训指导［M］. 杭州：浙江大学出版社，2013.

［32］夏翠翠. 大学生心理健康教育［M］. 北京：人民邮电出版社，2017.

［33］谢炳清，伍自强，秦秀清. 大学生心理健康教程［M］. 武汉：华中科技大学出版社，2004.

［34］王孟成，戴晓阳，姚树桥. 中国大五人格问卷的初步编制Ⅲ：简式版的制定及信效度检验［J］. 中国临床心理学杂志，2011，19（4）：454-457.

［35］维克多·E. 弗兰克尔. 追寻生命的意义［M］. 何忠强，杨凤池，译. 北京：新华出版社，2003.

［36］亚伯拉罕·马斯洛. 自我实现的人［M］. 许金声，刘锋，译. 北京：生活·读书·新知三联书店，1987.

［37］岳晓东. 登天的感觉——我在哈佛大学做心理咨询［M］. 合肥：安徽人民出版社，2011.

［38］俞国良. 大学生心理健康［M］. 北京：北京师范大学出版社，2018.

［39］张大均，邓卓明. 大学生心理健康教育——诊断·训练·适应·发展［M］. 重庆：西南师范大学出版社，2004.

［40］张大均，吴明霞. 大学生心理健康（修订版）［M］. 北京：清华大学出版社，2015.

［41］郑日昌. 大学生心理健康——自主与自助手册（第2版）［M］. 北京：高等教育出版社，2013.

［42］朱育红，潘力军，王爱丽. 心理健康教育课堂互动手册［M］. 上海：华东理工大学出版社，2015.

［43］周莉. 大学生心理健康教育（第二版）［M］. 北京：中国人民大学出版社，2015.

［44］郑航月，夏小林. 大学生心理健康教育［M］. 重庆：重庆大学出版社，2018.

［45］戴尔·卡耐基. 赢得朋友［M］. 陈宏，译. 上海：学林出版社，2007.

［46］Young, K. S. Internet addiction: The emergence of a new clinical disorder[J]. Cyber Psychology and Behavior, 1996, 1(3), 237-244.

［47］Radloff. 流调用抑郁自评量表. 张作记. 行为医学量表手册［M］. 北京：中华医学电子音像出版社，2005，225.

［48］丹尼尔·凯斯. 24个比利［M］. 邢世阳，译. 北京：中信出版社，2018.

［49］吴仪芝. 我的生涯手册［M］. 北京：经济日报出版社，2008.

［50］托尼·博赞. 思维导图［M］. 叶刚，译. 北京：中信出版社，2009.

［51］杰拉尔德·S. 格林伯格. 化解压力的艺术［M］. 张璇，译. 北京：机械工业出版社，2014.

［52］格雷格·卢金诺夫，乔纳森·海特. 娇惯的心灵——钢铁是怎么没有炼成的［M］. 天雷，苏心，译. 北京：生活·读书·新知三联书店，2020.